À toutes les mères
À ces reines de cœur dont
la cuisine simple et
généreuse nous inspire
et nous nourrit

Georges Blanc

La cuisine de nos mères

Georges Blanc
Coco Jobard

Photographies
Jean-François Rivière

Stylisme
Marie-France Michalon

Ouvrage dirigé par
Philippe Lamboley

HACHETTE

Avant-propos

Madeleine Jobard en 1932.

Lorsque Georges Blanc m'a demandé de collaborer à un ouvrage en hommage à sa grand-mère Elisa, la mère Blanc, ainsi qu'à d'autres mères, j'ai accepté avec enthousiasme parce que j'ai toujours ressenti au plus profond de moi que j'appartenais à cette génération de femmes cuisinières – sans doute la dernière – qui prennent plaisir à passer des heures, voire la journée, aux fourneaux.
Cette passion, je l'ai héritée de ma mère Madeleine Jobard et de ma grand-mère Marie Vieille-Girardet. Elles m'ont transmis les gestes et la manière d'élaborer les recettes de mon cher pays : la Franche-Comté. Écumer la gelée de mûres sauvages bouillottant doucement dans une bassine ; nettoyer les pieds-bleus, gris-de-sapin, trompettes-des-morts, petits rosés et autres mousserons des prés ; dépouiller les grenouilles pêchées dans l'étang de ma grand-mère Marie à la combe d'Hyans ; récupérer délicatement la crème ivoire du lait encore chaud des vaches pour préparer les sèches ; pétrir longuement la pâte des brioches du dimanche. Tout un savoir-faire que je n'ai de cesse de faire connaître autour de moi !
Elisa Blanc, Eugénie Brazier, Gisèle Crouzier, Catarina-Elena Barale, Annette Poulard et bien d'autres mères, elles aussi, ont hérité de gestes similaires. Elles connaissaient la cuisine de naissance, par atavisme. Un don ou une prédisposition naturelle qui leur avaient été légué

par leur mère, qui le tenait leur grand-mère, laquelle faisait comme sa bisaïeule… Ce sont les mères qui ont inspiré et ouvert la voie aux grands chefs cuisiniers d'aujourd'hui.
Le rayonnement de leur patrimoine gourmand vit encore car il est la base même de la vraie cuisine française. La relève est assurée avec d'autres bonnes fées des fourneaux. Elles s'appellent Hélène Chazal, Véronique Dauphin, Lulu, Marie-Claude Gracia, Jocelyne Lotz-Choquart, Reine Sammut et tant d'autres, plus ou moins connues, qui du fin fond de leur province mitonnent une fabuleuse cuisine et sans tapage aucun. Elles aiment avant tout cuisiner les meilleurs produits de leur terroir, chacune à leur façon, en respectant l'harmonie des saveurs et le mariage des goûts justes, pleins de bons sens. « Le terme de mère a fait son temps, mais adhère complètement à ce qu'il véhicule », déclare Danièle Mazet-Delpeuch, qui fut la première et seule femme des cuisines de l'Élysée.
Le bon choix, la fraîcheur du produit, la simplicité pour le cuisiner, le temps nécessaire pour le préparer, la maîtrise du feu, un zeste de patience et d'amour, voici les ingrédients de la réussite. Car la cuisine, c'est le charme, la séduction, le partage et surtout l'amour des autres. N'est-il pas plus beau cadeau que d'offrir et de partager un repas amoureusement préparé ?

Colette Jobard dite Coco Jobard

Sommaire

Il était une fois
7 *les mères cuisinières*

À table, 39
avec les mères

    Les entrées   40
    Les plats principaux 72
    Les desserts   156

Index 190

    Table des recettes
    Remerciements

la mère Adrienne

les mères Allard

Il était une

La mère Bourgeois

la mère Barale

fois les mères

La mère Castaing

la mère Blanc

La mère Crouzier

cuisinières

La mère Léa

la mère Brazier

La mère Poulard

Les Mères lyonnaises

« Mères ». Ainsi a-t-on affectueusement surnommé à Lyon ces cuisinières talentueuses qui s'installèrent à leur compte à la fin du XIXe siècle, et dont le succès repose sur une cuisine bourgeoise exécutée au quotidien, avec passion et perfection. « Cette cuisine atteint tout naturellement ce degré suprême de l'art : la simplicité », disait Curnonsky, le « prince des gastronomes ». Farouche défenseur de la cuisine des femmes, il avait à tout jamais été conquis par celles qu'il dénommait « les vestales de la table ». La cuisine des mères était émotion. Et cette émotion faisait chavirer de bonheur le cœur de tous leurs clients. Elles ne faisaient certes pas la cuisine pour épater la galerie car, avec leur caractère souvent bourru, elles ne s'embarrassaient pas de ce petit détail. L'impression de bonheur qu'elles prodiguaient, la rondeur toute féminine de leur chaleureuse cuisine tout en simplicité et en sincérité en ont fait des reines, des reines de cœur.

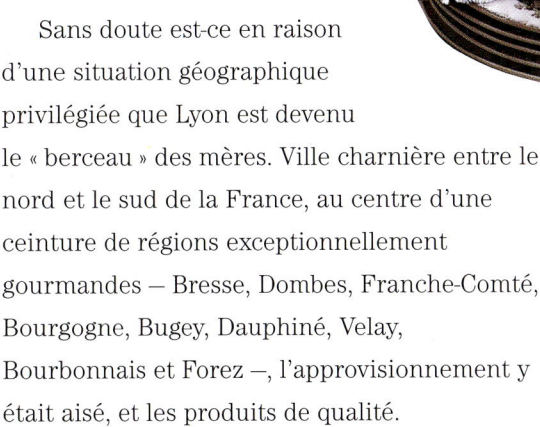

Sans doute est-ce en raison d'une situation géographique privilégiée que Lyon est devenu le « berceau » des mères. Ville charnière entre le nord et le sud de la France, au centre d'une ceinture de régions exceptionnellement gourmandes – Bresse, Dombes, Franche-Comté, Bourgogne, Bugey, Dauphiné, Velay, Bourbonnais et Forez –, l'approvisionnement y était aisé, et les produits de qualité.

La première trace d'une mère à Lyon remonte à 1759, avec l'enseigne d'une guinguette des bords du Rhône, « La Mère Guy », dont la spécialité était une exquise matelote d'anguilles. Un siècle plus tard, la Génie, sa petite-fille, est véritablement identifiée comme la « mère Guy ». Haute en couleur, coiffée d'originales anglaises, douée d'un verbe farceur et d'une répartie facile, elle reprend le flambeau avec sa sœur, inscrivant au menu des spécialités régionales, dont la fameuse matelote d'anguilles de l'aïeule ! À peu près vers la même époque, la « mère Brigousse », dans l'ancien quartier des Charpenes, connaît le succès avec ses tétons de Vénus, énormes quenelles en forme de sein fort prisées de ceux qui venaient enterrer chez elle leur vie de garçon.

La Mère Filloux

Mais c'est avec Françoise Fayolle, plus connue sous le nom de « mère Filloux », qu'allait vraiment éclore une lignée de « mères » dont les recettes font encore école aujourd'hui et qui allaient influencer les plus grands cuisiniers de la région.

Une des cinq cent mille volailles que la mère Filloux découpait à la table du client. Chaque table avait droit à un poulet entier, même s'il n'y avait qu'une personne.

« La confection d'un bon plat, affirmait la mère Filloux, exige des années d'expérience. J'ai passé toute ma vie à faire quatre ou cinq plats, de sorte que je sais les faire, et je ne ferai jamais rien d'autre. » Et quels plats ! Potage velouté aux truffes, volaille demi-deuil (le triomphe de la maison !), culs d'artichaut au foie gras truffé, quenelles au gratin au beurre d'écrevisses, langouste à l'américaine.

Native de Cunlhat, dans le Puy-de-Dôme, la jeune Françoise Fayolle arrive à Lyon en 1890. Engagée comme cuisinière chez Gaston Eymard, directeur de la compagnie d'assurances La France et l'un des plus fins gourmets de la ville, elle y apprend la vraie et bonne cuisine bourgeoise. Des plats et une qualité qu'elle saura mettre à profit lorsque, après avoir épousé Louis Filloux, elle suit celui-ci dans l'acquisition d'un modeste mastroquet au 73, rue Duquesne. Bien vite, la notoriété est là... et le spectacle au rendez-vous : « Enveloppée d'un grand tablier amidonné sur sa longue robe qui balayait la sciure parsemée sur le sol, tenant d'une poigne ferme un redoutable petit couteau tranchant, elle plantait la fourchette dans la volaille une seule fois, et c'était suffisant. Ni elle ni le plat ne bougeaient tandis que tombaient les pilons, les ailes, les deux blancs, le tout en moins d'une minute. Chaque table avait droit à un poulet entier, même s'il n'y avait qu'une personne. Le fait de ne pas faire de petites économies donnaient du style au restaurant. C'était une artiste », relate Alice Toklas, l'une de ses fidèles clientes avec Gertrude Stein.

La mère Filloux usa en tout et pour tout deux couteaux pour les cinq cent mille volailles qu'elle découpa jusqu'en 1925, date de sa disparition. Le restaurant, repris ensuite par son gendre Désiré Fréchin, fut détruit après la Seconde Guerre mondiale, mais la mère Filloux, qui enchanta tant les fins palais des gastronomes avec son immuable *déjeuner fin (et dîner fin) à 3,50 francs*, restera dans l'histoire de la grande cuisine française.

Joyeusement empilés, ces moules à charlotte à oreilles attendent sagement d'être glissés dans le four.

La Mère Brazier

C'est pour mieux gagner sa vie et subvenir aux besoins de son fils, Gaston, qu'Eugènie Brazier entre au service de la mère Filloux. Née en 1895, dans un petit village proche de Bourg-en-Bresse, elle passa les premières années de sa vie dans la ferme de ses parents, avant d'être placée, à la mort de sa mère, comme fille de ferme. Fille-mère à vingt ans, elle part alors pour Lyon où les Milliat, fabricants de pâtes alimentaires, l'engagent comme bonne, et c'est à Cannes, où la famille avait loué une villa pour l'été, qu'elle fait la preuve de ses talents de cuisinière. « Moi, j'ai appris à faire la cuisine en la faisant, tout simplement », disait-elle. Il est vrai qu'à cinq ans elle savait déjà faire les deux tartes que préparait sa maman – l'une était un genre de « gaude blanche », une pâte roulée sur laquelle était versée une béchamel ; l'autre de la pâte recouverte d'un mélange de crème et d'oignons revenus dans un peu de beurre – ainsi que la soupe au pain et au lait : « Oh ! c'est bien simple, c'est un bouillon de poireaux et de légumes cuits à l'eau et au lait. On bat bien vivement quelques blancs d'œufs dans ce bouillon puis on en verse un peu sur les jaunes, dans un bol ; on mélange et on verse le tout dans la soupière garnie de tranches de pain. On laisse "tremper" un long moment et on déguste. »

Lorsque la mère Filloux, trop âgée, délaisse les fourneaux (mais pas la cérémonie en salle du découpage des volailles) pour les confier à

Eugènie, la « passation » ne s'effectue pas sans peine. Acceptant difficilement de reconnaître le don d'Eugènie pour la cuisine, elle n'a de cesse de lui faire des critiques et des reproches. Eugènie ne peut cependant se permettre de perdre sa place.

Comme le restaurant ferme régulièrement au mois d'août, elle en profite pour commencer à travailler à la *Brasserie du Dragon*... ce qui instaure peu à peu une confusion dans l'esprit des clients : si Eugènie Brazier est aux fourneaux, c'est que la *Brasserie du Dragon* est désormais le nouveau restaurant de la mère Filloux. « Nous [y] avons mangé un poulet rôti avec un jus merveilleux et des haricots verts délicieux », rapporte un jour une cliente à la mère Filloux, croyant la complimenter. « Mais elle n'a jamais fait la cuisine chez moi, elle était à la plonge », répond celle-ci courroucée. « Alors, c'est encore mieux, et c'est tout à son honneur », réplique la cliente amusée.

En 1921, l'opportunité se présente d'acheter l'épicerie-comptoir du 12, rue Royale, un ancien

Tout le bonheur épanoui d'Eugènie Brazier qui vivait quotidiennement sa passion : la cuisine.

porte-pot – nom lyonnais du bistrot, car à Lyon, c'est toujours autour d'un « pot », symbolique unité de 46 cl de vin de Brouilly, Fleurie, Morgon ou Juliénas, que sont traitées les affaires. Avec 12 000 francs, ce qui est bien peu à l'époque, Eugénie s'y installe, aidée pour l'achat du matériel et du vin par son ancien patron de la *Brasserie du Dragon*.
Le restaurant, minuscule, compte alors une quinzaine de places, et accueille surtout des médecins et quelques pensionnaires.

À l'occasion de la Spido, une course organisée par la Spidoléine, une marque d'huile, Eugénie Brazier est amenée à préparer des repas froids pour tous les participants. Ravi de sa prestation, le directeur de la course la convie à venir tous les ans à Paris s'occuper de leur banquet.

La renommée est là. Édouard Herriot, maire de Lyon et président du Conseil, vient de plus en plus souvent chez elle ; le bouche à oreille va bon train, et la clientèle afflue. Une seconde salle est ouverte, puis, au premier étage, un appartement et deux petits salons.

Rançon du succès, il lui faut travailler encore et encore… jusqu'à l'épuisement. Contrainte de s'arrêter, la mère Brazier laisse à son fils Gaston le soin de diriger le restaurant et part se reposer au col de la Luère (à 800 mètres d'altitude et à une vingtaine de kilomètres de Lyon), où elle avait acquis, pour une bouchée de pain, un terrain et une baraque en bois, sans eau, ni gaz, ni électricité. Après d'énormes travaux, elle en fait un second restaurant en 1932. Le guide Michelin lui attribue immédiatement deux étoiles. L'année suivante, le même guide lui décerne trois étoiles pour le restaurant du col de la Luère et trois étoiles pour celui de la rue Royale : la mère Brazier aura été la première femme cuisinière à avoir reçu « six étoiles » à la fois au Michelin !

Aujourd'hui, le restaurant-chalet du col de la Luère n'existe plus. Celui du 12, rue Royale est resté en l'état, avec toujours la même

Dans une petite soupière à tête de lion, la gratinée lyonnaise de la mère Brazier.

et superbe enseigne « Mère Brazier » rouge et blanche. Il est dirigée de main de maître par Jacotte, petite-fille d'Eugènie et fille de Carmen et Gaston Brazier, que le personnel appelle respectueusement « Mademoiselle » – « C'est de famille, comme ma grand-mère je ne me suis pas mariée. » –, et qui continue d'offrir à ses clients les plats de sa grand-mère dans la plus pure tradition.

La Mère Bourgeois

Contemporaine de la mère Brazier, Marie Bourgeois, née Humbert en 1870, n'a cessé d'aligner prix et récompenses. En octobre 1922, elle reçoit, honneur suprême fait à une cuisinière, le premier diplôme du très sélect et secret Club des Cent, fondé dix ans auparavant par trois redoutables gourmets pour lutter contre le laisser-aller culinaire d'alors. Curnonsky disait d'ailleurs d'eux : « [C']est un club mi-sportif mi-gastronomique. Pour en faire partie, il faut être un mangeur de routes doublé d'un dégustateur avéré de bonne chère. » Le 1er septembre 1924, elle est encore la première femme à recevoir le premier prix de la cuisine française au Grand-Palais, à l'occasion de la journée de la Bresse du salon d'automne. Enfin, les trois étoiles que le guide Michelin lui décerne de 1933 à 1937, date de sa disparition, viennent couronner son exceptionnel talent. Grande figure de la gastronomie française du début du XXe siècle, la mère Bourgeois a acquis, sans jamais quitter sa cuisine, une renommée mondiale dont beaucoup rêvent encore…

Issue d'une famille de huit enfants, Marie quitte à seize ans Villette (Ain), son village natal, pour être placée, comme c'était fréquent à l'époque, dans une maison bourgeoise. Elle y fait la cuisine, suit la famille dans ses déplacements de Lyon à Paris, de station balnéaire en station thermale, et rencontre à l'occasion d'un de ces voyages André Bourgeois, son futur mari.

En 1908, le jeune couple fait l'acquisition d'un ancien relais

Marie Bourgeois devant son fourneau à charbon, d'où sortait, entre autres, son incomparable pâté chaud au foie gras et aux truffes.

de diligence à Priay, une petite bourgade située à une cinquantaine de kilomètres de Lyon, non loin de l'axe routier Lyon-Genève. L'Ain, tout proche, regorge de beaux poissons, et la région abonde en gibier de toutes sortes — faisans, perdrix, coqs de bruyère... — que Marie cuisine à merveille. Ses somptueux pâtés d'alouette et ses grives chiffonnières ne tardent pas à conquérir les chasseurs du coin. L'auberge à l'enseigne de la mère Bourgeois croît en renommée.

Édouard Herriot, qui aimait à taquiner la truite, découvre tout naturellement l'auberge de Priay et la recommande à ses nombreux amis et relations. Princes, rois, tous les grands de ce monde vont y faire halte pour goûter la cuisine de ce cordon-bleu hors pair. Louis Barthou, ministre des Affaires étrangères, devait écrire sur le livre d'or de la mère Bourgeois, le 28 septembre 1934 (onze jours avant de se faire assassiner à Marseille avec le roi Alexandre de Yougoslavie) : « Si la Société des Nations se réunissait autour des tables de la mère Bourgeois, les Nations constitueraient la plus unie et la plus heureuse des Sociétés. Mais c'est une caution "bourgeoise" qui n'est pas du goût de tout le monde. Tant pis ! Pour ma part, je viens de faire un déjeuner qu'une seule épithète peut louer : merveilleux. »

Pâté chaud au foie gras et aux truffes, volailles à l'estragon, poulets pochés aux morilles, terrine de volaille pistachée au vieil armagnac, pigeons et pintadeaux de ferme rôtis rivalisent avec les truites saumonées ou ombles chevaliers, cuisinés tout simplement dans un beurre mousse. La cuisine de la mère Bourgeois est à la hauteur des produits de qualité que lui offre le Bugey, « berceau, selon Curnonsky, du bien manger et des grandes traditions de la cuisine française... », et les plats les plus simples lui semblent mériter autant d'attention que les plus grands et les plus compliqués, élaborés au cours des siècles précédents.

En plein service, Marie Bourgeois a un malaise et s'éteint le 2 août 1937. Son mari André et sa fille unique, Thérèse Rollin, continueront plusieurs années durant à assurer le succès de l'auberge avec ses recettes. En 1951, Georges Berger reprend l'affaire et perpétue le savoir-faire de la mère Bourgeois. Aujourd'hui, c'est le chef dijonnais Hervé Rodriguez qui dirige les fourneaux et maintient avec brio la tradition du pâté chaud au foie gras et aux truffes.

Les indispensables et robustes plats en fonte émaillée où cuisaient vivement les poissons meunière, les grenouilles au beurre d'herbes mousseux et les fameuses quenelles qui étaient mises à gratiner sous la salamandre. La mère Blanc appelait ces plats, les plats en dru.

La Mère Léa

Léa est la dernière des mères lyonnaises en tant que telle. Philippe Rabatel, son successeur et propriétaire du restaurant depuis 1980, garde d'elle le souvenir d'« une originale, plutôt lunatique et autoritaire, mais sa cuisine était une telle merveille qu'on oubliait tout ».

Enfant du Creusot, née en 1908, Léa, comme la plupart des mères, a passé son adolescence à travailler dans les maisons bourgeoises, avant de rester quatre ans durant aux fourneaux d'un restaurant, rue Tupin, puis de se mettre à son compte : en 1943, elle ouvre *La Voûte*, un établissement situé en bordure du Rhône, à l'angle d'une place couverte de mûriers. Son unique spécialité est, à ce moment-là, de délicieuses et plantureuses choucroutes. Mais lorsque les brasseries de Lyon se mettent à en servir, elle cesse d'en faire pour remettre au goût du jour les meilleurs plats régionaux : tablier de sapeur, quenelle de brochet, saladier lyonnais (comprenant des assiettes de cervelas, saucisson à cuire froid, tranches de lard, pied de veau), tripes et gras-double aux oignons, poulet au vinaigre, cervelle de canuts, gratin de cardons à la moelle (en hiver)… sans oublier, pour conclure le repas, les fameuses bugnes, des beignets soufflés et craquants !

Chaque matin, elle vient s'approvisionner au marché du quai Saint-Antoine. « Attention, voilà la mère Léa », clament les maraîchers qui la savent intransigeante sur la qualité et la fraîcheur des produits. Ses cagettes remplies de salades cueillies du petit matin, crème fraîche double onctueuse, lait et beurre de baratte cru, fromages fermiers de vache et de chèvre de la Dombes et des monts du Lyonnais, champignons sylvestres… Léa repart, tirant sa vieille charrette à bras sur laquelle est accrochée une pancarte écrite de sa main : « faible femme mais forte en gueule », gueule signifiant « très difficile au

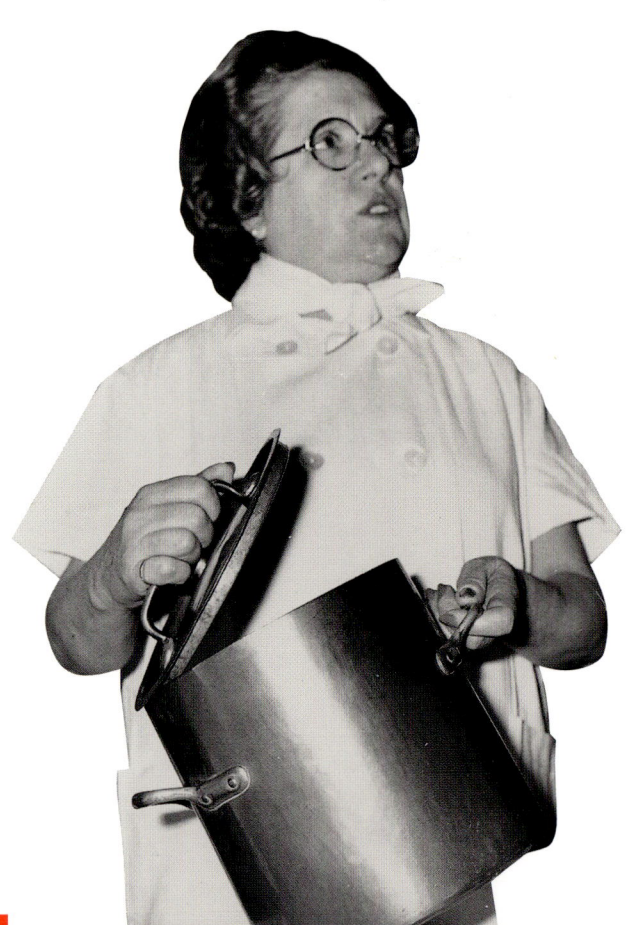

Léa en cuisinière. Femme jusqu'au bout des ongles, Léa les « peignait d'un rouge vif », rapporte Jacotte Brazier, fascinée par la coquetterie de cette mère.

niveau du goût », aime-t-elle à préciser malicieusement.

À *La Voûte*, il n'y a ni carte ni menu, seulement des plats du jour que Léa propose « à la voix », en tablier, le torchon dans une main et la fourchette dans l'autre. La bonne humeur et une ambiance bon enfant règnent chez elle. Léa tutoie tout le monde, mais pas question de lui faire la moindre remarque ; tant pis, donc, pour celui qui se retrouve, en raison des caprices du temps, avec un gratin de macaronis parsemé de quelques brins noirâtres générés par l'antique fourneau à charbon.

En hiver, avec le vent glacial et le grand froid, la porte du restaurant donnant sur la place est fermée ; les clients doivent pénétrer par le passage sous la voûte et traverser la cuisine où s'affaire Léa. Certains en font même une habitude. Aujourd'hui encore, ceux qui connaissent l'entrée secondaire préfèrent l'utiliser, ce qui a conduit Philippe Rabatel à élever, pour des raisons d'hygiène, une baie vitrée dans les cuisines.

Jusqu'à l'âge de 74 ans, Léa va rester aux fourneaux à ses côtés, avant de se retirer au-dessus du restaurant, dans un appartement donnant sur le Rhône. Léa meurt en juin 1997, mais ses recettes perdurent. *La Voûte* affiche toujours un menu typique qui lui rend hommage, avec, comme toujours au café, de délicieuses bugnes.

La Mère Castaing

Autre rive du Rhône, autre génération ! C'est à Condrieu, à l'hostellerie *Beau-Rivage*, que Paulette Castaing a également reçu le surnom de mère en raison de sa cuisine simple et de qualité, dans la tradition des mères lyonnaises. « On ne fait bien que ce qu'on aime », écrivait Colette. Pour preuve, l'éclatante

réussite de celle qui affirmait sans réserve : « J'aime la cuisine. »

La jeune Paulette Penel, née en 1911, rencontre Raymond Castaing à l'hôtel Cheynet, à Alboussière (Ardèche), où tous deux font leur apprentissage en cuisine. Raymond, pour raison de santé, est contraint de s'orienter vers le service en salle et la gestion et de quitter Alboussière pour l'école hôtelière de Nice. Paulette continuera donc seule aux fourneaux, sous les ordres de mademoiselle Cheynet, exceptionnel cordon-bleu. « La cuisine, c'était une véritable vocation, et grâce à mademoiselle Cheynet j'ai beaucoup appris. »

Mariés en 1933, les jeunes gens font d'abord des saisons à Megève, chez mademoiselle Rey,

Élégante, concentrée, le geste sûr, Paulette Castaing aux fourneaux des cuisines de *Beau-Rivage*.

propriétaire des Fauvettes et du Coq de Bruyère, puis travaillent pendant les heures sombres de la guerre au restaurant *Alaize*, rue Royale à Lyon, non loin du restaurant de la mère Brazier – Paulette Castaing, d'ailleurs, se faisait parfois dépanner en fumet de poisson par celle qu'elle appelait « Mère » mais dont elle avait décliné l'offre de travail, la personnalité de la mère Brazier l'intimidant un peu…

En 1946, Raymond et Paulette se décident à monter leur propre affaire, et tombent sous le charme, à Condrieu, d'une ancienne maison de pêcheurs avec un grand jardin ombragé et des terrasses : l'auberge *Beau-Rivage*. Les débuts sont modestes. Madame Castaing, qui a fait installer un vivier, prépare à la minute les truites au bleu ou au champagne, et « cultive » ses grandes spécialités : la matelote d'anguilles, dont le secret réside avant tout dans le pochage des poissons avec leur peau, ce qui évite aux tronçons d'anguille d'être recouverts d'une inesthétique pellicule noirâtre, ainsi que la mousse de brochet qu'elle fait à la main, à la force du poignet. « C'était impressionnant de voir madame Castaing travailler la panade à la spatule, avec une force et une maîtrise inimaginables », se souvient Reynald Donet, l'actuel cuisinier de *Beau-Rivage*.

Un jour, le réalisateur René Clair et le comédien Charles Vanel découvrent l'auberge. Grâce à eux, mais surtout grâce à Fernand Point, chef du restaurant *La Pyramide* à Vienne, *Beau-Rivage* commence à devenir connu. Très vite, celui chez qui s'arrêtaient tous les gastronomes se rendant dans le Midi loue le talent de Paulette – retrouvant peut-être en elle une femme comme sa mère ou sa grand-mère qui tenaient les fourneaux de l'hôtel-buffet de la gare de Louhans –, et à qui il envoie de nombreux clients. C'est lui, également, qui convainc les Castaing de transformer leur auberge en hostellerie.

Beau-Rivage devient progressivement une étape incontournable. Paulette Castaing est couronnée d'une première étoile au guide Michelin en 1954, puis d'une deuxième en 1964, qu'elle conservera jusqu'en 1988. En 1955, l'hostellerie entre dans le circuit des Relais et Châteaux de France et y reste jusqu'en 1988, date à laquelle elle est cédée à la famille Human-Donet. Celle-ci a tenu à ce que le passage s'effectue en douceur ; aussi Reynald Donet a-t-il travaillé pendant six mois en cuisine, aux côtés de Paulette Castaing. Il garde un souvenir émerveillé du service en salle qui se faisait uniquement à l'anglaise, c'est-à-dire au guéridon, dans le style des grandes maisons.

Autres Mères en France

Au début du siècle, la mère Filloux a eu une célébrité qui n'a pas laissé indifférentes d'autres cuisinières, et plusieurs régions ont vu émerger des cordons-bleus, qualifiés par analogie de « mères ».

La Mère Poulard

Rien ne semble avoir bougé dans l'auberge du Mont-Saint-Michel. Dès l'entrée, comme en écho à la mémoire d'Annette Poulard, un cuisinier s'active joyeusement à battre le fouet en cadence dans un généreux cul-de-poule empli d'œufs jaune d'or. Avec dextérité, il verse l'omelette mousseuse dans la poêle où chante le beurre, la maintient d'une main ferme au-dessus d'un feu vif, puis la retire vivement ; il attend un peu, remet la poêle, poursuivant ce cérémonial jusqu'à ce que l'omelette soit soufflée et aérienne, avec le dessous juste doré. Il la plie prestement en deux, la glisse sur un large plat et la remet sans attendre à une serveuse qui la porte à table.

Aujourd'hui comme autrefois, l'omelette — raison de son succès — est servie à toute heure (sauf la nuit bien sûr). Annette, qui faisait son pain tous les jours au feu de bois, en avait eu l'idée pour réconforter les voyageurs arrivés en « pataches » (les voitures publiques), et qui parfois se retrouvaient prisonniers du Mont. La digue insubmersible n'existait pas, la brume, traîtresse et fascinante, pouvait subitement envahir la baie, et gare alors aux risques d'enlisement dans les sables mouvants...

Les marées et l'état de la grève dictaient les allées et venues des pataches. Comme ce jour de mai 1872 où Annette Boutiaut posa la première fois le pied sur le Mont. Née à Nevers le 15 avril 1851 et issue d'une famille modeste, elle y avait suivi la famille Corroyer chez qui elle était entrée comme femme de chambre. Édouard Corroyer, architecte des Monuments historiques, venait d'être chargé de la

Annette Poulard, en 1903 : la cuisinière inventive et avant-gardiste du Mont-Saint-Michel.

19

Le plus beau jaune, les meilleurs œufs pour la réussite de la célébrissime omelette de la mère Poulard, soufflée et aérienne, dont la recette est toujours tenue secrète.

restauration de l'abbaye (le « château », disait-on à l'époque) du Mont-Saint-Michel. Et c'est ainsi qu'Annette fit la connaissance de Victor Poulard, le fils aîné du boulanger, qu'elle épousa à Paris en 1873, à l'église Saint-Philippe-du-Roule.

De retour au Mont, le jeune couple prit en gérance l'hôtel *Saint-Michel Teste d'Or* (actuellement la poste), puis fit construire à gauche de la porte du Roy l'hôtel Poulard Aîné, qui ouvrit ses portes en 1888 sous l'enseigne *À la renommée de l'omelette*.

Annette, outre sa fameuse omelette, savait remarquablement tirer parti des ressources du terroir breton et normand : œufs, beurre et crème si riches en goût, tendreté des agneaux de pré-salé à la saveur subtilement iodée, poulets fermiers bien dodus, pommes et fruits du bocage, pommes de terre et légumes variés du pays d'Armor, moules sauvages de Tombelaine, poissons (plies, barbues, turbotins, solettes, petites raies...) de la baie, sans oublier les saumons de la Sée, de la Sélune et du Couesnon qu'elle fumait elle-même. Ces derniers étaient d'ailleurs si abondants que les ouvriers et journaliers en pension complète chez les aubergistes avaient tenu à faire préciser dans leur contrat de travail qu'on ne devait pas leur servir du saumon... plus de deux fois par semaine !

Annette Poulard réservait aux ouvriers comme aux gens plus fortunés, voire aux membres de la famille royale d'Angleterre, le même accueil chaleureux. Elle aimait son métier d'hôtelière, et acceptait en guise de paiement, de la part d'artistes désargentés, une aquarelle ou un fusain.

Annette Poulard, qui n'a plus quitté le Mont-Saint-Michel, n'a jamais cessé de voyager en pensée grâce aux innombrables photos et dessins que lui adressaient ses clients des quatre coins du monde. Les murs de sa maison de l'Hermitage, où elle avait pris sa retraite avec son mari, en étaient entièrement tapissés. Ce qui a d'ailleurs donné l'idée à Éric Vannier, actuel propriétaire, de faire de même sur les murs du restaurant, des couloirs et des chambres : ce sont ainsi 4 500 originaux dédicacés, extraits du livre d'or de la mère Poulard, que l'on peut admirer.

Depuis le 7 mai 1931, Annette repose aux côtés de son mari dans le minuscule cimetière du Mont-Saint-Michel. Mais sa présence à l'hôtel-restaurant se fait toujours sentir : une arche romane qu'elle avait acquise a été installée devant le mur en roche de la salle du bas, et les mets continuent d'être préparés avec les plus beaux produits de la région.

La Mère Blanc

L'année même où Annette Boutiaut découvrait le Mont-Saint-Michel, commençait, à des lieues de là, en plein cœur de la Bresse verdoyante, l'épopée de la famille Blanc : Jean-Louis et son épouse Virginie abandonnaient l'agriculture pour ouvrir une auberge à Vonnas, au confluent de la Veyle et du Renom. Proche du champ de foire où se tenait le marché aux volailles, celle-ci séduisit les coquetiers, gourmands et exigeants quant à la qualité du contenu de leur assiette, qui ne tardèrent pas à faire sa réputation aux alentours.

En 1902, Adolphe Blanc qui vient d'épouser Elisa Gervais, reprend l'auberge de ses parents. Elisa, qui se met avec passion aux fourneaux, apporte avec elle des recettes au beurre et à la crème transmises par sa mère Virginie, et d'autres qu'elle tient de madame Lambert-Peney, une hôtelière de Vonnas chez qui elle a fait son apprentissage.

Les produits de la Bresse tout entière sont la base même de sa cuisine : volailles à la chair moelleuse et juteuse dont la saveur voluptueuse ne ressemble à aucune autre ; beurre, lait et crème de qualité exceptionnelle ; grenouilles fraîches de la Dombes, achetées à la douzaine et transportées jusqu'à Vonnas dans des sacs de toile... Elisa met tout son talent à les choisir

Troisième génération des Blanc. Paulette, mère de Georges Blanc, avait le don de la maîtrise du feu.

puis à les cuisiner à la perfection. Ses grandes spécialités – poulet de Bresse à la crème et petites crêpes aux pommes de terre poêlées au beurre clarifié – enchantent les palais. Avec le développement de l'automobile et du chemin de fer, la renommée de l'auberge s'étend. Le dimanche, on se déplace par familles entières de Lyon ou de Mâcon pour venir s'attabler chez la mère Blanc. En 1930, Elisa remporte la première le premier prix du concours culinaire du Touring Club de France. Le Club des Cent et l'Académie des gastronomes l'honorent tandis que Curnonsky la consacre « meilleure cuisinière du monde ».

En 1934, Elisa abandonne progressivement la direction de l'auberge à son fils aîné Jean et à sa bru Paulette, née Tisserand et fille du boulanger-pâtissier du village. Jean n'étant pas cuisinier, c'est Paulette qui s'installe aux fourneaux : Elisa a trouvé à qui transmettre ses recettes, ses tours de main, son savoir-faire.

Pendant trente-quatre ans, Paulette Blanc va continuer à accroître la renommée de l'auberge en conservant les spécialités de la mère Blanc et en offrant à ses clients les meilleurs produits bressans cuisinés à la perfection. Récompense suprême, le guide Michelin la couronne d'une étoile en 1931, puis de deux l'année suivante.

En 1943, naît Georges, digne représentant de la quatrième génération des Blanc. Dès sa plus tendre enfance, il découvre avec sa grand-mère les premières émotions gourmandes d'une cuisine plaisir, pleine de douceur : des gâteaux en forme de banane qu'Elisa étalait sur une petite tôle à four ondulée, des flans à la vanille nappés de caramel roux...

Sorti major de sa promotion de l'école hôtelière à Thonon-les-Bains, Georges Blanc poursuit son apprentissage à Divonne-les-Bains puis à Beaulieu-sur-Mer. En 1965, il revient à Vonnas et apprend aux côtés de sa mère Paulette les simples et sublimes plats d'Elisa, ainsi que la passion du travail bien fait. Trois ans plus tard, c'est à son tour de tenir les rênes de l'auberge. Peu à peu, la modeste auberge de campagne est transformée en un des plus beaux fleurons de la chaîne Relais et

l'approvisionnement était aisé. De part sa situation géographique privilégie, Lyon, ville charnière du Nord et du Sud de la France l'approvisionnement était aisé. De part sa situation géographique privilégie, Lyon, ville charnière du N... Sud de la France

Châteaux. Et les récompenses ne cessent de tomber sur la tête de ce jeune chef : en 1981, le guide Michelin le couronne de trois étoiles ; la même année, Gault et Millau lui décerne le titre si convoité de « meilleur cuisinier de l'année ». En 1985, il est le premier chef à se voir accorder la note exceptionnelle de 19,5. La réussite est éclatante, et le monde entier vient à Vonnas, ce petit village du bout du monde.

Les fils de Georges et Jacqueline Blanc, Frédéric, né en 1966, et Alexandre, né en 1975, ont tous deux voulu apprendre le métier de cuisinier. À l'aube du troisième millénaire, la relève semble donc assurée…

Les Mères Allard

La lignée familiale est loin, certes, d'être aussi développée chez les Allard, où pourtant deux générations de femmes se sont succédé aux fourneaux, créant et assurant la renommée de ce bistrot de Paris : Marthe Allard, la fondatrice – qui était selon Nicolas de Rabaudy, chroniqueur gastronomique et écrivain « une mère Brazier bourguignonne » –, et Fernande, bru de Marthe, qui tenait de cette dernière ses tours de main et recettes.

Marthe Meuriot, qui aidait sa mère au café-tabac-mercerie de Chailly-sur-Armançon (Morvan) servit un jour une omelette au lard à un Bourguignon, qui n'était autre que Marcel Allard. Est-ce l'omelette, est-ce le charme de la serveuse qui y fit, toujours est-il que ce dernier l'épousa !

Montés peu après à la capitale, en 1920, les jeunes mariés, dont le plus grand désir était de s'établir à leur compte, acquirent un bistrot dans le XIIIe arrondissement. Marthe y préparait de généreux plats du terroir pour une clientèle très modeste : potée bourguignonne, civet de lapin, pot-au-feu… C'est alors qu'un représentant en vins leur indiqua une affaire disponible et idéalement située dans le Ve arrondissement, le bistrot de Vincent Candré, *À la halte de l'Éperon*, connu pour ses coquilles Saint-Jacques au beurre blanc, son coq au vin et son chavignol. À André, son fils mis en nourrice en Bourgogne, Marthe envoya ce mot : « Le bistrot est situé rue Saint-André-des-Arts. C'est ton prénom.

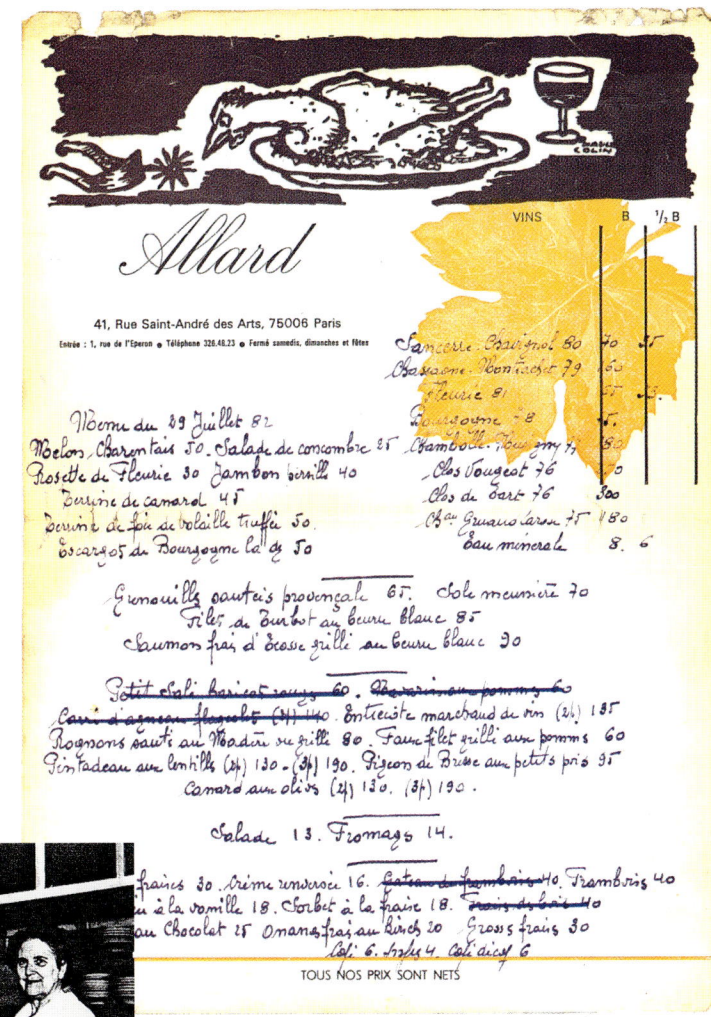

Marthe Allard et sa bru Fernande : une belle histoire de transmission de savoir-faire et de recettes.

J'espère qu'il nous portera bonheur. »

Là commence l'histoire Allard. Marthe mit tout son cœur à préparer les plats authentiques de son terroir, osant même le somptueux beurre blanc, que Joséphine, la cuisinière de Vincent Candré, avait fini par lui confier du bout des lèvres, et dont elle nappait le brochet cuit au court-bouillon ou les noix de Saint-Jacques lorsque c'était la saison. Chaque jour, Marthe écrivait le menu à la main. Chaque jour, le service se faisait (et continue de se faire) non pas à l'assiette mais uniquement « au plat ». Rien de tel, en effet, qu'un large plat ovale en épaisse faïence blanche pour faire trôner fièrement une pintade entière rôtie à point, un onctueux navarin, un coq au vin, un petit salé aux lentilles ou une poule faisane aux marrons...

Après la guerre, la renommée d'Allard devait s'étendre avec l'arrivée d'André et de sa femme Fernande à la tête de l'établissement. Pendant plus de trente-cinq ans, les mêmes plats se succédèrent au menu, amoureusement mitonnés par Fernande : cassoulet, le lundi ; veau à la berrichonne, le mardi ; navarin d'agneau, le mercredi ; petit salé aux lentilles, le jeudi ; bœuf braisé aux carottes, le vendredi ; coq au vin, le samedi.

Fernande, originaire du Morvan comme Marthe, avait fait la conquête non seulement d'André mais également de ses parents avec un superbe pâté en croûte qu'elle réussissait, paraît-il, mieux que le grand chef Dumaine à Saulieu. En dépit des difficultés du métier, du poids des marmites, de l'antique fourneau à charbon – toujours source d'angoisse lors de la cuisson des soufflés –, elle n'hésita pas à se mettre aux fourneaux. Sa forte personnalité, sa détermination et surtout l'amour de la perfection ont fait d'elle un cordon-bleu hors pair reconnu par les gourmands du monde entier. « S'il n'y a pas de sentiment dans votre plat, cela se verra et il ne sera pas au point. Ma cuisine est une cuisine de simplicité qui demande de la patience [...] », confiait-elle à Nicolas de Rabaudy. Elle aurait pu ajouter : « et qui exige les meilleurs produits du marché, ceux choisis par André aux halles » !

Les halles, André les avait découvertes avec son père Marcel, tout comme les vins. En novembre, tous deux partaient faire leur sélection de beaujolais, saint-amour, fleurie, chiroubles, bonnes-mares et autres vins gouleyants pour accompagner les recettes « souvenirs d'enfance » qui firent courir le Tout-Paris et de nombreux touristes étrangers, comme l'atteste le livre d'or : « C'est une bien jolie source d'amour » (Jacques Brel) ; « Vivre d'amour et déjeuner souvent chez Allard, amicalement » (Peynet) ; « Merci, merci, merci, je voudrais vous le chanter » (Yvonne Printemps). Il fallait réserver huit jours à l'avance pour avoir la chance d'avoir une table.

Aujourd'hui, en cuisine, s'affairent trois cuisiniers, dont Didier Remay, ancien second de Fernande. « Elle nous appelait ses petits cuisiniers. Madame Fernande ne voulait pas travailler avec des femmes, elle préférait diriger des hommes. La première chose qu'elle m'a demandé, c'est d'oublier tout ce que j'avais appris ailleurs. Il fallait faire sa cuisine et pas une autre. Madame Fernande nous surveillait de très près. L'ambiance de travail était très famille. Tous les ans, en août, elle nous offrait

un bon restaurant ou le spectacle au Lido. » Grâce à lui, la tradition se perpétue, d'autant que monsieur Layrac, l'actuel propriétaire, est tout aussi exigeant sur la qualité des produits que l'étaient Marcel puis André Allard. Il a ajouté quelques plats à la carte, dont une succulente épaule d'agneau baronet du Limousin servie entière sur un plat, façon « allardienne ».

La Mère Crouzier

Venue de son Périgord natal, Gisèle Crouzier a « épousé le métier de son mari » et s'est retrouvée en 1945, par amour et pour son plus grand bonheur, dans le village de Chaumont-sur-Tharonne, en plein cœur de la Sologne, aux fourneaux du restaurant-hôtel *La Croix-Blanche*.

La Croix-Blanche est l'une des plus vieilles auberges de France. On trouve, en effet, trace à son emplacement d'une ferme-auberge en 1424, à l'époque où Jeanne d'Arc boutait l'ennemi hors de Sologne. Elle présente également la particularité d'avoir été tenue exclusivement par des brigades de cuisine féminines. C'est en 1779 que la première femme cuisinière, Marie-Magdeleine Thibonneau, s'installe aux fourneaux de l'auberge. Depuis, dix-huit femmes cuisinières s'y sont succédé, qui ont conservé intact un art de bien vivre et de bien manger.

Grâce à Gisèle Crouzier, *La Croix-Blanche* va acquérir, de 1945 à 1986, une grande renommée avec de savoureuses recettes mêlant senteurs solognotes et périgourdines. Aujourd'hui, celles-ci sont toujours à la carte, mitonnées par Françoise Richard, l'une de ses anciennes apprenties : mique royale aux morilles, terrine de gibier ou de canard des cuisinières, canard sauvage surprise, lièvre à la royale, et surtout l'une des grandes spécialités de la maison créée en 1969 : le lapin Albicocco. « Je suis revenu vingt-trois ans plus tard dans cette si émouvante maison où avec une adorable dame j'ai appris à faire de bons petits plats et où nous avons donné naissance à un lapin aux abricots que notre chère madame Crouzier a baptisé de mon nom », a écrit sur le livre d'or actuel Jean-Gabriel Albicocco, réalisateur du *Grand Meaulnes*, un film qu'il avait tourné, sur les traces d'Alain-Fournier, dans les brumes poétiques de la Sologne.

Dans cet hôtel douillet et romantique décoré de boiseries chaleureuses, on accède à la salle à manger en traversant la cuisine. Une authentique cuisine du XIXe siècle, dont tout un pan de mur est masqué par un imposant bahut de 1850 qui renferme de vieux cuivres étincelants et des pots d'épices. « J'aimais beaucoup voir traverser les clients qui se rendaient à la salle à manger pendant que je m'activais aux fourneaux avec mes cuisinières apprenties. Elles avaient toutes entre seize et dix-sept ans. Elles étaient vives, propres et surtout gourmandes. Elles me regardaient faire la cuisine et, six mois après, elles savaient faire mes recettes. En général, elles restaient avec moi jusqu'au moment où elles allaient se marier. »

La cuisine ? « Ce n'était pas mon métier, mais les Périgourdines savent toutes la faire. Elles regardent leur mère puis par habitude elles s'y mettent elles aussi. Lorsque j'ai suivi mon mari, qui avait repris la succession de ses parents, propriétaires de *La Croix-Blanche*, c'était ma belle-mère, Julia Crouzier, qui était aux fourneaux. Mon mari, qui était maître d'hôtel, s'occupait du flambage et du découpage des volailles et des gibiers en

Gisèle Crouzier, secondée par deux cuisinières apprenties. Comme le veut la tradition à *La Croix-Blanche*, il n'y a, depuis 1779, que des femmes qui se succèdent aux fourneaux.

salle et du service des vins. Ce que je voulais avant tout, c'était passer ma vie à ses côtés. Ma belle-mère, fatiguée par de dures années de travail, m'a confiée ses recettes, et je me suis mise à mon tour en cuisine, car, comme le veut la tradition, à *La Croix-Blanche*, il n'y a que des femmes aux fourneaux. Je crois que j'ai eu du succès en Sologne parce que les clients ne trouvaient pas ailleurs la saveur particulière de mes plats. Il est vrai que quand maman faisait des confits, elle mettait en pots la gelée qui restait au fond de la marmite et elle me les envoyait à Chaumont. Cette extraordinaire gelée concentrée me servait pour les fonds. Je passais beaucoup de temps en cuisine à chercher des associations harmonieuses avec tous les magnifiques produits de la Sologne. »

Il est vrai que la région est généreuse à souhait. Là se trouvent quelques-unes des plus grandes chasses de France, avec gibier à plume et à poil (colverts, perdreaux, faisans, lièvres et garennes)… Pays de landes violines de bruyère et de forêts aux têtes rousses et aux troncs argentés, il livre l'automne une manne de champignons sauvages : cèpes tête-de-nègre fermes et dodus, cèpes de sapin ou de chêne à la tête rougeâtre, girolles croquantes, jaune orangé du pied à la tête… Gisèle Crouzier en faisait de gigantesques conserves de soixante kilos à la fois. Pays d'eau également, avec ses milliers d'étangs hérissés de roseaux duveteux, il offre une profusion de carpes, brochets, anguilles et sandres. Un jour, Gisèle Crouzier mit au point une somptueuse recette de terrine de brochet capucine ; d'instinct, elle sut que l'assaisonnement était au point —

Adrienne, surnommée « la Vieille », derrière le bar de son minuscule restaurant à Paris, préparant ses tomates farcies, l'un de ses fameux plats qu'elle servait en hors-d'œuvre.

jamais elle ne goûtait ses préparations, demandant toujours à l'une de ses apprenties de le faire.

Gisèle Crouzier faisait la cuisine sur un antique poêle qu'elle chargeait tous les jours en charbon. Parfois, en plein coup de feu, le service devait s'accélérer, elle jetait alors une pleine poignée de coquilles de noix sèches, un peu de charbon dessus, et le feu repartait de plus belle. Gisèle Crouzier, celle que des clients lyonnais avaient baptisé « La Mère », était la gardienne du feu d'une cuisine incomparable, synthèse de son pays d'origine (le Périgord) et de son pays d'adoption (la Sologne).

La Mère Adrienne

« Pas commode la Vieille », disaient d'elle ses anciens clients avec un brin d'affection dans la voix. La Vieille, c'est Adrienne Biasin, qui, en plein cœur de Paris, fit de 1958 à 1993

la renommée d'un restaurant grand comme un mouchoir de poche. Native d'un petit village proche de Parme, comme ses amis Lino Ventura et Jean-Loup Dabadie, elle regardait déjà toute petite sa maman faire la cuisine ; c'est d'elle qu'Adrienne tient ce goût de la bonne cuisine.

À vingt-cinq ans, après un travail acharné comme serveuse dans des brasseries – c'est d'ailleurs dans un de ces bistrots qu'un client pour la taquiner l'avait surnommée familièrement « la Vieille », sobriquet dont elle ne s'est jamais formalisé, bien au contraire, puisqu'elle en tirera l'enseigne de son restaurant –, Adrienne s'installe courageusement à son compte. À l'ouverture, elle se limite à des omelettes et de bons casse-croûte pour les porteurs et les mandataires des halles toutes proches ; certains prennent même l'habitude de venir avec leur entrecôte ou leur côte de bœuf qu'ils poêlent eux-mêmes. Adrienne décide alors de se lancer et de leur mijoter de bons petits plats : pot-au-feu, bœuf aux carottes, blanquette de veau, coq au vin... Les grands chefs parisiens de l'époque, Jacques Manière et Raymond Oliver notamment, qui s'approvisionnent chaque jour aux halles ne manquent pas d'être attirés par les bonnes odeurs qui s'échappent de *Chez la Vieille*, qu'ils commencent à fréquenter : chaque jour, ils s'attablent à la table du fond, prennent le café, devenant des habitués puis des amis qui prodiguent conseils et tours de main. Grâce à eux, Adrienne obtient les meilleures volailles et viandes, les plus beaux légumes au meilleur prix. Un jour d'été, comme le restaurant était désert, Adrienne s'apprêtait à partir pique-niquer sur la terrasse d'un de ses

amis à Montmartre, emmenant les poulets rôtis qu'elle avait préparés, quand trois clients sont arrivés. Adrienne accepta de les servir à condition qu'ils ne s'offusquent pas de « la fortune du pot ». L'un deux, Philippe Couderc, était journaliste gastronomique. La semaine suivante, Adrienne eut une place de choix dans sa chronique. De ce jour, le succès fut là.

Situé au rez-de-chaussée d'une superbe maison bourgeoise du XVIIIe siècle, au 37, rue de l'Arbre-Sec, le restaurant *Chez la Vieille* n'offre curieusement à cet endroit que des fenêtres. Il faut contourner l'angle de la rue et pousser la lourde porte de la maison au 1, rue de Bailleul pour y pénétrer. L'adresse très prisée se donnait du bout des lèvres, et il fallait réserver trois mois à l'avance pour avoir la chance d'avoir une table. *Chez la Vieille*, pas plus de trente couverts, pas de carte ni de menu, mais les plats du jour énoncés gaiement par Adrienne ou sa sœur Madeleine, toujours souriante.

Adrienne, en tablier de cuisine, recevait en personne ses clients et les installait dans la petite salle. Une kyrielle de généreux hors-d'œuvre trônaient déjà sur l'immense bar qui occupe bien le tiers de la petite salle : terrine de canard, rillettes de lapin, fromage de tête, pâté de campagne, salades du marché et les fameuses tomates farcies sorties toutes chaudes du four.

Adrienne aimait préparer des plats différents, selon son humeur et les arrivages frais disponibles aux halles. Mais, à la suite d'un menu de Noël

paru dans le magazine *Marie-Claire*, en décembre 1976, il lui fallut six mois durant affronter une cohorte de nouveaux clients qui voulaient uniquement découvrir et déguster ses coquilles Saint-Jacques, son gigot, ses œufs à la neige, son gâteau au chocolat. « Ils ne voulaient pas autre chose, ils ne comprenaient pas que la cuisine c'est différent chaque jour. »

Ni sa réussite éclatante, ni la disparition des halles de Paris, ni ses deux ans d'émissions de cuisine sur TF1 « Adrienne à table », ni sa rubrique hebdomadaire dans *Madame Figaro* pendant un an, n'entamèrent l'authentique Adrienne. Elle refusa toutes les propositions qu'on lui fit de s'agrandir ou d'avoir à elle un « grand » restaurant. Elle ne changea en

rien ni la taille et le décor de son modeste restaurant, ni sa façon bien personnelle de faire une cuisine tout en simplicité et générosité. Une cuisine de bon sens et d'instinct à la fois, hors des modes. Toutes les vedettes du spectacle, les grands chefs, les personnalités politiques et bien d'autres se sont pressés chez elle. Sa plus grande joie fut de recevoir son idole, Jean Gabin, accompagné de sa femme. Ses plus belles récompenses, d'être invitée dans le monde entier : à Osaka, à Dallas, en croisière sur des bateaux avec les grands chefs, au Carnaval de Rio, en Chine... Il y a encore peu, Jean Tiberi, maire de Paris, la pria de venir préparer un dîner pour les vingt meilleurs chefs étoilés de France. Sans esbroufe mais en y mettant tout son cœur, elle leur servit des soles meunières cuites avec les deux peaux — « c'est plus moelleux et cela n'abîme pas la chair délicate des soles » — et un simple navarin d'agneau aux légumes primeurs.

Sans doute aurait-elle continué encore si elle n'avait choisi de rester aux côtés de son mari, aujourd'hui disparu. Le restaurant existe toujours à l'enseigne de *Chez la Vieille*, il a été repris par le chef Gérard Besson et son associée Marie-José Cervoni.

La Mère Barale

Difficile de ne pas terminer ce trop bref tour de France des mères célèbres par une pétillante octogénaire : Catarina-Elena Barale, dite la mère Barale, qui est « le plus délicieux monument du patrimoine niçois » comme le titrait un journaliste dans *Nice-Matin*.

Gardienne incontestée des traditionnelles recettes niçoises, la mère Barale a mûri sa vocation dans les murs mêmes du bar casse-croûte *Chez Paulin et Ma*, que ses parents avaient acquis en 1916 dans le quartier de Riquier, là où elle est née la même année en octobre. « Riquier, c'est le plus beau quartier de Nice. Ici, avant les années quarante, c'était la campagne. Il y avait des prés avec des vaches, des ânes. Je buvais le lait tiède des vaches. » « Pitchounette », elle goûtait déjà des yeux les authentiques plats niçois que sa mère Catarina préparait et qu'elle tenait elle-même de sa mère. « Tout ce que je fais en cuisine, c'est ma mère qui me l'a appris. »

C'est en 1933, à l'âge de dix-sept ans, que Catarina-Elena Barale reprend le bar casse-croûte devenu restaurant. Et depuis plus de soixante-cinq ans sont servies, comme pour confirmer l'enseigne *Catarina-Elena Barale, Especialita Nissarda, a la Bouana Franquetta*, les spécialités niçoises originales : la *trouchia* ou *troucha*, délicieuse omelette parfumée au laurier, au fromage et aux petites blettes niçoises, les *blea* ; la *tourta de blea*, incomparable croustade sucrée garnie de blettes, de pignons de pin et de raisins secs —

Catarina-Elena Barale, dite la mère Barale, « le plus délicieux monument du patrimoine niçois », titrait *Nice-Matin*.

« La meilleure de Nice, c'est celle de la mère Barale, disent les connaisseurs » — ; la *pissaladiera*, onctueuse pâte à pain recouverte d'une épaisse couche d'oignons compotés dans la fine huile d'olive vierge première pression à froid du comté de Nice — « Une bonne pissaladière doit comporter une couche d'oignons d'une épaisseur égale à la moitié de celle de la pâte. J'ai toujours un peu pleuré en épluchant des tonnes d'oignons. Je faisais cuire les pissaladières par quatorze plaques à la fois dans mon vieux four en terre de Biot. Il date de 1929, mais j'ai fait installer le gaz et je fais toujours brûler quelques bûches dans un coin pour ce petit goût inimitable de feu de bois. » — ; l'*estocaficada*, ragoût tomaté haut en saveur, le plus populaire des mets niçois, qui date de plus de deux siècles — l'*estocafic*, ou aiglefin, était d'abord séché en Norvège avant d'être transporté jusqu'à Nice où il était échangé contre l'huile d'olive du comté — ; la *doba a la nissarda*, au bon goût de cèpes, sans laquelle on ne peut faire les « raviolis à la daube à l'ancienne, comme grand-mère ». Il n'y a pas si longtemps encore, la mère Barale en préparait deux mille par jour, à la main, comme autrefois. Et puis, il y a l'emblématique *socca*, le casse-croûte préféré des Niçois et des touristes flânant sur le cours Saleya : à base de farine de pois chiches, d'huile d'olive et d'eau salée, cette galette fine et craquante à la couleur maïs se dévore brûlante sitôt cuite — « La *socca* faut la faire et la manger tout de suite, froid c'est pas bon », soutient la mère Barale, chez qui elle est servie à volonté après la pissaladière. Auguste Escoffier lui-même venait la manger chez elle !

Le soir seulement, et uniquement sur réservation, après le service de la croustillante tourte aux blettes, le piano mécanique se met en branle. Tout le monde doit alors entonner en chœur, et en niçois, avec la mère Barale en énergique meneuse de revue, « Viva, viva Nissa la Bella ». « Pour moi, pas question de retraite. Quand je travaille, je suis si occupée que je ne peux même pas prendre le temps de mourir ! »

Avec ses murs en pierres brutes, ses rideaux en vichy rouge et blanc, le restaurant est un bric-à-brac invraisemblable de vieux objets hétéroclites à faire pâlir d'envie bien des brocanteurs : énormes alambics en cuivre, gramophones, balances, batteries de cuisine en cuivre, ainsi que deux voitures, des Citroën de 1925, dont Catarina-Elena Barale ne veut pas se séparer car c'est avec l'une d'elles qu'elle a passé son permis de conduire en 1956. Conservatrice, elle l'est aussi dans les objets qu'elle a entassé toute sa vie dans les salles du restaurant ! Célébrité de « Nissa la Bella », la mère Barale a toujours cette volonté que chez elle le plaisir de vivre se fasse autour des recettes niçoises, si chères à son cœur.

Dans un coin de l'office, après le service agité en salle, les verres étincelant de propreté étaient posés à l'envers sur une nappe damassée.

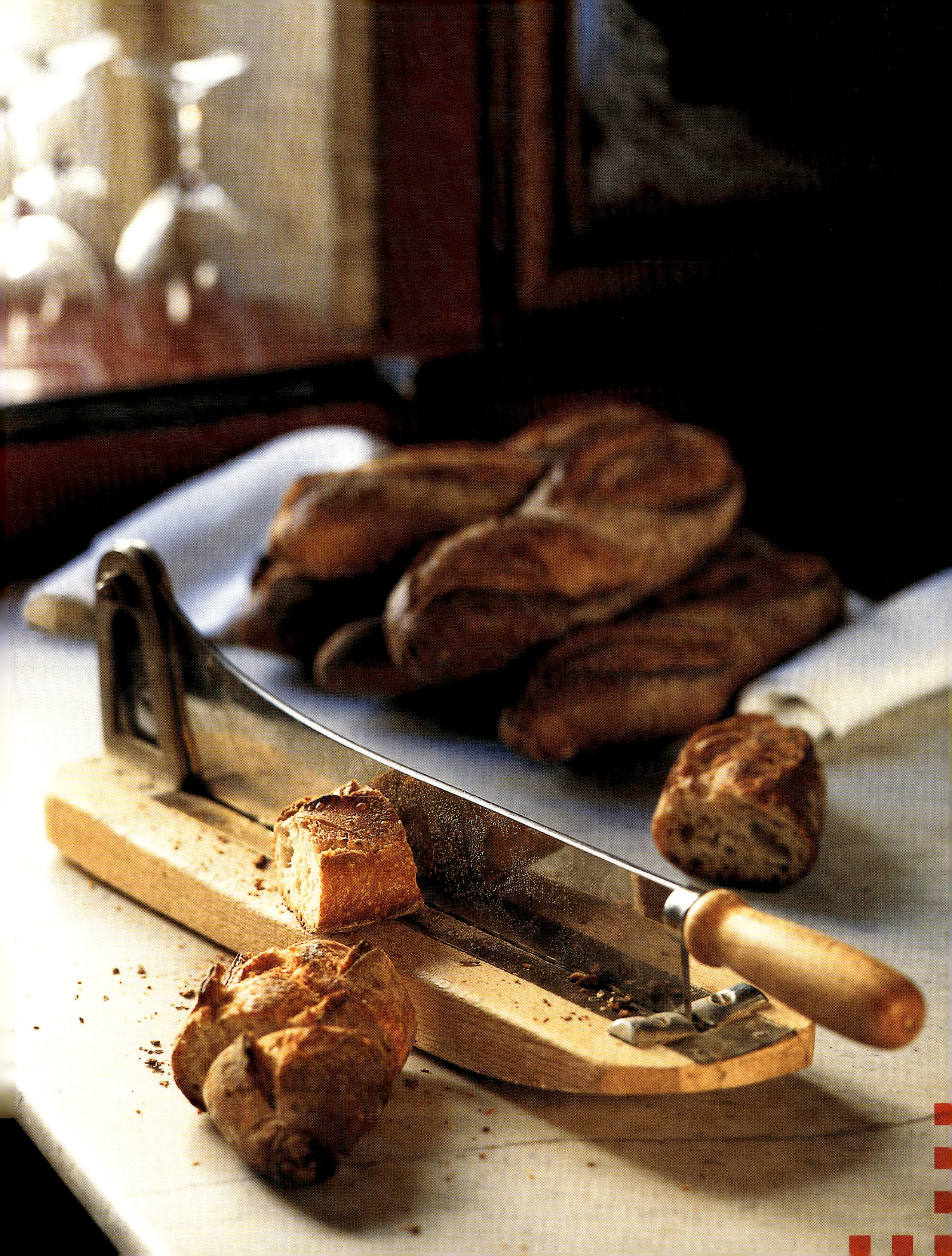

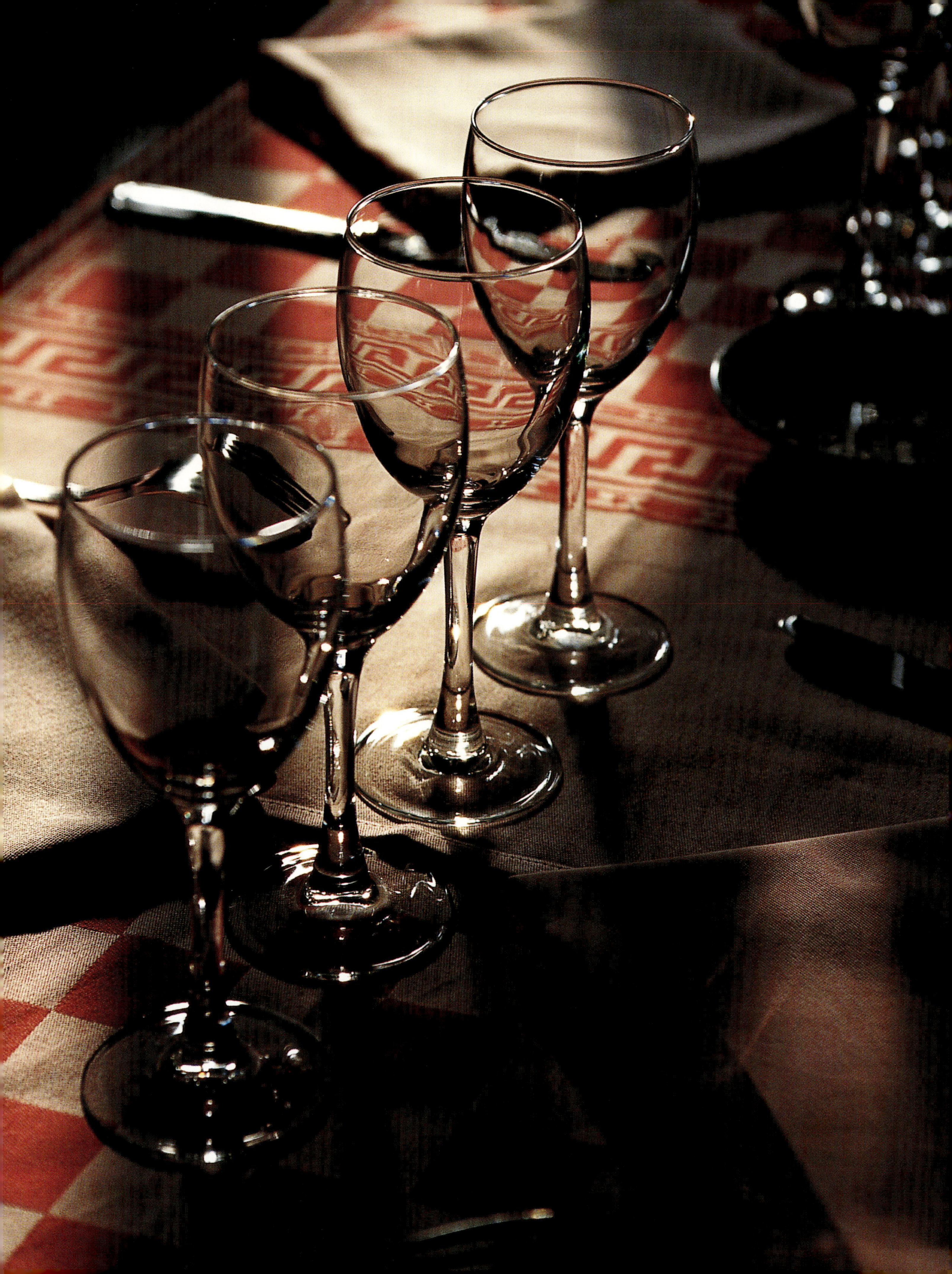

À table

avec les mères

Salade de champignons de Paris aux moules

Cette salade faisait partie des hors-d'œuvre variés qu'Adrienne proposait chaque jour à ses clients. Parfois, elle la servait en guise de légumes avec des tranches de viande froides. Adrienne préparait cette recette avec les tout petits champignons de Paris, frères jumeaux des tendres rosés des prés, les boutons de culotte, très fermes et bien blancs. Et ils étaient toujours généreusement parsemés de persil frais haché car « ça habille un plat ! ».

Pour 4 personnes
1 litre de moules de bouchot
1 kg de petits champignons de Paris, blancs et fermes
2 grosses tomates
3 échalotes
1 gousse d'ail
1 citron
le jus de 1/2 citron
3 cuil. à soupe d'huile d'olive
2 verres de vinaigre de cidre
2 cuil. à soupe de persil plat haché
sel fin, poivre du moulin

Préparation : 20 min
Cuisson : environ 15 min

Coupez le bout terreux et mettez les champignons dans une passoire. Lavez-les sous un filet d'eau fraîche et déposez-les au fur et à mesure sur du papier absorbant. Arrosez-les de jus de citron et séchez-les soigneusement.

Après avoir incisé leur base en croix, plongez les tomates 10 secondes dans de l'eau bouillante. Égouttez-les, retirez la peau. Coupez-les en quatre et enlevez les pépins.

Pelez et émincez finement les échalotes. Faites chauffer l'huile d'olive dans une casserole et faites-y revenir les échalotes sur feu doux. Dès qu'elles sont translucides, ajoutez les tomates. Mélangez et laissez cuire 3 min. Versez le vinaigre puis ajoutez les champignons (s'ils sont petits, laissez-les entiers ; coupez-les en quatre s'ils sont plus gros). Couvrez.

Pelez le citron à vif. Détaillez-le en minces rondelles en retirant les pépins. Pelez la gousse d'ail, coupez-la en deux et écrasez-la avec le plat du couteau.

Ajoutez les rondelles de citron, 1 cuillerée à soupe de persil haché et l'ail écrasé aux champignons. Assaisonnez de sel et poivre du moulin. Laissez mijoter environ 10 min.

Pendant ce temps, lavez et nettoyez les moules. Mettez-les au fur et à mesure dans une grande casserole posée sur feu vif. Couvrez, laissez cuire quelques minutes en secouant deux fois la casserole : les moules s'ouvrent très vite.

À l'aide d'une écumoire, retirez-les et mettez-les dans une jatte. Filtrez leur jus de cuisson au-dessus de la casserole où mijotent les champignons. Laissez tiédir les moules avant de les décoquiller et de les mettre dans un saladier.

Prélevez les champignons à l'aide d'une écumoire, ajoutez-les aux moules. Faites réduire le jus de cuisson des champignons sur feu vif, puis versez-le dans le saladier. Mélangez délicatement. Parsemez généreusement de persil haché. Servez la salade chaude ou tiède.

La mère Adrienne

Les Entrées

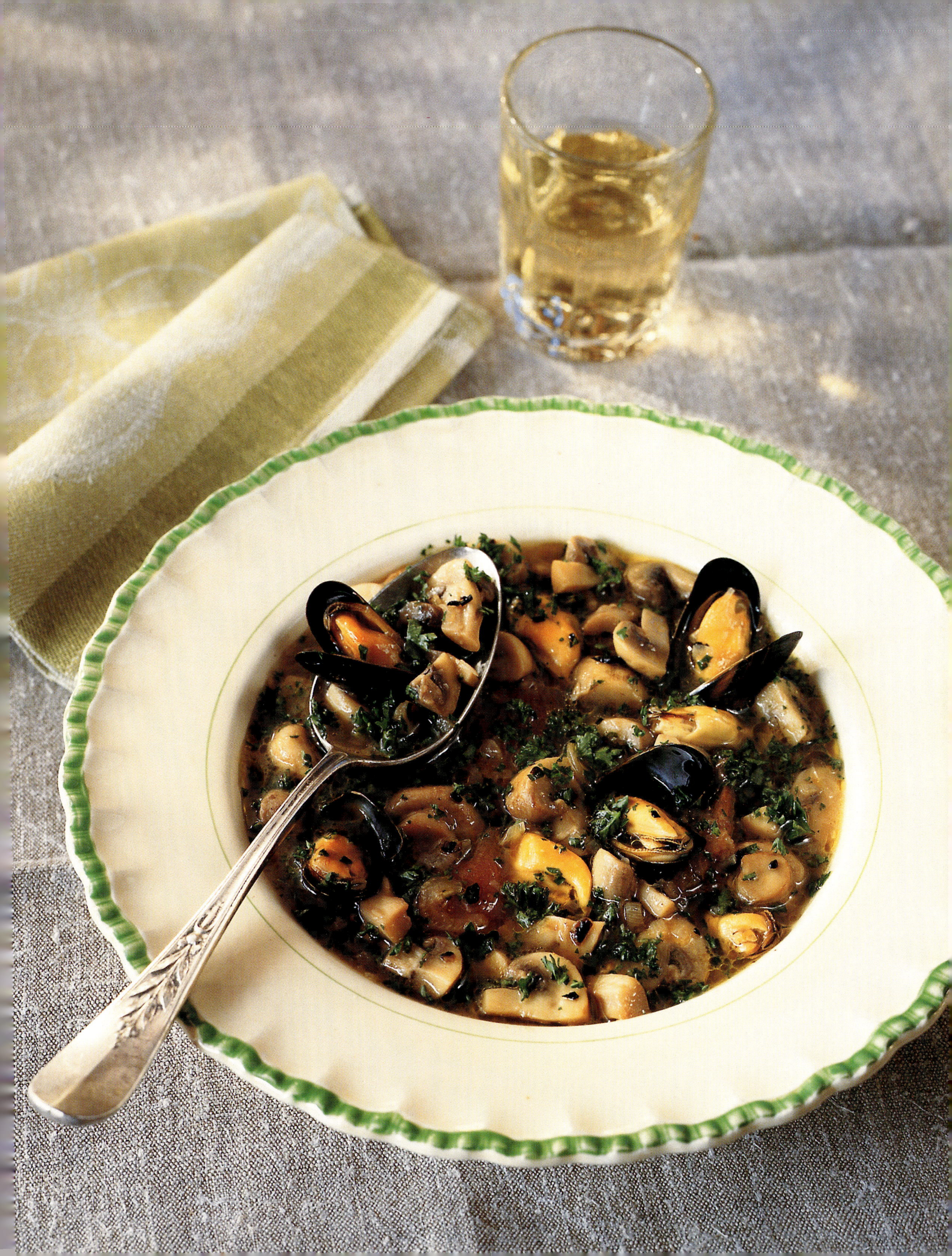

Rillettes de lapin façon Adrienne

Adrienne préparait cette savoureuse terrine de rillettes deux à trois jours à l'avance. Pour en souligner le parfum, elle ajoutait de la graisse d'oie au hachis de lapin. Elle répartissait ces délicieuses rillettes dans des petits ramequins et les offraient en amuse-bouches à ses clients avec de généreuses tranches chaudes de pain grillé, en tout début de repas.

Pour 6-8 personnes
1 lapin d'environ 1,8 kg coupé en morceaux par votre volailler
400 g de lard demi-sel
1 pied de veau fendu en deux
1 kg d'oignons
5 carottes
200 g de graisse d'oie
1 litre de vin blanc (muscadet de préférence)
25 cl de vermouth blanc
3 cuil. à soupe d'huile d'olive
3 cuil. à soupe d'huile d'arachide
1 cuil. à café de grains de coriandre
1 bouquet de cerfeuil
1 branche d'estragon
sel, poivre du moulin

Préparation : environ 30 min
Cuisson : 3 h 15

Placez le pied de veau fendu dans une casserole, couvrez d'eau froide et portez doucement à ébullition. À l'aide d'une écumoire, retirez le pied de veau et rafraîchissez-le sous l'eau froide.

Pelez les oignons et les carottes. Émincez très finement les oignons et coupez grossièrement les carottes.

Faites chauffer sur feu doux, dans une grande cocotte en fonte, l'huile d'olive et l'huile d'arachide. Faites-y revenir les oignons sans les laisser colorer. Rangez dessus les morceaux de pied de veau, le lard demi-sel, les carottes puis les morceaux de lapin. Arrosez de vin blanc et de vermouth. Assaisonnez de sel et poivre. Parsemez de grains de coriandre. Couvrez et laissez mijoter 3 h.

Retirez les morceaux de lapin, le lard et le pied de veau. Laissez-les tiédir. Détachez délicatement toute la chair des morceaux de lapin puis effilochez-la. Retirez les os et hachez finement la chair du pied de veau au couteau. Enlevez la couenne et détaillez le lard en tout petits dés.

Passez le jus de cuisson dans un tamis au-dessus d'une jatte. Reversez-le dans la cocotte et, si cela est nécessaire, faites-le réduire pour en obtenir 1 bol.

Prélevez quelques carottes et mettez-les dans une mousseline. Ajoutez l'effiloché de lapin, le lard et la chair de pied de veau, ciselez les feuilles d'estragon et de cerfeuil et enveloppez le tout dans la mousseline. Plongez celle-ci dans le jus et laissez mijoter environ 10 min.

Retirez la mousseline. Ajoutez la graisse d'oie dans la cocotte et mélangez soigneusement. Versez les rillettes dans une terrine et tassez à l'aide d'une fourchette. Décorez le dessus avec quelques morceaux de carotte. Laissez refroidir complètement avant de couvrir d'un film alimentaire et de mettre dans le bas du réfrigérateur.

Servez cette délicate terrine parfumée en entrée, accompagnée d'une salade croquante et de larges tranches chaudes de pain de campagne grillées. Vous pouvez aussi la servir avec un mélange de cornichons, oignons, crosnes, cerises et champignons au vinaigre.

La mère Adrienne

Les Entrées
42

Coquilles Saint-Jacques au beurre blanc

« Les meilleures Saint-Jacques du monde », selon les dires des habitués. Chez Allard, les Saint-Jacques ne figuraient que pendant la saison de la pêche, qui varie selon les années d'octobre à mai. L'ancien propriétaire, Vincent Candré, était déjà connu pour ses coquilles « à la Vincent », c'est-à-dire au beurre blanc, dont la recette, bon gré mal gré, fut confiée par sa cuisinière Joséphine à Marthe Allard.

Demandez à votre poissonnier d'ouvrir les coquilles Saint-Jacques et de les ébarber. Rincez les noix dans de l'eau fraîche puis retirez le petit boyau noir. Égouttez-les et séchez-les soigneusement dans un linge.

Préparez le beurre blanc. Pelez et hachez finement les échalotes. Mettez-les dans une casserole à fond épais, versez le vinaigre, assaisonnez de gros sel et de grains de poivre blanc concassés et laissez réduire complètement sur feu doux : les échalotes doivent juste être humides, translucides et fondantes.

Pendant ce temps, détaillez le morceau de beurre bien froid en petits morceaux et mettez ceux-ci sur une assiette. Incorporez-en quelques-uns aux échalotes et d'un mouvement de va-et-vient remuez la casserole afin de lier le beurre à la réduction. Continuez d'ajouter le beurre en fouettant vivement : la sauce ne doit surtout pas bouillir.

Hors du feu, ajoutez le jus de citron et passez la sauce dans une passoire fine au-dessus d'une casserole. Posez celle-ci dans un bain-marie jusqu'au moment de servir, en prenant soin de mélanger la sauce de temps en temps.

Mettez un peu de farine dans une assiette ou sur une feuille de papier sulfurisé. Roulez-y les noix de Saint-Jacques puis secouez-les pour enlever l'excédent : elles doivent seulement être recouvertes d'un voile de farine.

Assaisonnez-les de sel fin et poivre du moulin. Mettez à chauffer le beurre et l'huile dans une poêle sur feu doux. Faites-y dorer les noix de Saint-Jacques 5 min environ en les retournant souvent à l'aide d'une spatule. Retirez-les de la poêle et déposez-les dans un plat chauffé au préalable. Nappez-les d'un peu de beurre blanc et versez le reste dans une saucière chaude. Dégustez aussitôt.

Pour 6 personnes
6 kg de Saint-Jacques fraîches (soit, selon leur taille, 30-36 noix)
50 g de beurre
2 cuil. à soupe d'huile d'arachide
farine
sel fin, poivre du moulin

Le beurre blanc :
500 g de beurre bien froid de première qualité (si possible d'Échiré)
6 échalotes grises
le jus de 1/2 citron
1 cuil. à café de gros sel de mer
1 verre de vinaigre d'alcool blanc
1 cuil. à moka de grains de poivre blanc concassés

Préparation : 10 min
Cuisson : environ 30 min

Les Entrées

Jambon persillé

Large et confortable, la tranche de jambon persillé servie en entrée chez Allard déborde généreusement de l'assiette. Fondante et très goûteuse, c'est une superbe recette que Marthe Allard préparait également pour le personnel. Très facile à réaliser, elle est idéale pour recevoir car elle peut se faire plusieurs jours à l'avance.

Pour une terrine de 8-10 personnes
- 2 jambonneaux demi-sel de 1 kg chacun
- 1 pied de veau fendu en deux
- 8 échalotes
- 4 gousses d'ail
- 2 oignons
- 2 clous de girofle
- 2 carottes
- 1 bouquet garni
- 1 bouquet de persil plat
- 2 cuil. à soupe de moutarde forte
- 2 cuil. à soupe de vinaigre de vin rouge
- 5 grains de poivre noir
- 1 pincée de 4-épices
- noix de muscade
- sel, poivre

Pour accompagner : cornichons, oignons blancs au vinaigre

Préparation : la veille, 30 min
Cuisson : 2 h 30
Réfrigération : 24 h

La veille, épluchez les carottes et les oignons et piquez ces derniers de 1 clou de girofle chacun. Détaillez les carottes en rondelles.

Mettez les jambonneaux dans un grand faitout. Ajoutez-y le pied de veau, les oignons, les carottes, le bouquet garni, les grains de poivre. Recouvrez à hauteur d'eau froide. Portez doucement à ébullition. Écumez soigneusement. Laissez mijoter sur feu doux 2 h 30.

Pendant ce temps, pelez les échalotes et les gousses d'ail. Hachez-les très finement. Détachez les feuilles des tiges de persil. Lavez-les et séchez-les soigneusement dans du papier absorbant. Ciselez finement les feuilles et mélangez-les au hachis d'échalotes. Mettez le hachis dans une grande jatte.

Dès la fin de la cuisson, retirez les jambonneaux. Laissez-les tiédir. Filtrez le jus dans une passoire au-dessus d'une jatte.

Retirez la couenne des jambonneaux, hachez-la finement. Désossez les jambonneaux et détaillez la chair en gros cubes. Mettez ceux-ci dans une terrine.

Ajoutez la couenne dans la jatte où se trouve le hachis. Incorporez-y la moutarde, le vinaigre, assaisonnez de noix de muscade râpée et de 4-épices, et versez 4 louches de jus de cuisson. Mélangez bien. Rectifiez l'assaisonnement en sel et poivre.

Versez le tout sur les dés de jambonneau et remuez afin que les ingrédients soient harmonieusement mélangés. Tapotez le fond de la terrine sur le plan de travail. Ajoutez si cela est nécessaire un peu de jus de cuisson : il doit affleurer la surface. Couvrez la terrine d'un film alimentaire. Gardez au réfrigérateur jusqu'au lendemain.

Le jour même, servez la terrine telle quelle, accompagnée de cornichons et de petits oignons blancs au vinaigre.

Les mères Allard

Les Entrées

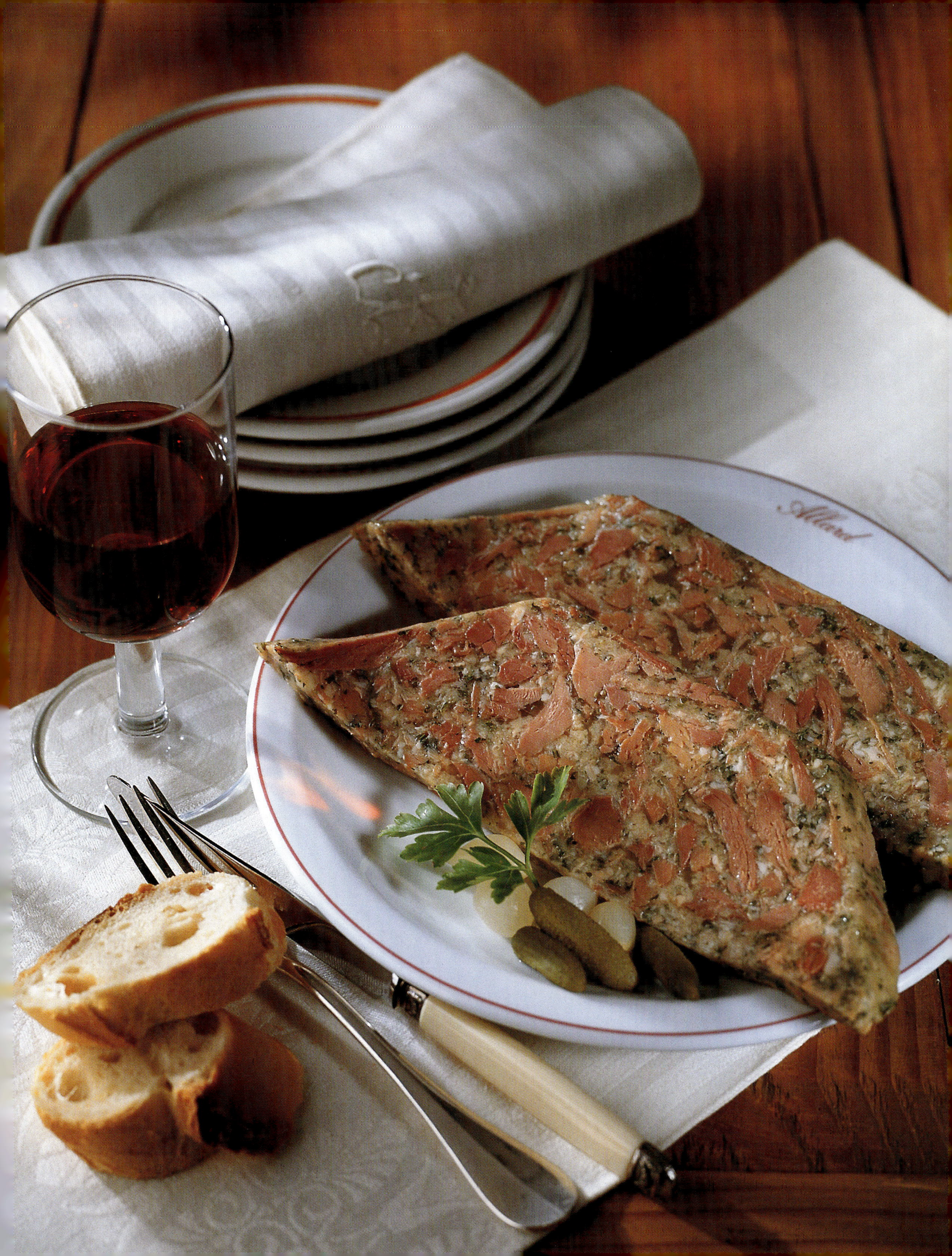
Allard

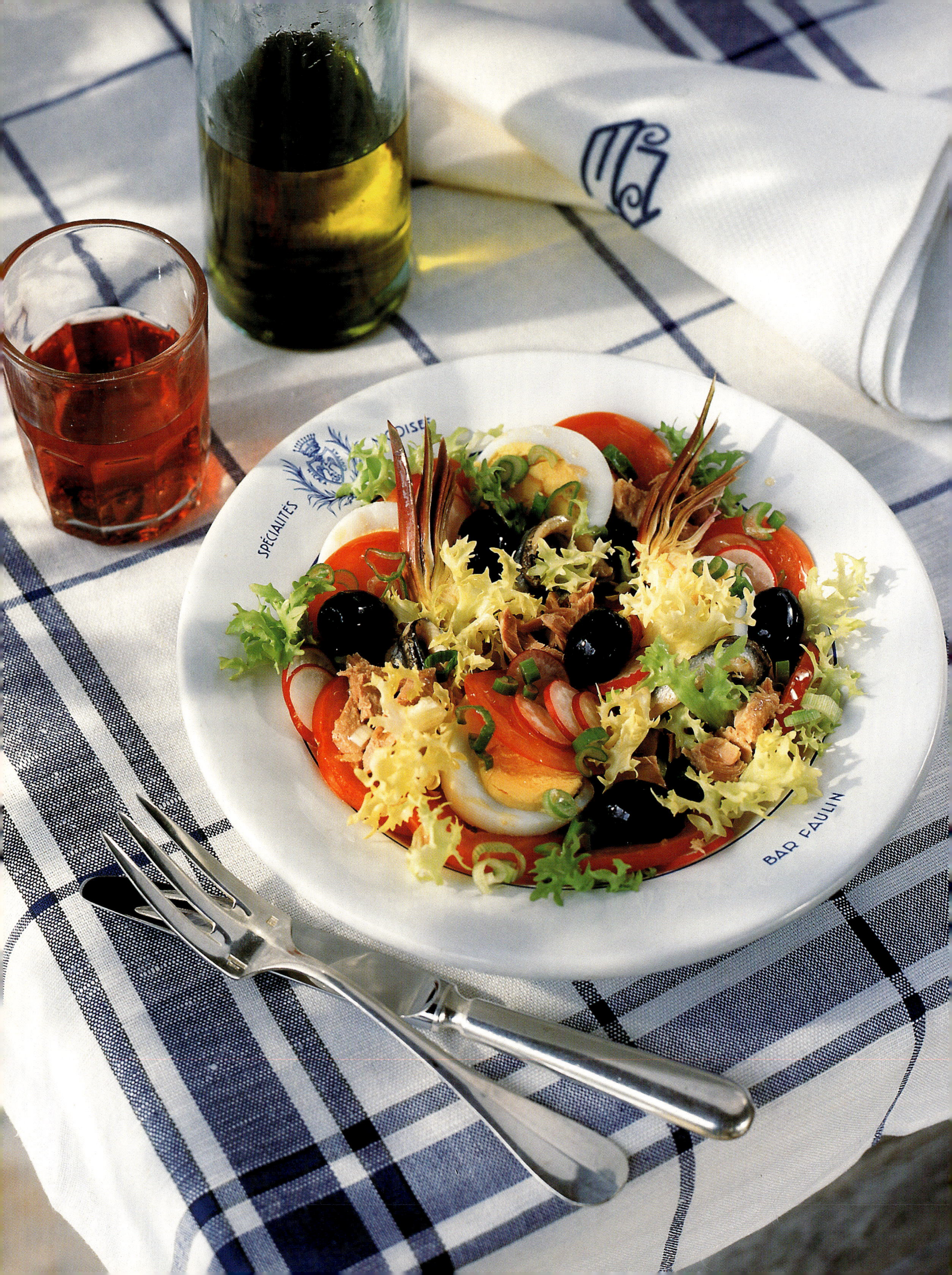
SPÉCIALITÉS
BAR PAULIN

Salade niçoise

D'après la mère Barale, voici la vraie et authentique recette de la « salada nissarda ». Elle la préparait uniquement avec les légumes du pays. À l'heure du casse-croûte, elle proposait « lou pan bagnat », qui n'est autre qu'une salade niçoise enfouie dans un petit pain blanc de campagne rond coupé en deux et largement arrosé d'huile d'olive.

Lavez et égouttez les tomates, les radis, les poivrons verts. Écossez les févettes. Coupez la base des cébettes, retirez les premières tiges. Détaillez les tomates en rondelles et étalez-les au fur et à mesure sur une grande planche. Parsemez-les de sel fin.

Mettez les œufs à cuire 12 min dans de l'eau bouillante. Égouttez-les et rafraîchissez-les dans de l'eau froide.

Coupez les tiges des artichauts et retirez les premières feuilles. Détaillez les artichauts en petits quartiers en les arrosant sans attendre d'huile d'olive et de gouttes de vinaigre afin qu'ils ne noircissent pas.

Égouttez le thon et les filets d'anchois. Émiettez le thon en l'écrasant à la fourchette.

Jetez l'eau de végétation avant de disposer les tomates dans un grand plat en les faisant chevaucher légèrement. Découpez les radis en fines rondelles. Parsemez-les sur les tomates. Assaisonnez de sel et poivre.

Coupez les petits poivrons en deux, retirez les graines. Émincez très finement les poivrons et les cébettes, et parsemez-les également sur les tomates. Ajoutez les petits quartiers d'artichaut, les œufs coupés en rondelles et assaisonnez de sel et poivre. Couvrez le tout de miettes de thon, d'anchois, de févettes et d'olives.

Gardez la salade au frais. Au dernier moment, arrosez-la d'huile d'olive et de quelques gouttes de vinaigre. Servez très frais.

Pour 6 personnes

300 g de thon à l'huile d'olive
12 filets d'anchois
4 œufs
10 tomates
250 g de févettes
5 petits artichauts
1 botte de radis rouges
2 bottes de cébettes
4 petits poivrons verts
150 g de petites olives noires de Nice
15 cl d'huile d'olive
vinaigre de vin
sel fin, poivre du moulin

Préparation : 20 min
Cuisson : 12 min

La mère Barale

Les Entrées

Pissaladière

La pissaladière doit son nom au pissalat (« peis sala », poisson salé), un condiment provençal fait d'une purée d'alevins (sardinettes et anchois) malaxée avec de l'huile d'olive et diversement parfumée de clou de girofle, farigoulette et laurier. Produit local presque confidentiel, il est souvent remplacé dans la pissaladière par des filets d'anchois à l'huile.

Pour 2 pissaladières de 8 personnes chacune

La pâte :
- 1 kg de farine
- 10 cl d'huile d'olive
- 2 œufs
- 20 g de sel fin
- 20 g de levure de boulanger

La garniture :
- 4,5 kg d'oignons
- environ 30 petites olives noires de Nice
- 3 tomates
- 1 bouquet garni (queues de persil, romarin, thym, laurier)
- 12 filets d'anchois
- 35 cl d'huile d'olive
- sel, poivre du moulin

Préparation : 40 min
Cuisson : environ 1 h 20
Repos : 1 h 30

Préparez la pâte à pain ou achetez-la (1 kg) déjà prête chez le boulanger. Répartissez 25 cl d'eau dans deux verres, diluez le sel fin dans l'un et la levure dans l'autre. Sur une large planche, mettez la farine en couronne. Ajoutez dans le creux les œufs, l'huile d'olive, l'eau salée. Mélangez puis incorporez l'eau avec la levure. Pétrissez au moins 10 min en étirant puis en aplatissant la pâte : elle est prête lorsqu'elle se détache des doigts. Couvrez-la d'un linge et laissez-la doubler de volume au moins 1 h à température ambiante et à l'abri des courants d'air.

Pendant ce temps, pelez et hachez très finement les oignons. Mettez l'huile à chauffer dans une cocotte sur feu doux. Faites-y revenir tout doucement les oignons avec le bouquet garni, couvrez et laissez mijoter 30 min environ : ils doivent rester translucides. Salez et poivrez.

Divisez la pâte en deux. Badigeonnez d'huile deux plaques à pâtisserie. Étalez chaque pâton en un disque de 25 cm de diamètre sur une épaisseur de 1,5 cm. À l'aide du rouleau à pâtisserie, posez-en un sur chaque plaque. Ourlez les bords, couvrez d'un linge et laissez lever environ 30 min.

Retirez le bouquet garni avant de répartir les oignons en une couche épaisse sur chaque pâton. Sur une pissaladière, mettez uniquement des olives, et sur l'autre, les tomates coupées en rondelles, les filets d'anchois disposés « en rayons de bicyclette » et le reste des petites olives noires.

Glissez les pissaladières dans le four préchauffé à 220 °C (th. 7-8) et laissez-les cuire environ 30 min.

À la sortie du four, poivrez-les et glissez-les sur une grille à pâtisserie. Dégustez-les chaudes ou tièdes.

La mère Barale

Les Entrées

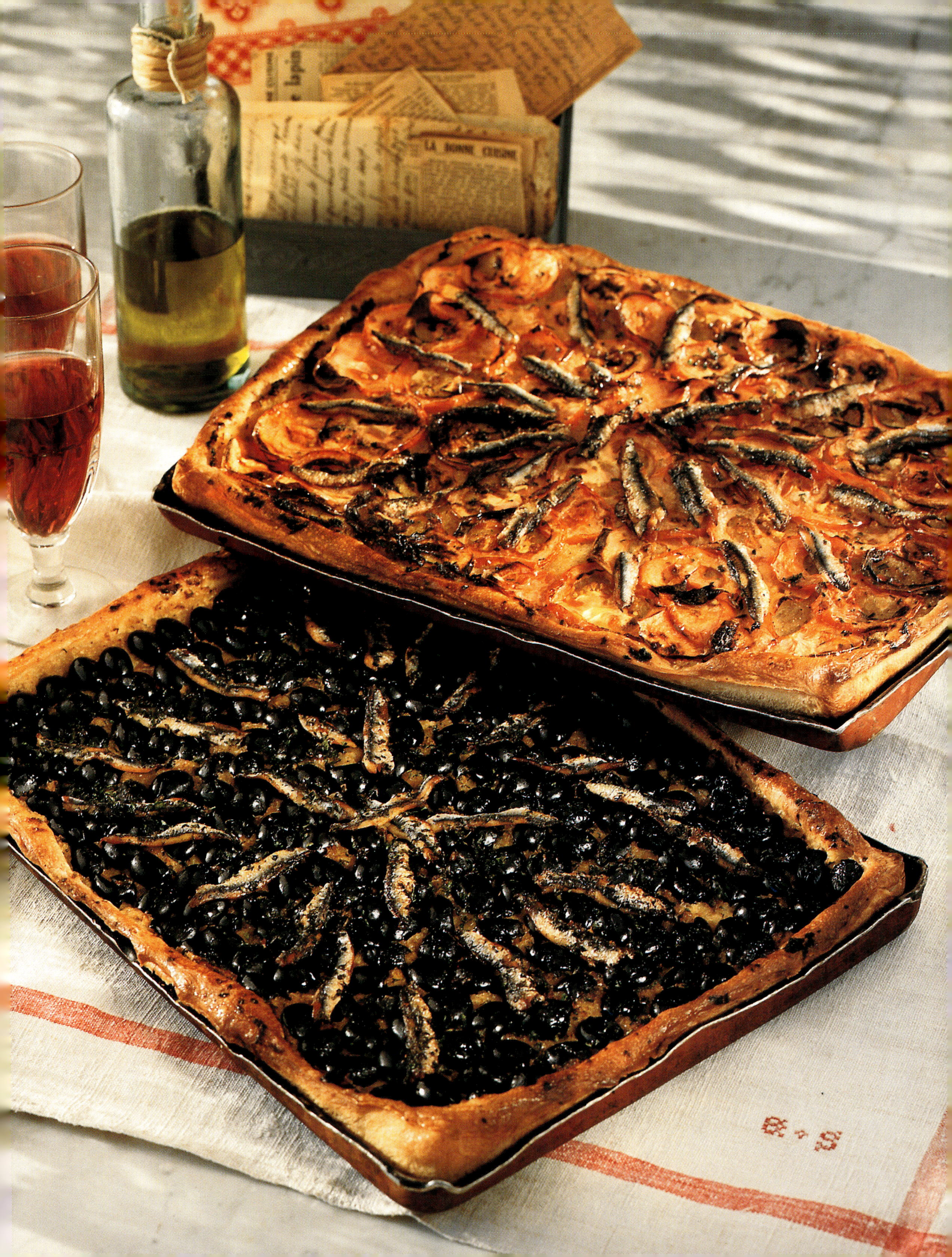
LA BONNE CUISINE

Pâté de foies blonds

La mère Blanc ne connaissait que les foies des poulets et poulardes de Bresse, d'une belle couleur blonde plus ou moins claire, et absolument dépourvus d'amertume. Commandez-les à l'avance chez le volailler pour réaliser cette entrée campagnarde.

Pour une terrine de 6-8 personnes
700 g de gorge de porc
400 g de foies de poulet
1 grande barde fine de porc
1/2 oignon
1 gousse d'ail
40 g de feuilles de persil
8 cl de madère
2 cuil. à soupe d'huile
1 sachet de gelée au madère
20 g de sel fin
5 g de poivre
noix de muscade

Préparation : 2 jours à l'avance, 15 min ; la veille, 45 min
Macération : 12 h
Réfrigération : 24 h
Cuisson : 2 h 40

L'avant-veille, détaillez le morceau de gorge en gros dés. Pelez l'oignon et coupez-le en quatre. Épluchez la gousse d'ail. Lavez et séchez les feuilles de persil. Mettez les dés de gorge dans une jatte avec l'oignon, l'ail, le persil, arrosez de madère, couvrez et laissez mariner au réfrigérateur jusqu'au lendemain.

La veille, retirez les dés de gorge de porc de la marinade. Faites chauffer l'huile dans une poêle, sur feu vif, et faites-y revenir les dés de gorge environ 10 min en remuant de temps en temps. Assaisonnez de sel, poivre et noix de muscade râpée.

Retirez les nerfs des foies de poulet et les éventuelles traces vertes de fiel. Mélangez ces foies avec les dés de gorge de porc refroidis et les éléments de la marinade, passez-les dans une machine à hacher munie d'une grille moyenne (à défaut, mixez finement les aromates, puis les dés de gorge de porc en donnant seulement quelques pulsations, et finalement les foies en pressant une ou deux fois sur le bouton pulseur).

Tapissez le fond et les parois d'une terrine avec la barde en la laissant largement dépasser. Déposez-y la farce en tassant bien puis rabattez la barde. Posez la terrine dans un bain-marie. Glissez dans le four préchauffé à 150 °C (th. 5) et laissez cuire 2 h 30 en rajoutant de l'eau dans le bain-marie.

À la sortie du four, laissez tiédir la terrine à température ambiante puis mettez-la 24 h au réfrigérateur.

Préparez la gelée au madère selon le mode d'emploi du sachet. Versez-la dans la terrine et récupérez l'excédent dans une coupelle. Faites prendre au réfrigérateur.

Le jour même, servez la terrine telle quelle et découpez-la au fur et à mesure en tranches. Accompagnez-la d'une salade croquante.

La mère Blanc

Les Entrées

Mousse de foies de volaille truffée

Une belle entrée riche et parfumée. Vous pouvez remplacer les truffes par des pistaches vertes débarrassées de leur peau ou des pelures de truffe hachées finement. Pour une présentation originale, façonnez des petites boules dans la mousse déjà prise une nuit au frais, roulez-les dans un hachis fin de truffes ou de pistaches et gardez-les au réfrigérateur jusqu'au dernier moment.

La veille, retirez les nerfs des foies de poulet et éliminez les éventuelles traces vertes de fiel.

Préparez 25 cl de gelée selon le mode d'emploi du sachet. Gardez-la au réfrigérateur.

Mettez le beurre à chauffer dans une poêle. Faites-y revenir quelques minutes les foies de volaille sans les laisser colorer afin qu'ils ne sèchent pas. Assaisonnez de sel et poivre. Mettez-les dans le bol d'un mixeur.

Jetez la graisse de cuisson et remettez la poêle sur feu vif. Versez-y le porto et la fine champagne en grattant pour détacher les sucs. Portez à ébullition puis passez ce jus dans une passoire fine. Versez-le sur les foies, mixez puis incorporez le foie gras coupé en morceaux. Mixez de nouveau puis ajoutez la crème fraîche et la moitié de la gelée. Mixez jusqu'à obtenir une mousse fine et homogène. Passez celle-ci dans un tamis fin au-dessus d'une jatte, en écrasant bien à l'aide d'une spatule souple. Rectifiez l'assaisonnement.

Hachez finement les truffes, ajoutez-les à la mousse, mélangez et versez dans une terrine. Lissez la surface, puis recouvrez le dessus d'une fine couche de gelée liquide. Versez le reste de gelée dans une assiette creuse. Gardez la mousse et la gelée au réfrigérateur au moins 24 h.

Le jour même, offrez la terrine telle quelle, accompagnée de tranches de pain de campagne grillées et de dés de gelée.

Pour 6 personnes

8 foies de poulet de Bresse (ou 4 foies de canard et 4 foies de poulet)
150 g de foie gras d'oie ou de canard (ou de mousse de foie gras)
20 g de truffes ou de pelures de truffe
15 cl de crème fraîche
20 g de beurre
1 sachet de gelée
1 cuil. à soupe de fine champagne
1 cuil. à soupe de porto
sel fin, poivre du moulin

Préparation : la veille, 30 min
Réfrigération : 24 h
Cuisson : 5 min

La mère Blanc

Les Entrées

51

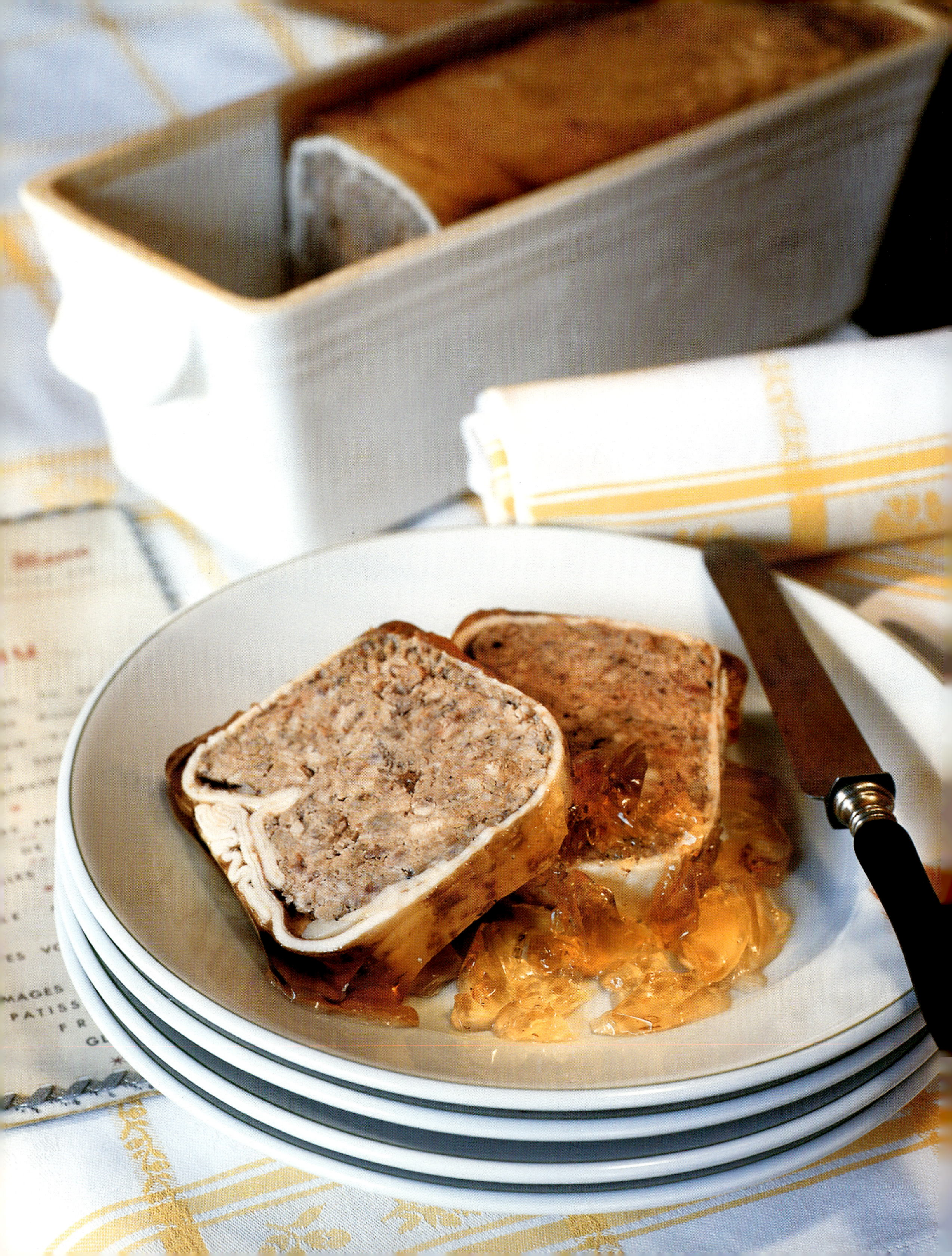

Terrine campagnarde

Paulette Blanc préparait plusieurs jours à l'avance cette terrine très parfumée, que le foie gras rendait onctueuse. Elle la servait accompagnée tout simplement de cornichons et petits oignons maison.

Demandez à votre volailler de désosser entièrement le canard de Barbarie et de vous remettre la carcasse, le cou et le foie. Retirez les peaux et, à l'aide d'un petit couteau pointu, enlevez soigneusement les nerfs. Détaillez la chair du canard, les morceaux de porc et de veau, le lard gras en fines lanières d'environ 1/2 cm de largeur. Mettez-les dans une grande jatte, assaisonnez de sel, poivre et 4-épices et arrosez de fine champagne, de porto et éventuellement de jus de truffe. Mélangez bien. Couvrez la jatte d'un film alimentaire et mettez-la au moins 6 h au réfrigérateur.

Pelez et coupez en petits dés la carotte, l'échalote, l'oignon, le céleri. Coupez la carcasse et le cou du canard en gros morceaux. Mettez 70 g de beurre à chauffer dans une cocotte, sur feu moyen, et faites-y revenir 5 min les abattis de canard avec les légumes. Assaisonnez. Ajoutez le bouquet garni et 2 verres d'eau. Couvrez. Réduisez le feu et laissez cuire environ 30 min. Filtrez le jus dans une passoire fine.

Préparez la gelée selon le mode d'emploi du sachet et ajoutez-y le jus de canard. Mettez le reste du beurre à chauffer sur feu moyen dans une poêle. Faites-y revenir tous les foies environ 2 min de chaque côté afin qu'ils soient rosés. Assaisonnez de sel et poivre.

Retirez les lanières de filet de canard de la marinade. Passez le reste des viandes dans une machine à hacher munie d'une grille moyenne (ou, à défaut, dans un robot mixeur en pressant deux ou trois fois sur le bouton pulseur afin que les morceaux soient hachés grossièrement). Hachez également tous les foies avec le foie gras. À l'aide d'une cuillère en bois, mélangez soigneusement les viandes et les foies dans la marinade. Ajoutez, si vous le désirez, la truffe hachée.

Tapissez le fond et les parois d'une terrine de fines bardes de lard. Déposez une couche de farce, étalez dessus la moitié des filets de canard, recouvrez d'une autre couche de farce et ajoutez le reste des filets de canard. Terminez par une couche de farce.

Mettez la terrine dans un bain-marie et glissez-la dans le four préchauffé à 180 °C (th. 6). Laissez cuire environ 2 h en rajoutant plusieurs fois de l'eau chaude dans le bain-marie.

Retirez la terrine, posez dessus une planchette en bois surmontée de quelques poids et laissez-la 2 h dans un endroit frais. Récupérez le jus rendu et versez-le dans une casserole, ajoutez la gelée et portez à ébullition. Réduisez le feu et laissez mijoter environ 10 min. Retirez soigneusement la graisse qui surnage.

Arrosez la terrine avec 1 petite louche de gelée, attendez quelques minutes avant d'en verser à nouveau, et continuez ainsi jusqu'à avoir 1 cm de liquide au-dessus de la terrine. Couvrez et gardez au réfrigérateur 2 ou 3 jours au moins. Gardez le reste de gelée dans une jatte au frais.

Sortez la terrine du réfrigérateur au moins 2 h avant de la servir. Présentez-la telle quelle, accompagnée d'une coupelle de gelée coupée en petits dés et d'une salade.

Pour une terrine de 12 personnes

1 canard de Barbarie d'environ 3 kg
300 g de grillade ou d'épaule de porc
300 g de noix de veau
400 g de lard gras
10 foies de volaille
100 g de foie gras (ou de mousse de foie gras)
4 fines bardes de lard de la taille de la terrine
1 belle truffe (facultatif)
3 cuil. à soupe de jus de truffe (facultatif)
1 grosse carotte
1 oignon
1 échalote
1/2 branche de céleri
1 bouquet garni
100 g de beurre
1 sachet de gelée
1 petit verre de porto
1 cuil. à café de fine champagne
4-épices
sel fin, poivre du moulin

Préparation : 3 jours à l'avance, 1 h
Macération : 6 h
Repos : 2 h
Cuisson : environ 2 h 45
Réfrigération : 3 jours

Les Entrées

La mère Blanc

Le pâté chaud de la mère Bourgeois

C'est à ce pâté que la mère Bourgeois doit sa renommée mondiale au début du siècle. L'Agha Khan, le roi Umberto d'Italie, le président et maire de Lyon, Édouard Herriot, les grands noms de la littérature et du cinéma de l'époque, tous ces fins gourmets se sont déplacés jusqu'au minuscule village de Priay pour venir déguster l'extraordinaire pâté chaud.

Pour un moule spécial à pâté en croûte de 8-10 personnes

La marinade :
- 1 litre de bouillon de volaille
- 2 carottes
- 4 échalotes
- 15 g de beurre
- 12 grains de poivre
- 20 cl de madère
- 3 brins de persil

Le pâté :
- 1 poulet fermier d'environ 1,8 kg
- 150 g d'échine de porc
- 150 g de noix de veau
- 150 g de gorge de porc (ou de lard gras)
- 1 foie gras de canard frais de 550 g
- 50 g de truffes ou de pelures de truffe
- 2 œufs
- 15 g de beurre
- 10 cl de madère
- sel fin, poivre du moulin

(suite des ingrédients et de la recette p. 56)

La veille, demandez à votre volailler de désosser le poulet et d'enlever la peau. Récupérez la carcasse et préparez un bouillon de volaille.

Pelez et détaillez en rondelles les carottes et les échalotes. Mettez 1 noisette de beurre à fondre dans une poêle, sur feu moyen. Faites-y revenir quelques minutes les petits légumes et mettez-les dans une grande jatte.

Enlevez les tendons des cuisses du poulet. Coupez celles-ci, ainsi que les morceaux de porc, de veau et de lard gras, en cubes grossiers. Détaillez les filets du poulet en fines aiguillettes. Rassemblez-les en un tas et ajoutez les autres morceaux de viande, les brins de persil et les grains de poivre. Arrosez de madère et de 1 litre de bouillon de volaille froid. Couvrez et laissez macérer jusqu'au lendemain au réfrigérateur.

Parallèlement, tamisez la farine dans une grande jatte. Creusez un puits au centre, mettez-y le beurre ramolli détaillé en petites parcelles, poudrez de sel. Ajoutez les œufs et pétrissez le tout rapidement en ajoutant quelques gouttes d'eau. Ramassez la pâte en boule, enveloppez-la d'un film alimentaire et gardez-la au réfrigérateur jusqu'au lendemain.

Le jour même, sortez la pâte à température ambiante.

Mettez le foie gras à ramollir dans de l'eau légèrement tiède puis détachez les deux lobes à la main. Égouttez-les. Posez-les, côté ouvert, sur une planche, incisez-les légèrement et retirez les nerfs. Assaisonnez-les de sel fin et poivre du moulin. Hachez les truffes et mélangez-les au foie gras, avec leur jus si elles étaient en conserve. Façonnez les lobes en forme de boudin. Couvrez et gardez au réfrigérateur.

Retirez les viandes de la marinade en mettant de côté les aiguillettes de poulet. Regroupez sur une planche les cubes de veau, de porc, de poulet et de lard. Salez et poivrez. Faites revenir le foie de poulet dans un peu de beurre. Ajoutez-le aux cubes de viande et hachez le tout au couteau jusqu'à ce vous obteniez une farce homogène. Mettez celle-ci dans une jatte, ajoutez-y le madère et les œufs, mélangez vivement.

Beurrez le moule. Étalez les trois quarts de la pâte en un rectangle. Transportez-la enroulée sur le rouleau à pâtisserie et déposez-la dans le moule. Retirez l'excédent de pâte en laissant toutefois un petit bourrelet. Recouvrez avec la barde de lard en

Les Entrées

La mère Bourgeois

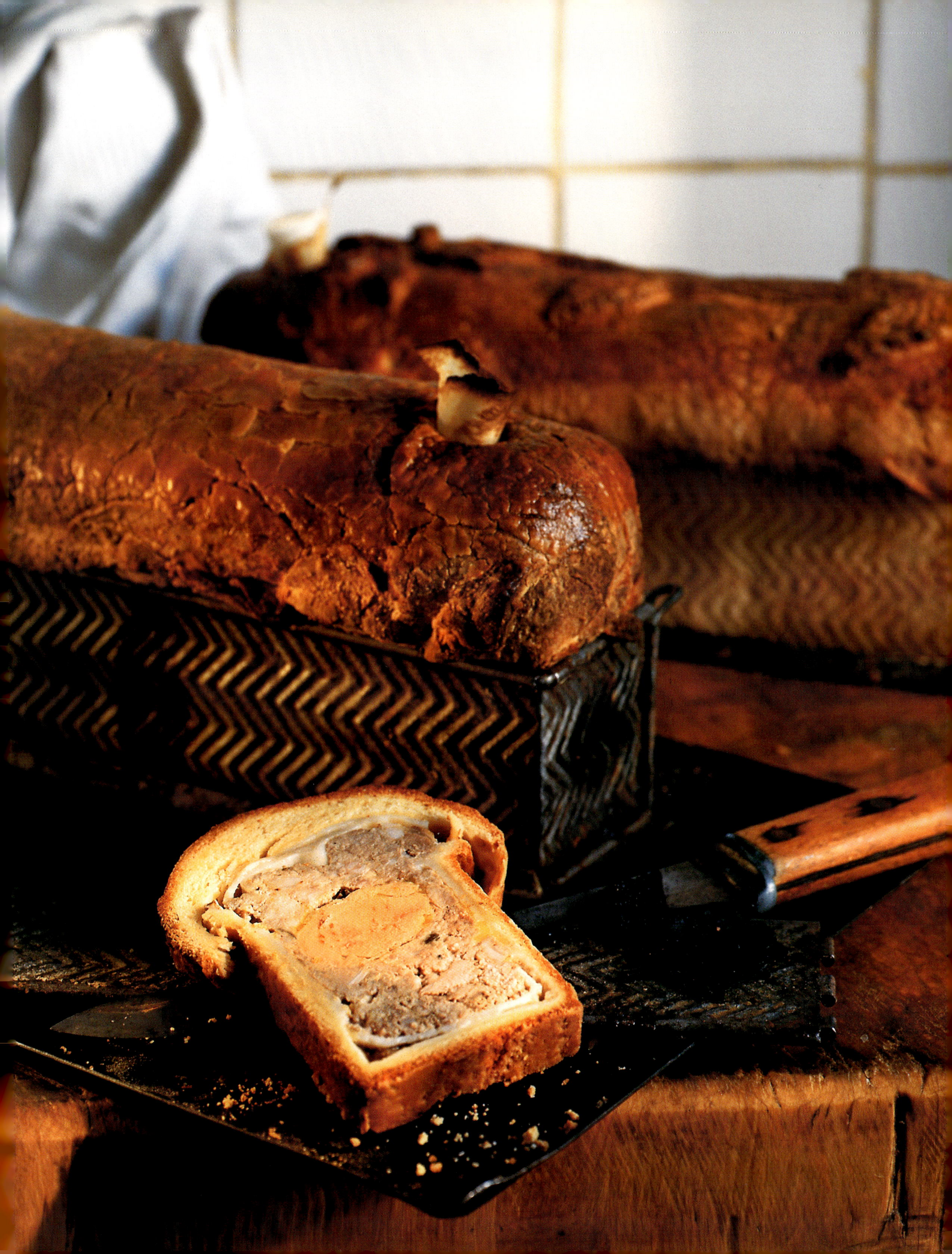

La pâte :
500 g de farine
350 g de beurre
2 œufs
10 g de sel fin
1 jaune d'œuf
pour la dorure
1 grande barde fine
de porc

Préparation :
la veille, 20 min ;
le jour même, 30 min
Macération : 12 h
Cuisson : environ 1 h 30

la laissant déborder et en l'appliquant bien sur le fond et les parois.

Déposez une moitié de la farce dans le moule en tassant, répartissez dessus la moitié des aiguillettes de poulet et enfouissez celles-ci. Ajoutez le boudin de foie gras et recouvrez-le avec le reste de la farce. Enfouissez de la même façon le reste des aiguillettes. Rabattez la barde pour envelopper le tout et retirez-en l'excédent.

Étalez le reste de la pâte en rectangle. À l'aide d'un pinceau, humidifiez le bourrelet de pâte et posez dessus ce rectangle. Pincez les bords en appuyant du bout des doigts. De la pointe du couteau, tracez des motifs sur le dessus, faites trois trous ronds de la taille d'une petite pièce de monnaie, et badigeonnez de jaune d'œuf. Découpez des petits rectangles dans du bristol et roulez-les. Placez ces « cheminées » dans les trous. Posez le moule sur la plaque à pâtisserie et glissez dans le four à 240 °C (th. 8). Faites cuire 15 min, puis réduisez la température à 180 °C (th. 6) et laissez cuire 1 h 15. Surveillez la cuisson et couvrez, si cela est nécessaire, le dessus du pâté d'une feuille de papier d'aluminium.

À la sortie du four, retirez les « cheminées » et laissez reposer le pâté à température ambiante au moins 20 min avant de retirer le moule : le pâté de la mère Bourgeois se déguste chaud.

La mère Bourgeois

Les Entrées

Tomates au maigre

La mère Bourgeois préparait cette recette toute simple avec les belles tomates juteuses et les fines herbes des potagers de Priay. Si vous ne trouvez pas de chicorée amère sur les marchés, vous pouvez la remplacer par quelques feuilles d'oseille fraîche.

Lavez, séchez les tomates et prélevez un « chapeau » à chacune d'elles. Retirez les graines à l'aide d'une petite cuillère et mettez à l'intérieur des tomates 1 pincée de sucre en poudre.

Huilez un plat à gratin et déposez-y les tomates. Glissez dans le four préchauffé à 210 °C (th. 7) et laissez cuire 15 min. Retournez toutes les tomates sur une planche afin qu'elles rendent leur jus.

Faites cuire les œufs 12 min dans de l'eau bouillante. Égouttez-les et rafraîchissez-les dans de l'eau froide. À l'aide d'un rouleau à pâtisserie, brisez en miettes le pain rassis. Lavez et séchez les feuilles de persil et de chicorée, hachez-les finement.

Pelez la gousse d'ail, coupez-la en deux puis écrasez-la avec la lame d'un couteau.

Écalez les œufs, coupez-les en deux, mettez-les dans une jatte et écrasez-les grossièrement à la fourchette. Ajoutez les miettes de pain, les herbes ciselées, l'ail et la crème fraîche. Assaisonnez de sel fin et poivre du moulin. Mélangez bien.

Garnissez les tomates de cette farce. Remettez-les dans le plat à gratin et coiffez chacune d'un « chapeau ». Parsemez de chapelure. Posez 1 noisette de beurre sur chaque tomate. Glissez le plat dans le four préchauffé à 180 °C (th. 6) et laissez cuire 45 min en arrosant les tomates en cours de cuisson.

Servez-les à la sortie du four en entrée ou accompagnées d'une viande poêlée.

Pour 6 personnes

6 belles tomates
100 g de persil plat
100 g de chicorée amère
1 gousse d'ail
200 g de pain rassis
2 œufs
20 cl de crème fraîche épaisse
30 g de beurre
1 cuil. à soupe d'huile
sucre en poudre
chapelure
sel fin, poivre du moulin

Préparation : 15 min
Cuisson : environ 1 h

La mère Bourgeois

Les Entrées

Gratinée lyonnaise

Avec les bouillons des volailles demi-deuil pochées, la mère Brazier préparait de succulents veloutés (qu'elle enrichissait de tapioca, de crème fraîche, de jaunes d'œufs, y ajoutant même très souvent une julienne de truffes fraîches) et surtout cette délicieuse gratinée.

Pour 6 personnes
2 litres de bouillon de volaille (ou de pot-au-feu)
1 baguette rassise
200 g d'oignons
200 g de gruyère
3 jaunes d'œufs
30 g de beurre
1 verre de porto

Préparation : 10 min
Cuisson : environ 45 min

Pelez les oignons et hachez-les finement. Mettez le beurre à chauffer doucement dans une cocotte. Faites-y colorer les oignons 10 min environ en les remuant souvent. Versez le bouillon de volaille sur les oignons dorés. Portez doucement à ébullition et laissez mijoter 10 min environ.

Découpez la baguette en rondelles pas trop fines et disposez celles-ci sur une plaque à pâtisserie. Glissez-les dans le four préchauffé à 180 °C (th. 6), laissez-les sécher et dorer légèrement.

Râpez le gruyère avec une râpe à gros trous. Déposez une première couche de rondelles de pain grillées dans le fond d'une soupière, parsemez-la d'une fine couche de gruyère râpé. Continuez d'alterner pain et gruyère jusqu'à épuisement des ingrédients, en terminant par une couche de râpé.

À l'aide d'une louche, versez doucement le bouillon dans la soupière. Glissez celle-ci au niveau le plus bas du four et laissez gratiner environ 30 min.

Dans un bol, mélangez à la fourchette les jaunes d'œufs avec le porto. Poivrez. Dès que le dessus de la gratinée est bien doré, sortez la soupière du four. Soulevez la croûte et prélevez 1 louche de soupe. Ajoutez celle-ci aux jaunes d'œufs en fouettant vivement et reversez le tout dans la soupe, sous la croûte, en mélangeant. Posez la soupière sur la table et accompagnez d'un bol de gruyère râpé.

La mère Brazier

Les Entrées

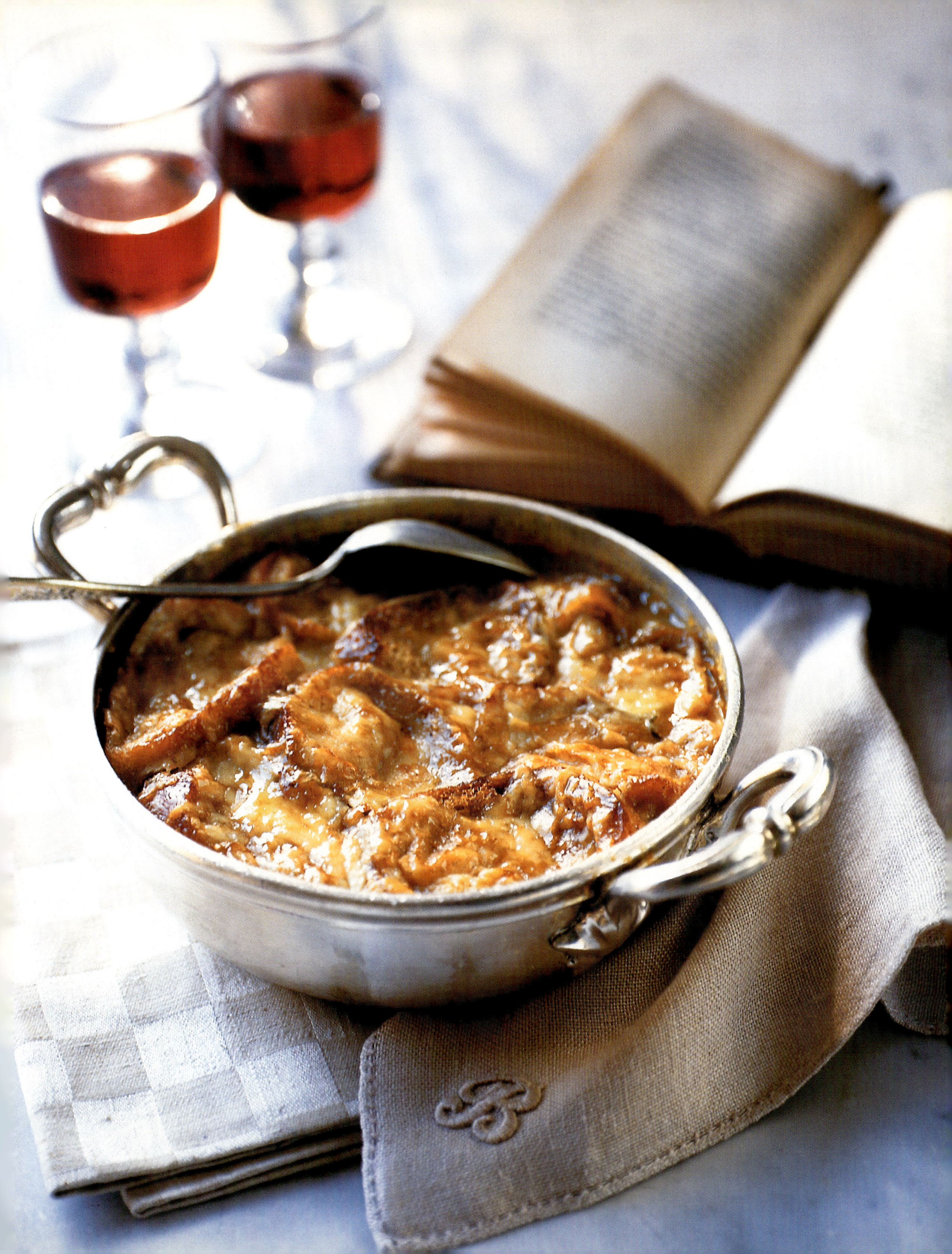

Terrine maison

Chaque mère avait sa propre recette de terrine. Celle-ci, très goûteuse, qu'elle soit ou non parfumée de truffe, constitue une entrée sans souci, idéale car vous la préparerez au moins deux jours avant de la déguster.

Pour une terrine de 8-10 personnes
500 g de noix de veau, coupée en deux
500 g de grillade de porc
10 foies de volaille
1 talon de jambon de Paris découenné
100 g de foie gras cuit
1 truffe
2 œufs
environ 100 g de mie de pain
1 bouteille (75 cl) de vin blanc sec
1 verre à liqueur de cognac
30 g de sel fin
2 bardes de lard de la taille de la terrine
saindoux
noix de muscade
poivre du moulin

Préparation :
la veille, 20 min ;
le jour même, 20 min
Macération : 24 h
Cuisson : environ 3 h
Réfrigération : 48 h

La veille, détaillez une moitié de la noix de veau en fines escalopes, coupez l'autre moitié en gros dés. Détaillez également en gros dés la grillade de porc, le talon de jambon. Passez tous les dés de viande avec les foies de volaille dans une machine à hacher (ou mixez l'ensemble très rapidement au robot : le hachis doit être grossier et non pas réduit en purée).

Mettez le hachis et les escalopes de veau dans une grande jatte. Assaisonnez-les de sel fin, poivre et noix de muscade râpée. Arrosez les viandes de vin blanc et de cognac. Mélangez bien l'ensemble. Couvrez et laissez mariner 24 h dans le réfrigérateur.

Le jour même, retirez les escalopes de veau de la marinade. Détaillez-les en lanières d'environ 1 cm.

Cassez les œufs dans la jatte contenant le hachis. Effilochez la mie de pain, ajoutez-la au hachis et pétrissez jusqu'à ce que les ingrédients soient bien mélangés.

Détaillez la truffe en lamelles et donnez au foie gras la forme d'un boudin pour qu'il occupe toute la longueur de la terrine.

Garnissez l'intérieur de celle-ci d'une barde de lard. Mettez une première couche de farce en appuyant bien dessus avec le dos de la main. Disposez la moitié des lanières de veau, remettez une couche de farce. Posez au centre le boudin de foie gras. Répartissez dessus les lamelles de truffe. Continuez avec une couche de farce, une dernière couche de lanières de veau et terminez par une couche de farce. Recouvrez le tout d'une barde de lard en enfouissant les bords à l'intérieur de la terrine.

Posez la terrine dans un plat à gratin. Remplissez le plat aux deux tiers de sa hauteur d'eau chaude. Glissez-le dans le four préchauffé à 140 °C (th. 4-5) et laissez cuire environ 3 h en rajoutant de l'eau chaude dans le plat en cours de cuisson.

Retirez la terrine du bain-marie et laissez-la refroidir complètement. Étalez dessus une fine couche de saindoux. Gardez la terrine au réfrigérateur au moins 2 jours avant de la servir accompagnée de cornichons, d'une salade croquante et de tranches de pain de campagne grillées et chaudes.

La mère Brazier

Les Entrées

Langouste Belle-Aurore

La langouste, très en vogue dans les années 20, fut inscrite, pour l'ouverture du restaurant, au tout premier menu de la mère Brazier, lequel, « audacieux », proposait au « prix modique de Fr.5.— langouste mayonnaise, pigeon aux petits pois et aux carottes, brioches chaudes aux pommes poêlées flambées au rhum ».

Pelez la carotte, les échalotes et la tige de céleri. Détaillez-les en petits dés. Mettez le beurre à chauffer dans une large sauteuse et faites-y revenir doucement les petits légumes avec la brindille de thym et la feuille de laurier. Couvrez et laissez cuire à petit feu environ 20 min en remuant de temps en temps. En fin de cuisson, les légumes doivent être translucides.

Sur une planche munie d'une gorge, coupez les langoustes en deux en séparant d'un côté le coffre et de l'autre la queue. Retirez la poche de gravier située derrière la tête.

Mettez les langoustes dans la sauteuse avec le « sang » qui s'est écoulé. Mélangez quelques minutes, versez le cognac et flambez. Versez de l'eau à mi-hauteur. Assaisonnez de peu de sel, poivre du moulin et 1 pointe de couteau de piment de Cayenne. Couvrez et laissez mijoter 20 min environ.

Retirez les queues et les coffres de langouste et laissez réduire le jus de cuisson de moitié sur feu moyen.

Pendant ce temps, retirez les carapaces à l'aide de ciseaux. Détaillez les queues en médaillons et disposez ceux-ci dans un plat creux chauffé au préalable. Récupérez la chair des coffres et ajoutez-la au jus de cuisson. Couvrez et gardez au chaud.

Passez le jus de cuisson réduit dans une passoire fine au-dessus d'une casserole, ajoutez la crème fraîche, le concentré de tomates et laissez réduire jusqu'à ce que la sauce nappe le dos d'une cuillère en bois. Rectifiez l'assaisonnement. Portez la sauce à ébullition et nappez-en les langoustes. Servez aussitôt.

Pour 4 personnes

2 langoustes bien vivantes d'environ 1 kg chacune
1 carotte
2 échalotes
1 tige de céleri
1 brindille de thym
1 feuille de laurier
50 cl de crème fraîche
20 g de beurre
1 petit verre de cognac
1/2 cuil. à café de concentré de tomates
piment de Cayenne
sel, poivre du moulin

Préparation : 25 min
Cuisson : environ 45 min

La mère Brazier

Les Entrées

Fonds d'artichaut au foie gras

Un des grands plats vedettes de la mère Brazier, qui en détenait la recette de la mère Filloux. Mais au lieu d'utiliser les fonds d'artichaut chauds comme cette dernière le faisait, la mère Brazier préférait les servir froids car elle trouvait que la chaleur abîmait le foie gras et gâchait ce plat d'une extrême délicatesse.

Pour 6 personnes
6 gros artichauts
6 belles tranches de foie gras de canard cuit
le jus de 1 citron
mélange de salades de saison
gros sel

La sauce vinaigrette :
1 petit oignon
1 cuil. à café de persil plat haché
1 cuil. à café de cerfeuil haché
1 cuil. à café d'estragon haché
3 cuil. à soupe de vinaigre de vin rouge
9 cuil. à soupe d'huile
sel fin, poivre du moulin

Préparation : 15 min
Cuisson : environ 25 min

Mettez le jus du citron dans une jatte remplie d'eau froide.

Détachez la queue d'un coup sec en posant la tête des artichauts sur le coin de la table : les tiges fibreuses du fond viennent toutes seules. Arrachez les feuilles jusqu'à atteindre le cône de petites feuilles violettes. À l'aide d'un couteau aiguisé, coupez à ras la base des feuilles qui reste autour du fond. Glissez le couteau juste au-dessus du foin et coupez le cône de petites feuilles. Plongez les fonds au fur et à mesure dans l'eau citronnée pour éviter qu'ils ne noircissent.

Égouttez-les, mettez-les dans une casserole et recouvrez-les d'eau froide. Portez doucement à ébullition et salez au gros sel. Couvrez-les d'une feuille de papier sulfurisé afin d'éviter le contact à l'air et laissez cuire environ 20 min (ou plus, ou moins, selon leur grosseur) : vérifiez la cuisson en transperçant un fond avec la lame fine d'un couteau ou les dents d'une fourchette.

Égouttez les fonds d'artichaut, séchez-les dans un linge et retirez soigneusement le foin à l'aide d'une petite cuillère avant de les recouvrir du linge.

Préparez la vinaigrette. Pelez et hachez l'oignon très finement. Mettez-le dans une jatte. Ajoutez le persil, l'estragon et le cerfeuil hachés. Mélangez-les avec le vinaigre et l'huile, assaisonnez de sel et poivre du moulin. Fouettez vivement. Ajoutez les fonds dans cette sauce vinaigrette et laissez-les macérer 15 min.

Lavez et séchez les salades. Arrosez-les de vinaigrette et disposez-les dans un plat de service. Posez dessus les fonds d'artichaut et garnissez ceux-ci de 1 tranche bien froide de foie gras. Servez aussitôt accompagné de toasts bien chauds.

Les Entrées

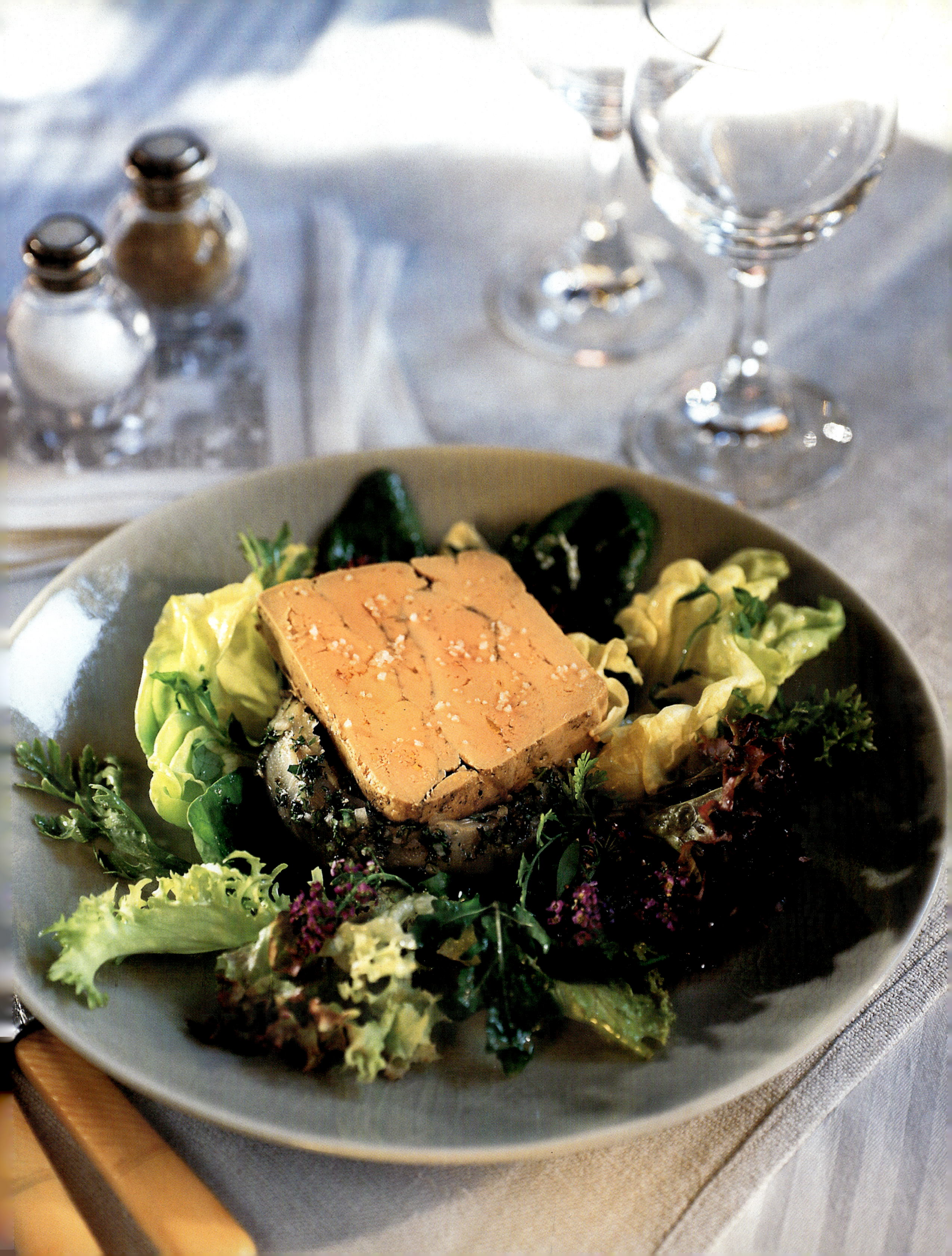

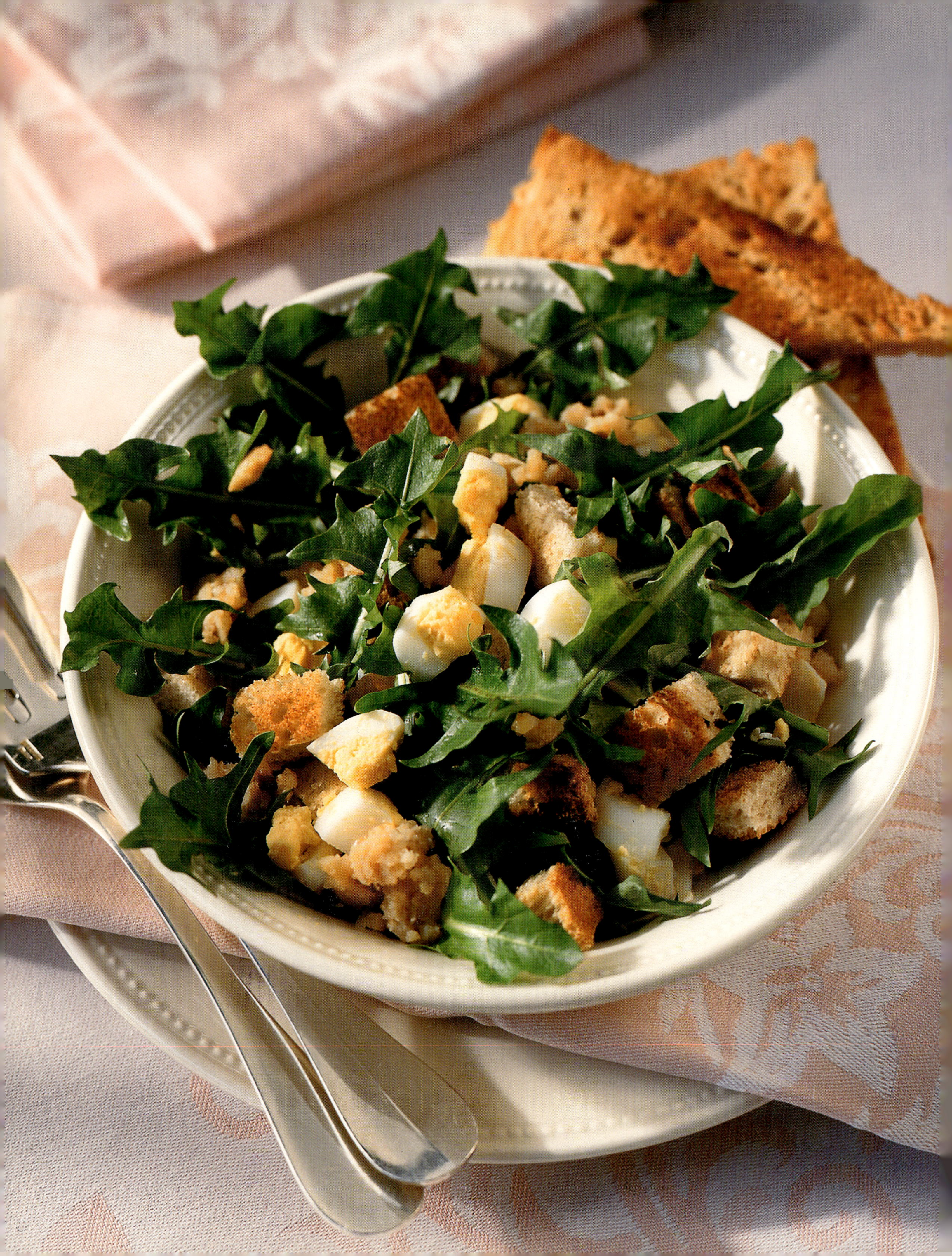

Salade aux pissenlits sauvages

Léa achetait les pissenlits sauvages aux paysans qui venaient vendre leurs petites pousses de salades maraîchères au marché du quai Saint-Antoine, tout proche de son restaurant. Délices des cueillettes printanières dans les prés, les pissenlits sauvages, connus à Lyon sous le nom de « groin d'âne », se dégustent le jour même car ils se fanent vite.

Mettez le hareng saur dans un plat à gratin. Glissez dans le four préchauffé à 240 °C (th. 8) et laissez cuire jusqu'à ce que la peau du hareng éclate. Retirez le plat du four et laissez refroidir.

Enlevez la peau et levez les filets. Ôtez soigneusement les arêtes. Mixez les filets en purée fine avec le vinaigre de vin blanc.

Coupez la base terreuse et lavez les pissenlits plusieurs fois à l'eau fraîche légèrement vinaigrée. Séchez-les, gardez-les au frais.

Faites cuire les œufs 10 min dans de l'eau bouillante salée. Préparez la sauce vinaigrette.

Mettez l'huile à chauffer dans une poêle et faites-y griller les tranches de pain des deux côtés. Égouttez-les sur un linge de cuisine, recouvrez-les d'un autre linge et laissez-les sécher.

Mélangez dans un saladier la purée de hareng saur avec 1/2 bol de sauce vinaigrette. Fouettez vivement.

Pelez la gousse d'ail et frottez-en les tranches de pain grillées avant de les détailler en dés.

Écalez les œufs durs, coupez-en 4 en petits morceaux et les autres en deux dans le sens de la longueur.

Mélangez les pissenlits avec les œufs coupés en morceaux et les croûtons dans la sauce. Décorez avec les demi-œufs et servez.

Pour 4 personnes
800 g de pissenlits sauvages
1 filet de hareng saur
8 œufs
1 gousse d'ail
6 tranches de pain de campagne rassis
2 cuil. à soupe d'huile
1 cuil. à soupe de vinaigre de vin blanc
La sauce vinaigrette :
5 cuil. à soupe d'huile d'arachide
2 cuil. à soupe de vinaigre de vin rouge
sel fin, poivre du moulin

Préparation : 20 min
Cuisson : environ 35 min

La mère Léa

Les Entrées

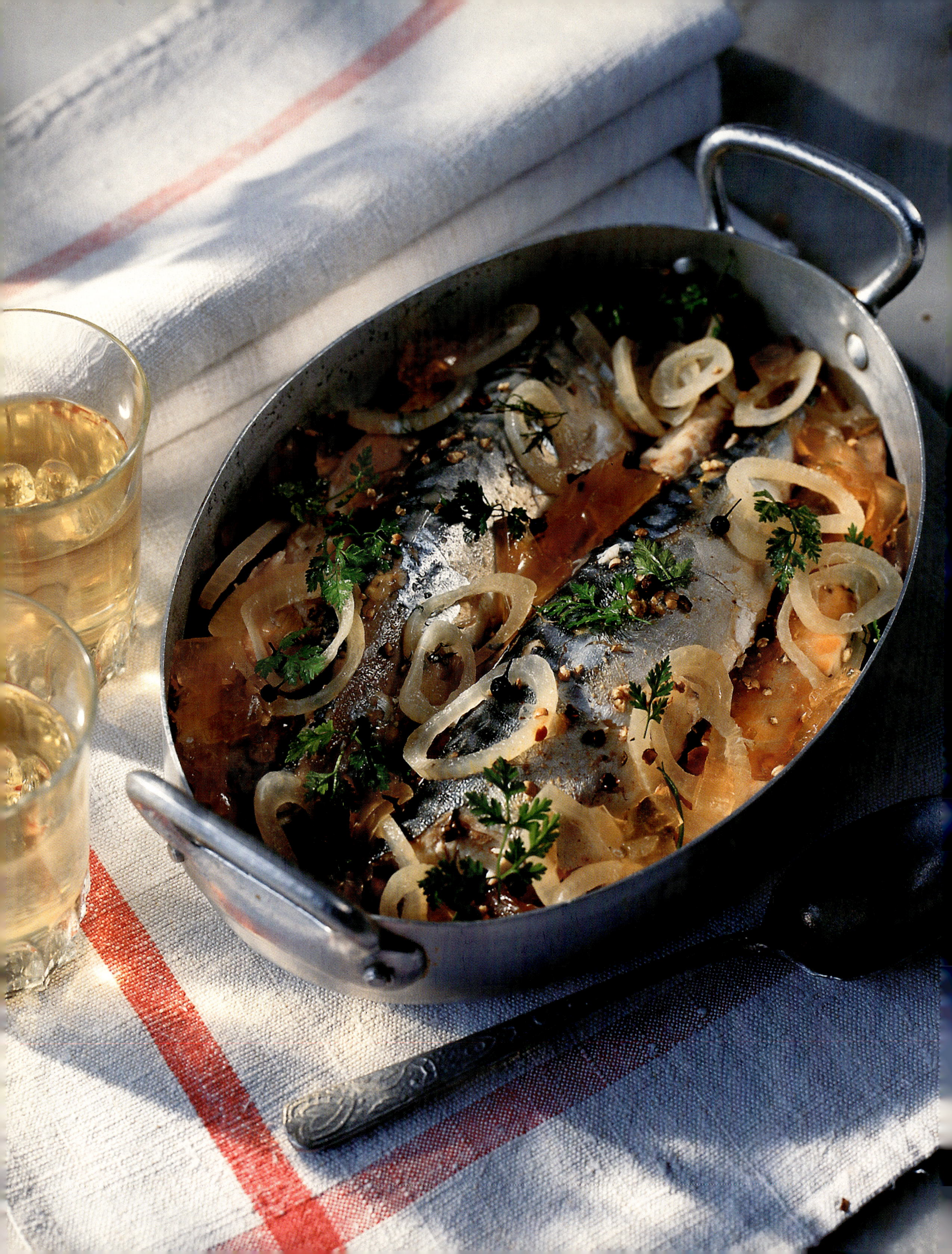

Maquereaux glacés au vin blanc

Cette recette de Léa, tout en fraîcheur et saveur, nécessite l'utilisation d'un vin blanc jeune, un peu acide. C'est de début mai à fin septembre que les maquereaux sont les meilleurs : leurs réserves en graisses, alors maximales, donnent une chair très tendre et goûteuse. Vous pouvez préparer de la même façon des lisettes (petits maquereaux) en en prévoyant deux par personne.

La veille, demandez à votre poissonnier de vider les maquereaux par les ouïes. Essuyez-les avec un linge légèrement humide mais ne les lavez pas afin de garder le gras naturel qui apporte goût et moelleux.

Versez 50 cl d'eau dans une casserole, ajoutez la coriandre et le fenouil, le clou de girofle. Portez à ébullition. Retirez du feu, couvrez et laissez infuser 20 min.

Pelez les oignons. Coupez-les en deux puis émincez-les finement.

Disposez les maquereaux tête-bêche dans une sauteuse. Assaisonnez de sel et poivre. Filtrez la marinade dans un tamis fin au-dessus des maquereaux, puis ajoutez le vin blanc et les lamelles d'oignon. Portez doucement à ébullition et laissez cuire 5 min à frémissement. Couvrez et laissez refroidir.

Transvasez délicatement les maquereaux dans un grand plat creux et gardez-les au réfrigérateur jusqu'au lendemain.

Le jour même, égouttez les maquereaux. Levez les filets et débarrassez-les soigneusement de la peau et des arêtes. Mettez-les dans un plat creux, parsemez-les de lamelles d'oignon et de marinade prise en gelée. Gardez-les au réfrigérateur jusqu'au moment de servir car ils sont meilleurs glacés. Lavez et séchez le cerfeuil. Effeuillez-le.

Au moment de servir, arrosez les filets de maquereau de quelques gouttes de vinaigre et parsemez-les de pluches de cerfeuil.

Pour 4 personnes
4 maquereaux extrafrais
2 oignons
5 brins de cerfeuil
1 cuil. à café de coriandre en poudre
2 cuil. à café de fenouil en poudre
1 clou de girofle
15 cl de vin blanc (bugey)
1 cuil. à soupe de vinaigre de vin blanc
sel fin, poivre du moulin

Préparation : 30 min
Réfrigération : 24 h
Cuisson : environ 10 min

La mère Léa

Les Entrées

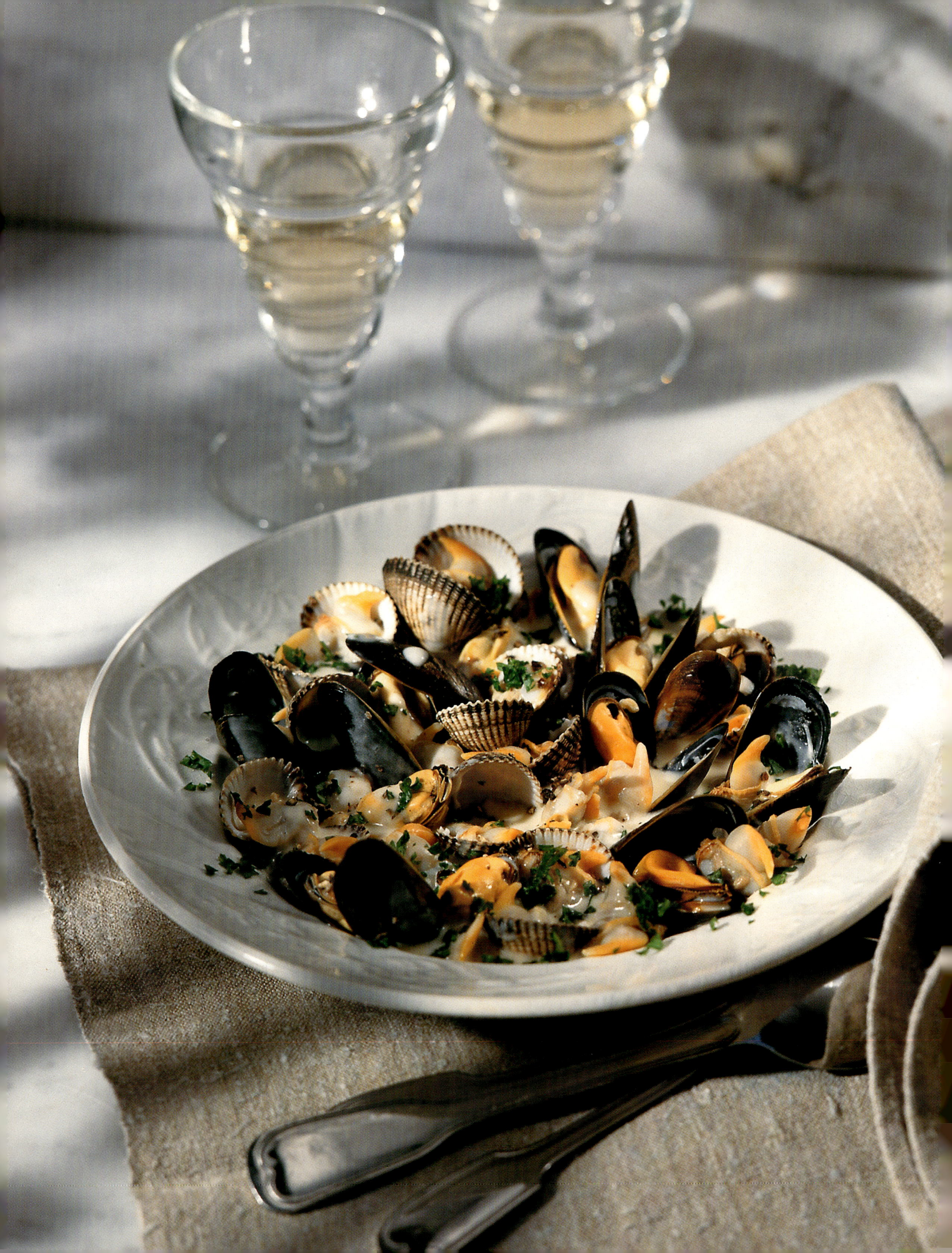

Soupe de moules et de coques de la Baie

La mère Poulard cuisinait les coques et les moules sauvages que les coquetières revenant de la grève de Tombelaine lui apportaient à pleins paniers. Bonnes commerçantes, celles-ci livraient aux aubergistes du Mont les coques dessablées à l'eau de mer. Annette Poulard servait toujours à part, avec cette soupe locale, un grand plat de moules et de coques.

La veille, mettez les coques dans une grande jatte remplie d'eau fraîche (ou d'eau de mer si vous habitez sur la côte). Ajoutez-y 1 œuf entier, dans sa coquille, et saupoudrez de gros sel de mer. Brassez. Dès que l'œuf remonte en surface, l'eau a atteint la salinité de l'eau de mer : les coques vont alors s'entrebâiller et lâcher petit à petit le sable qu'elles contiennent.

Le jour même, grattez les moules sous un filet d'eau froide. Mettez-les dans une jatte d'eau fraîche et brassez. Égouttez-les ainsi que les coques.

Pelez et émincez l'échalote. Mettez-la dans un faitout avec le vin blanc. Portez à ébullition sur feu vif et jetez-y les coques et les moules. Couvrez et laissez cuire environ 5 min jusqu'à ce que les coquillages s'ouvrent.

Posez un torchon dans une passoire au-dessus d'une jatte et versez-y les coquillages en récupérant le jus.

Décoquillez les moules et les coques, gardez-les au chaud.

Faites chauffer la moitié du beurre dans une casserole sur feu doux. Dès qu'il chante, saupoudrez de farine, mélangez et laissez cuire 1 min. Versez le fumet de poisson et le jus filtré des coquillages et laissez cuire sur feu doux jusqu'au premier frémissement. Ajoutez la crème fraîche, le reste du beurre et fouettez. Assaisonnez de sel et poivre du moulin. Ajoutez les coquillages.

Faites cuire sur feu doux et, dès le premier frémissement, versez la soupe dans une soupière. Saupoudrez de persil haché et servez aussitôt.

Pour 4 personnes

2 kg de coques

1,5 kg de moules de bouchot (si possible du Mont-Saint-Michel)

1/2 botte de persil frisé

1 échalote

1 œuf

15 cl de crème fraîche liquide

10 cl de vin blanc sec (gros-plant)

1 litre de fumet de poisson (voir p. 122)

50 g de beurre

25 g de farine

gros sel de mer, sel fin, poivre du moulin

Préparation : 20 min
Trempage : 12 h
Cuisson : environ 15 min

La mère Poulard

Les Entrées

Salade de cristes-marines aux bar et saumon marinés

Les cristes-marines poussent dans les fentes des rochers du bord de mer. Selon les régions, on les appelle aussi perce-pierres, casse-pierres, pousse-pierres ou encore baciles. Leurs feuilles vertes, charnues et très riches en iode, sont souvent préparées au vinaigre.

Pour 4 personnes
400 g de cristes-marines crues (ou, à défaut, au vinaigre)
1 filet de bar de 300 g
1 morceau de saumon de 100 g
2 échalotes
1 botte de ciboulette
1/2 botte de cerfeuil
10 cl d'huile
le jus de 1 citron
5 cl de vinaigre de xérès
sel fin, poivre du moulin

Préparation : 20 min
Cuisson : 5 min

Découpez en biais le filet de bar et le morceau de saumon en très fines lamelles. Répartissez-les dans des assiettes individuelles et gardez-les au réfrigérateur couverts d'un film alimentaire.

Lavez les cristes-marines dans de l'eau fraîche. Égouttez-les. Plongez-les dans de l'eau bouillante très légèrement salée et, dès la reprise de l'ébullition, laissez-les cuire 2 min. Égouttez-les et rafraîchissez-les dans une jatte remplie de glaçons. Égouttez-les et séchez-les dans un linge. Mettez-les dans une jatte.

Mélangez le jus de citron et le vinaigre. Ajoutez peu à peu l'huile en fouettant. Pelez et hachez finement les échalotes, ajoutez-les dans la vinaigrette. Mélangez et assaisonnez de sel et poivre du moulin.

Assaisonnez les cristes-marines d'un peu de vinaigrette. Ajoutez dans le reste de sauce la ciboulette ciselée, mélangez et versez sur les lamelles de bar et de saumon. Parsemez de cristes-marines, donnez quelques tours de moulin à poivre et décorez de pluches de cerfeuil. Dégustez bien frais.

La mère Poulard

Les Entrées

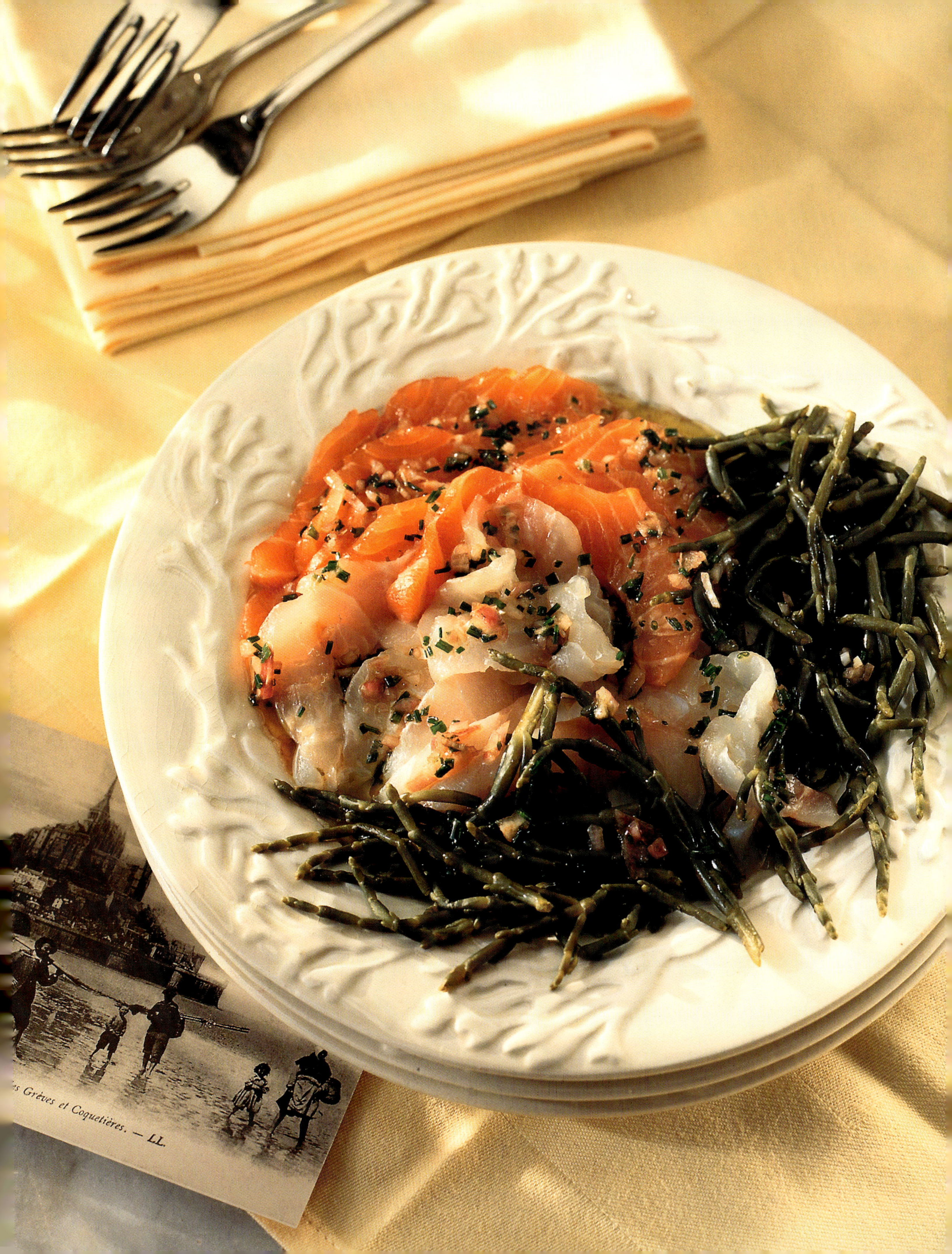
es Grèves et Coquetières. — LL.

Rognon de veau
« à la perle »

Le plat favori de Lino Ventura, ami et client d'Adrienne. Experte et magicienne des fourneaux, Adrienne vérifiait toujours la bonne cuisson du rognon d'une simple pression des doigts. En le tranchant, le jus qui s'écoule doit perler, d'où l'expression « à la perle ».

Pour 2 personnes
1 beau rognon de veau, préparé et paré par le boucher
5 cuil. à soupe de crème fraîche épaisse
2 cuil. à soupe de beurre
1 cuil. à café d'huile
2 cuil. à soupe de persil plat haché
thym, laurier
sel fin, poivre du moulin

Préparation : 5 min
Cuisson : environ 25 min

Vérifiez bien qu'il ne reste pas de graisse autour du rognon.

Huilez légèrement une petite sauteuse, ou une petite poêle à fond épais, de même taille que le rognon de veau. Faites-y dorer le rognon de tous côtés sur feu doux. Ajoutez 1 pincée de thym, 1 pointe de feuille de laurier, assaisonnez de sel et poivre du moulin. Ajoutez 1 noisette de beurre et la crème fraîche. Laissez cuire 15 min environ, toujours sur feu doux, en retournant le rognon à plusieurs reprises afin qu'il soit bien enrobé de sauce et qu'il cuise de façon uniforme. Retirez-le et gardez-le au chaud dans un plat creux chauffé au préalable, sous une feuille de papier d'aluminium.

Hors du feu, incorporez au jus de la sauteuse le reste du beurre en fouettant vivement. Nappez le rognon de sauce, parsemez de persil haché et servez aussitôt.

Adrienne avait l'habitude de l'accompagner d'épinards en branches.

La mère Adrienne

Les Plats

Palette de porc rôtie à la purée de haricots rouges

Un régal fondant et croustillant à mitonner en automne ou en hiver avec les haricots rouges secs de l'année. Selon la saison, Adrienne proposait également ce plat avec une purée de pommes de terre, de marrons ou de céleri. À l'achat, préférez pour cette recette une palette de porc fermier.

Mettez les haricots rouges secs à tremper 2 h dans de l'eau fraîche.

Commencez la cuisson des haricots en même temps que celle de la palette. Égouttez les haricots et mettez-les dans une grande casserole. Couvrez-les largement d'eau froide. Ajoutez le bouquet garni, l'oignon piqué du clou de girofle et laissez cuire environ 1 h 30 sur feu moyen. Assaisonnez au gros sel en fin de cuisson.

Pelez les carottes, les petits oignons, les échalotes et les gousses d'ail. Coupez en quatre les échalotes, les oignons et les carottes, détaillez les gousses d'ail en éclats. Piquez ceux-ci entre la graisse et la chair de la palette. Badigeonnez la viande de saindoux.

Mettez-la dans un plat à gratin pouvant juste la contenir avec les carottes, les oignons et les échalotes tout autour. Glissez dans le four préchauffé à 210 °C (th. 7) et laissez bien griller le dessus. Réduisez alors la température à 180 °C (th. 6) et laissez cuire environ 1 h, en arrosant la palette à plusieurs reprises d'un peu d'eau de cuisson des haricots.

Ciselez finement les feuilles de sauge. Parsemez-les sur la palette cuite et nappez celle-ci de jus. Laissez reposer la viande au chaud dans le four éteint pendant la préparation de la purée.

Égouttez les haricots en conservant une partie de leur jus de cuisson. Passez-les en purée au moulin à légumes en les arrosant de temps en temps de jus de cuisson. Dès que la purée a la consistance voulue, ajoutez le beurre et mélangez vivement. Rectifiez l'assaisonnement.

Mettez la palette dans un plat de service. Versez un peu d'eau froide dans le plat de cuisson. Portez à ébullition en grattant les sucs pour les détacher du plat. Passez ce jus dans une passoire fine et versez-le en saucière. Accompagnez la palette de la sauce bien chaude et de la purée de haricots rouges.

Pour 6 personnes

1 palette de porc fraîche de 1,5 kg
500 g de haricots rouges secs
3 carottes
5 petits oignons
1 oignon piqué de 1 clou de girofle
2 gousses d'ail
2 échalotes
1 bouquet garni
1 branche de sauge
60 g de saindoux
40 g de beurre
gros sel
sel fin, poivre du moulin

Préparation : 10 min
Trempage : 2 h
Cuisson : environ 1 h 30

La mère Adrienne

Les Plats

Bœuf aux carottes

*Le jour du « bœuf aux carottes », Adrienne se levait à 5 heures du matin.
Seule une douce et longue cuisson mijotée dans une cocotte en fonte convient
à ce plat qui a, entre autres, contribué à son succès : « C'est un plat qui
n'a pas de saison ; en été comme en hiver, les clients se régalaient. »
Aux beaux jours, Adrienne le servait froid avec beaucoup de carottes
et une salade verte bien croquante.*

Pour 6 personnes
1,8 kg de macreuse
1 queue de bœuf coupée en morceaux
1 pied de veau fendu en deux
1 crosse de veau
2,5 kg de carottes
4 poireaux
2 oignons
1 bouquet garni
50 cl de vin blanc sec
1 cuil. à café d'huile
3 cuil. à soupe de persil plat haché
sel, poivre

Préparation : 20 min
Cuisson : 4 h 30

Huilez une grande cocotte et faites-y revenir sur feu doux le morceau de macreuse, côté gras posé au fond. Dès qu'il est doré, retournez-le et ajoutez le pied de veau, la crosse et la queue de bœuf.

Laissez dorer, toujours sur feu doux, environ 10 min en retournant de temps en temps les morceaux de viande. Retirez-les et jetez la graisse de cuisson. Essuyez la cocotte avec du papier absorbant et remettez-y tous les morceaux de viande.

Pelez et détaillez en six les oignons. Nettoyez les poireaux, coupez le vert, et sectionnez-les en tronçons. Ajoutez les quartiers d'oignon et les poireaux dans la cocotte, enfouissez le bouquet garni au milieu. Assaisonnez de sel et poivre. Versez le vin blanc puis complétez avec de l'eau de façon à avoir 1 cm de liquide au-dessus des ingrédients.

Couvrez et laissez mitonner 3 h en surveillant de temps en temps.

Pendant ce temps, pelez les carottes et détaillez-les en grosses rondelles. Au bout des 3 h de cuisson du bœuf, ajoutez les carottes dans la cocotte et laissez cuire encore 1 h au moins.

Retirez les viandes. Laissez reposer la macreuse au moins 10 min avant de la couper en tranches, enlevez les os du pied de veau et détaillez la chair en petits morceaux. Déposez dans un plat creux chauffé au préalable les tranches de macreuse, les morceaux de queue de bœuf, les cubes de pied de veau. Entourez des carottes. Portez le jus à ébullition et nappez-en les viandes. Parsemez de persil haché et servez très chaud.

La mère Adrienne

Les Plats

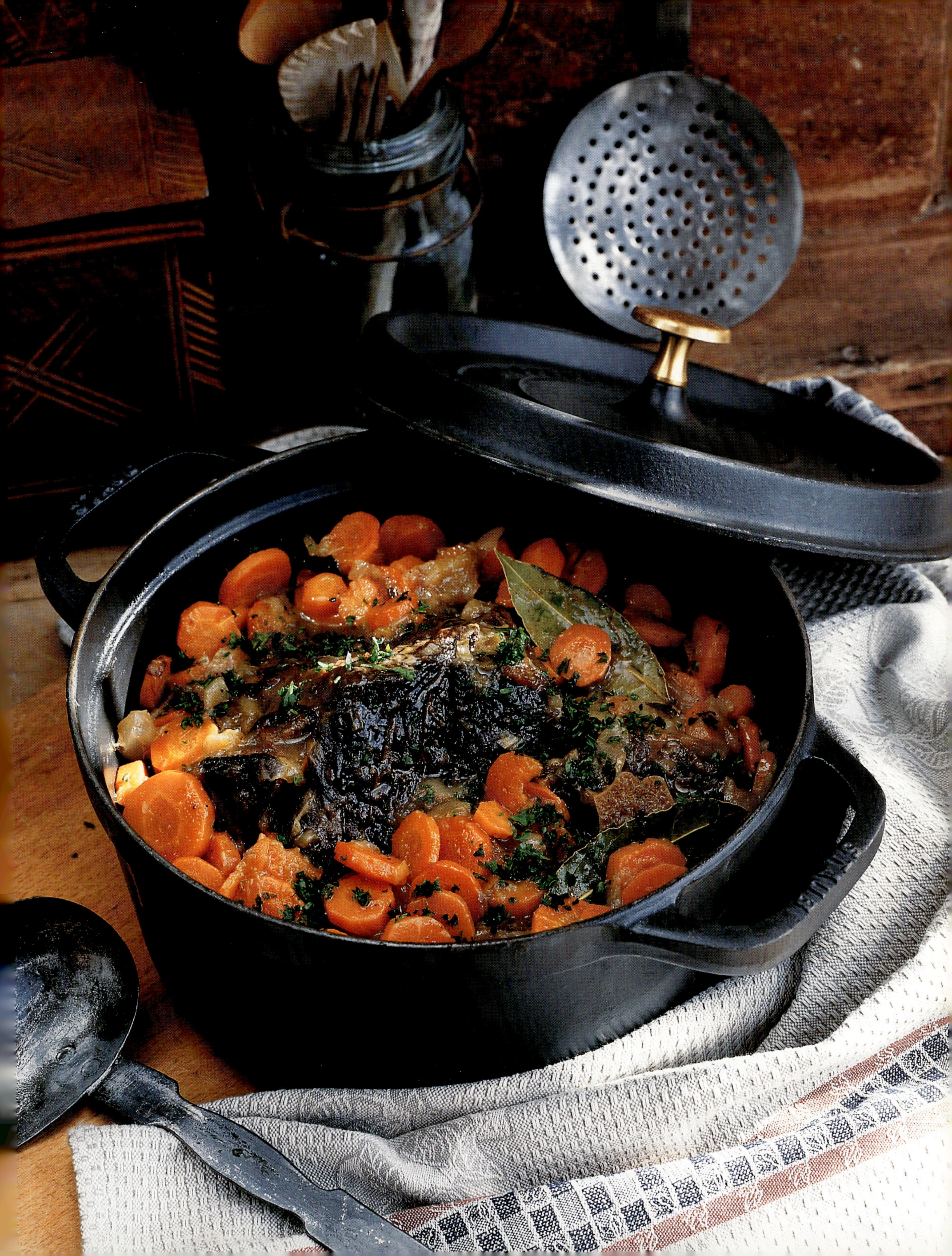

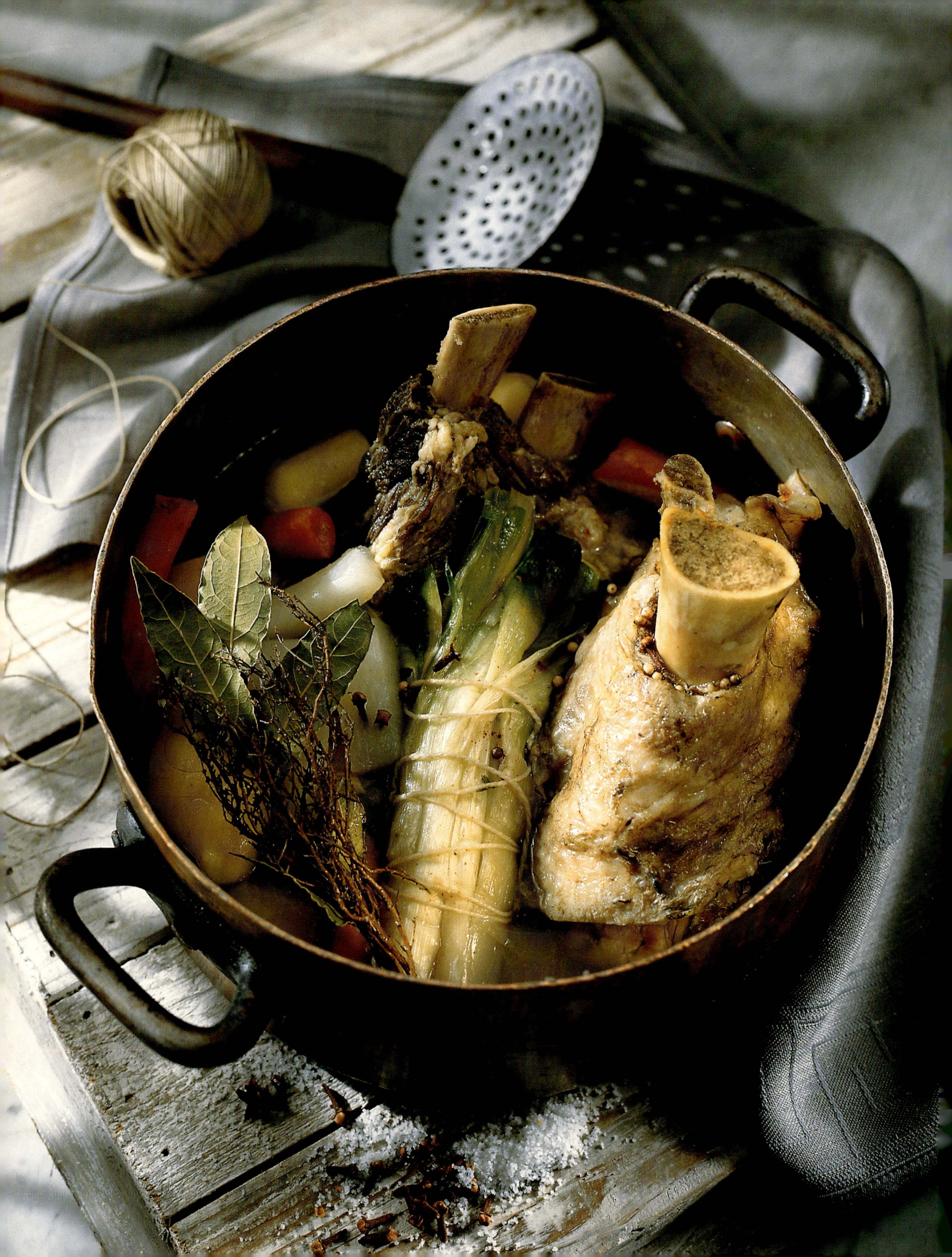

Pot-au-feu campagnard

Voici le secret de l'extraordinaire pot-au-feu d'Adrienne : faire tremper les viandes dans de l'eau fraîche et les cuire le lendemain avec les épluchures des légumes (sauf celles des pommes de terre) ficelées en baluchon dans une mousseline. Avec les restes des viandes, elle préparait le surlendemain des tomates farcies.

La veille, frottez de gros sel de mer le plat de côtes, les jarrets de bœuf et de veau. Placez ces viandes dans une grande jatte en terre (surtout pas un récipient en métal), recouvrez-les d'eau fraîche et gardez-les au réfrigérateur jusqu'au lendemain.

Le jour même, rincez les viandes sous un filet d'eau froide puis essuyez-les. Mettez dans un grand faitout le plat de côtes et le jarret de bœuf, couvrez largement d'eau froide. Ajoutez l'oignon, le bouquet garni et la branche de céleri. Portez à ébullition sur feu doux en écumant régulièrement.

Épluchez les carottes, les navets et le céleri-rave. Coupez le vert et nettoyez les poireaux. Mettez toutes les épluchures avec le vert des poireaux dans une étamine ou un grand torchon de cuisine. Ficelez en baluchon. Roulez la boule de céleri-rave dans le jus de citron pour éviter qu'elle ne s'oxyde.

Dès qu'il ne se forme plus d'écume à la surface du bouillon, plongez-y le baluchon d'épluchures. Couvrez et laissez mijoter environ 2 h 30. Ajoutez le jambonneau et le jarret de veau dans le faitout et laissez cuire encore 1 h.

Ficelez les blancs de poireau en deux bottes. Coupez le céleri-rave en quartiers en les roulant de nouveau dans le jus de citron. Épluchez les pommes de terre et laissez-les entières. Mettez les carottes, les navets, les quartiers de céleri dans une grande casserole remplie d'eau froide non salée. Portez à ébullition sur feu doux et faites cuire 15 min. Ajoutez alors les poireaux et les pommes de terre. Salez très légèrement et laissez cuire environ 40 min.

Dans une autre casserole, mettez les os à moelle et couvrez-les d'eau froide. Portez à ébullition sur feu doux, écumez largement et laissez cuire environ 20 min.

Versez le bouillon du pot-au-feu dans une soupière. Faites griller des tranches de pain de campagne. Servez-les avec les os à moelle et du gros sel. Découpez les viandes du pot-au-feu, mettez-les dans un large plat creux chauffé au préalable et entourez-les des légumes égouttés.

Parsemez de persil haché et accompagnez de coupelles de gros sel de mer, de poivre mignonnette, de cornichons et de plusieurs moutardes.

Pour 12 personnes
2 kg de jarret de bœuf
1,5 kg de plat de côtes découvertes
1 jarret de veau
1 jambonneau de porc
12 os à moelle
15 pommes de terre de taille identique
15 carottes
15 navets
15 poireaux
1 boule de céleri-rave
1 oignon piqué de 1 clou de girofle
1 bouquet garni
1 branche de céleri
le jus de 1/2 citron
12 tranches de pain de campagne
4 cuil. à soupe de persil haché
250 g de gros sel de mer
poivre

L'accompagnement :
gros sel de mer
poivre mignonnette
cornichons
moutardes variées

Préparation :
la veille, 5 min ;
le jour même, 30 min
Trempage : 12 h
Cuisson : environ 4 h

La mère Adrienne

Les Plats

Tomates farcies

Le conseil gourmand d'Adrienne, « c'est de préparer la farce à l'avance pour l'échange des parfums ». Selon son humeur, Adrienne cuisinait les tomates sur un lit de riz ou tout simplement dans du beurre. Quand il n'y avait pas assez de restes de viandes maison, elle ajoutait de la bonne chair à saucisse et du pain de mie rassis imbibé dans un peu de lait.

Pour 6 personnes

environ 300 g de restes de viandes de pot-au-feu (ou, à défaut, de porc cuit)
1 tranche moyenne de jambon d'York (ou de Paris)
1 gros œuf
100 g de beurre
6 cuil. à soupe de riz de Camargue
6 grosses tomates
4 échalotes
1 gousse d'ail
1 bouquet de fines herbes (persil plat, ciboulette, cerfeuil)
1 bol de bouillon de pot-au-feu (voir p. 77)
1 poignée de parmesan fraîchement râpé
4-épices
sel fin, poivre du moulin

Préparation : 20 min
Cuisson : environ 1 h

Retirez la couenne et récupérez le gras du jambon d'York. Hachez grossièrement au couteau les viandes ainsi que le jambon d'York et le gras. Lavez, séchez et ciselez finement les fines herbes. Mélangez-les au hachis de viande.

Épluchez les échalotes et la gousse d'ail, coupez celle-ci en deux et écrasez-la avec le plat d'un couteau. Émincez finement les échalotes. Mettez 1 noix de beurre à fondre sur feu doux. Faites-y revenir, sans leur laisser prendre couleur, les échalotes et l'ail. Jetez la graisse de cuisson. Mélangez les échalotes et l'ail au hachis avec l'œuf. Assaisonnez de sel, poivre et 4-épices.

Lavez et séchez les tomates. Découpez un « chapeau » à chacune. À l'aide d'une petite cuillère, évidez les tomates en conservant 5 mm de pulpe tout autour. Hachez grossièrement la pulpe retirée et gardez-la dans un bol. Au dernier moment, mélangez-la ainsi que le parmesan râpé à la farce.

Assaisonnez l'intérieur des tomates de sel fin. Renversez les tomates sur du papier absorbant pour en éliminer le jus et répartissez-y la farce. Recouvrez les tomates de leur « chapeau ».

Beurrez généreusement un plat à gratin et versez-y le riz. Posez les tomates dessus, coiffez chacune de 1 noix de beurre et arrosez de quelques cuillerées de bouillon.

Glissez dans le four préchauffé à 220 °C (th. 7-8) et laissez cuire environ 40 min en arrosant régulièrement de bouillon les tomates et le riz. Servez les tomates farcies dans leur plat de cuisson.

La mère Adrienne

Les Plats

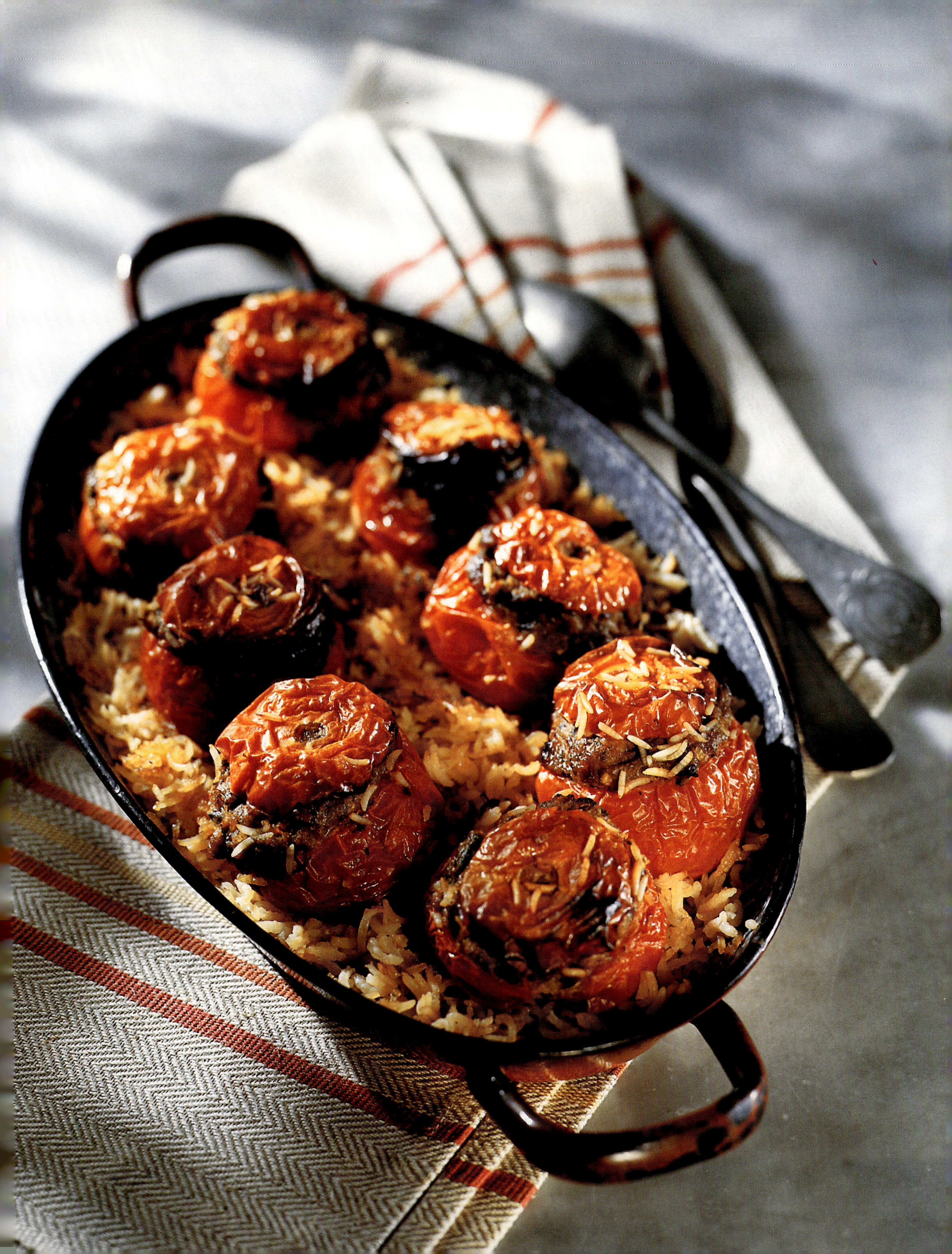

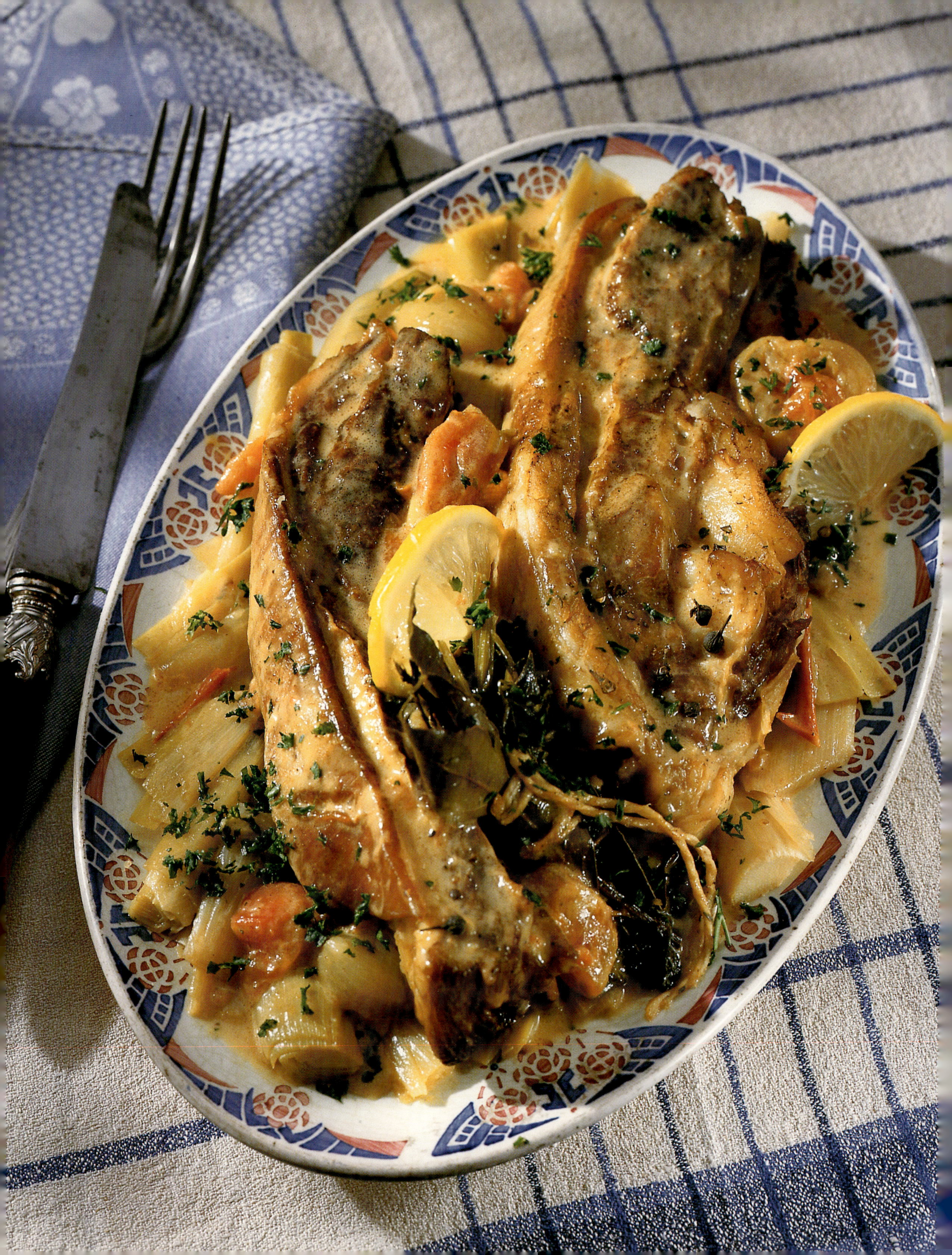

Tendrons de veau au citron

« J'adore les tendrons de veau car il y a du croquant dedans. Et j'ai gagné un concours organisé par une marque d'apéritif avec cette recette. » Selon le marché, Adrienne les accompagnait de céleri en branche ou de poireaux, ou encore de macaronis de légumes — des macaronis mélangés à des carottes et des courgettes râpées, des tomates en dés, le tout enrobé de crème fraîche, de persil et de cerfeuil hachés.

Coupez les tiges vertes et épluchez les oignons, laissez-les entiers. Pelez l'échalote.

Mettez à chauffer dans une cocotte, sur feu moyen, le beurre et l'huile. Faites-y dorer les tendrons de chaque côté. Ajoutez le bouquet garni, les oignons et l'échalote. Coupez grossièrement les tomates au-dessus de la cocotte. Assaisonnez de sel et poivre. Laissez mijoter 15 min sur feu doux.

Pendant ce temps, lavez les poireaux et retirez-en le vert. Fendez les blancs en deux dans la longueur, coupez-les en tronçons d'environ 6 cm. Retirez les tendrons et gardez-les au chaud dans un plat, sous une feuille de papier d'aluminium. À la place, mettez les blancs de poireau dans la cocotte, versez le vin blanc. Portez à ébullition puis réduisez le feu et laissez cuire 15 min.

Posez les tendrons et le jus qu'ils ont rendu sur les poireaux. Couvrez et laissez mijoter 15 min sur feu très doux. Ajoutez la crème fraîche et laissez réduire.

Mettez la fondue de poireaux et la garniture d'oignons dans un plat de service, disposez dessus les tendrons de veau et parsemez-les de persil haché. Posez sur chacun 1 tranche de citron et servez sans attendre.

Pour 4 personnes

4 tendrons de veau de 250 g chacun
8 poireaux
3 grosses tomates
15 petits oignons blancs frais en botte
1 citron
1 échalote
1 bouquet garni
50 cl de vin blanc sec
25 cl de crème fraîche
50 g de beurre
2 cuil. à soupe d'huile
3 cuil. à soupe de persil haché
sel fin, poivre du moulin

Préparation : 25 min
Cuisson : environ 50 min

La mère Adrienne

Les Plats

Coq au vin rouge

Voici le plat que Marthe Allard a certainement le plus servi dans son restaurant. La chair du coq peut être quelquefois un peu coriace, manquer de tendreté ; elle nécessite donc une douce et lente cuisson. Par souci d'économie mais aussi pour le goût, Marthe Allard récupérait la graisse à l'intérieur du coq pour le cuisiner. La liaison classique de la sauce avec le sang de la volaille peut être remplacée par un beurre manié léger, c'est-à-dire un mélange de farine et de beurre à incorporer dans la sauce au dernier moment.

Pour 8 personnes
1 coq d'environ 2,4 kg coupé en morceaux
200 g de lard demi-sel
2 cuil. à soupe de graisse du coq (ou d'huile)
1/2 verre du sang du coq (ou de porc)
200 g de champignons de Paris
2 oignons
3 gousses d'ail
1 bouquet garni
2 litres de vin rouge
1 verre de cognac
1 cuil. à soupe de concentré de tomates
3 cuil. à soupe de farine
sel, poivre

Préparation : 25 min
Cuisson : environ 3 h 30

Récupérez environ 2 cuillerées à soupe de graisse à l'intérieur du coq et coupez-la en petits morceaux. Mettez-la à chauffer sur feu vif dans une grande poêle. Farinez les morceaux de coq et secouez-les pour enlever l'excédent. Puis faites-les dorer de tous côtés dans la graisse bien chaude.

Retirez-les de la poêle et mettez-les dans une cocotte sans la graisse de cuisson. Posez la cocotte sur feu doux.

Détaillez le lard en petits dés. Remettez la poêle sur le feu et faites-y revenir les lardons en remuant souvent. Dès qu'ils sont dorés, mettez-les sur les morceaux de coq.

Pelez et émincez les oignons. Faites-les blondir dans la poêle et ajoutez-les au coq.

Épluchez et émincez finement les gousses d'ail. Mettez-les dans la cocotte avec le concentré de tomates et le bouquet garni. Mélangez bien, versez le cognac et flambez. Dès que les flammes sont éteintes, versez le vin rouge. Portez à ébullition puis flambez. Assaisonnez de sel et poivre. Réduisez le feu sous la cocotte. Couvrez et laissez mijoter au moins 3 h.

Retirez leur bout terreux avant de nettoyer les champignons de Paris sous l'eau froide. Séchez-les dans un linge. Coupez-les en lamelles et ajoutez-les dans la cocotte.

Dès que les morceaux de coq sont bien tendres, retirez-les de la cocotte à l'aide d'une écumoire. Mettez-les dans un plat creux et gardez-les au chaud.

Augmentez le feu sous la cocotte et faites réduire un peu le jus de cuisson. Prélevez 1 louche de sauce, versez-la dans le sang, mélangez rapidement et reversez dans la cocotte en fouettant vivement. Jetez le bouquet garni et nappez les morceaux de coq de jus de cuisson. Vous pouvez les accompagner de pommes de terre à la vapeur poudrées de persil plat haché menu.

Les mères Allard

Les Plats

Pintade aux lentilles

La pintade nommée aussi « oiseau peint » est une volaille dont la chair fine et délicate s'apparente à celle de la poule faisane et qui s'accommode très bien de lentilles. Marthe Allard servait celles-ci dans un bouillon de volaille parfumé aux lardons. En France, seules les lentilles vertes du Puy-en-Velay bénéficient d'une appellation d'origine contrôlée. Leurs grains à la couleur verte striée de bleu sont très fins. Les lentilles blondes, plus grosses, ont une texture plus épaisse.

Détaillez le morceau de lard demi-sel en petits dés. Mettez 2 cuillerées à soupe de graisse de pintade à chauffer dans une casserole et faites-y colorer les lardons en remuant.

Pelez et hachez finement 2 oignons. Ajoutez-les aux lardons et laissez-les blondir. Versez le fond blanc (sauf 1 verre) et ajoutez 1 bouquet garni. Assaisonnez de sel et poivre et laissez mijoter 1 h 30.

Mettez la dernière cuillerée de graisse de pintade à chauffer sur feu moyen, dans une cocotte légèrement plus grande que la pintade. Faites-y dorer la volaille délicatement de tous côtés. Ajoutez le beurre. Couvrez, réduisez le feu et laissez cuire 40 min en retournant plusieurs fois la pintade en cours de cuisson.

Mettez les lentilles dans une autre casserole. Pelez et coupez en gros quartiers les oignons restants. Ajoutez-les aux lentilles avec le second bouquet garni. Couvrez d'eau froide. À partir de l'ébullition, laissez cuire environ 25 min à petit feu. Salez en fin de cuisson.

Retirez la pintade de la cocotte. Jetez la graisse de cuisson qui surnage. Remettez la cocotte sur le feu et versez-y 1 verre de fond blanc. À l'aide d'une cuillère en bois, grattez pour détacher les sucs du fond de la cocotte. Laissez réduire le jus jusqu'à ce qu'il soit onctueux.

Découpez la pintade en morceaux et nappez ceux-ci d'un peu de jus. Versez le reste dans une saucière.

Égouttez les lentilles et incorporez-les dans le bouillon aux lardons. Retirez le bouquet garni et les quartiers d'oignon. Faites bouillir 2 min, puis versez dans un légumier. Servez avec la pintade et le jus en saucière.

Pour 4 personnes

1 belle pintade fermière vidée et bridée de 1,6 kg
150 g de lard demi-sel
500 g de lentilles vertes
4 oignons
2 bouquets garnis
1 litre de fond blanc (voir p. 84)
3 cuil. à soupe de graisse de la pintade (ou d'huile)
30 g de beurre
sel, poivre

Préparation : 20 min
Cuisson : environ 1 h 45

Les mères Allard

Les Plats

Navarin d'agneau aux pommes de terre

Un grand classique de Marthe puis de Fernande Allard. La qualité de ce plat goûteux et fondant, si simple à préparer, tient aux morceaux d'agneau choisis et à la douce et longue cuisson. La touche particulière de Marthe était de les faire dorer à la poêle dans de la graisse d'oie, ce qui leur donnait un goût profond de noisette grillée. Au printemps, elle préparait ce navarin avec de tendres navets fanes.

Pour 8 personnes
2,5 kg d'un mélange de morceaux d'agneau pris dans l'épaule et le collier
1,5 kg de pommes de terre (belle-de-fontenay ou charlotte)
3 oignons
2 gousses d'ail
1 bouquet garni
2 cuil. à soupe de graisse d'oie
1 litre de vin blanc sec
2 cuil. à soupe de concentré de tomates
3 cuil. à soupe de farine
1 cuil. à soupe de persil plat haché
sel, poivre

Le fond blanc (1 litre) :
1 bon kg d'os de veau concassés (ou d'abattis de volaille)
2 carottes
2 branches de céleri
2 gousses d'ail
1 blanc de poireau
1 gros oignon
1 clou de girofle
1 bouquet garni
sel, poivre blanc en grains

Préparation :
la veille, 20 min ;
le jour même, 25 min
Cuisson : la veille, 3 h ;
le jour même, environ 1 h

La veille, préparez le fond blanc. Mettez les os de veau dans un faitout et couvrez-les d'environ 2 litres d'eau. Portez doucement à ébullition sur feu moyen en retirant l'écume à l'aide d'une écumoire.

Pelez les légumes. Coupez l'oignon en quatre et piquez un des quartiers du clou de girofle. Détaillez les légumes en morceaux. Ajoutez-les dans le bouillon avec le bouquet garni, quelques grains de poivre. Salez.

Portez à ébullition puis réduisez le feu pour obtenir un léger frémissement. Couvrez et laissez mijoter 3 h. Laissez refroidir complètement avant de mettre le bouillon au réfrigérateur jusqu'au lendemain.

Le jour même, retirez la couche de gras qui s'est formée à la surface. Filtrez le bouillon dans une passoire recouverte d'un linge au-dessus d'une jatte.

Faites chauffer sur feu vif, dans une large poêle, 1 cuillerée à soupe de graisse d'oie. Faites-y dorer les morceaux d'agneau. Retirez-les et mettez-les dans une cocotte.

Pelez et émincez finement les oignons. Jetez-les dans la poêle et laissez-les blondir sur feu moyen, en remuant. Mettez-les sur les morceaux d'agneau. Saupoudrez de farine, mélangez, laissez roussir sur feu moyen. Versez le vin et la moitié du fond blanc.

Pelez les gousses d'ail, ajoutez-les dans la cocotte avec le concentré de tomates et le bouquet garni, assaisonnez de sel et poivre. Mélangez bien. Couvrez et laissez mijoter environ 45 min.

Pendant ce temps, épluchez les pommes de terre. Coupez-les en gros morceaux. Mettez-les dans une casserole avec le reste du fond blanc, 1 cuillerée à soupe de graisse d'oie et 1 verre d'eau. Couvrez et laissez cuire environ 25 min. Vérifiez la cuisson des pommes de terre en les transperçant avec la lame fine d'un couteau.

Dès que les morceaux d'agneau sont cuits, disposez-les dans un plat creux et chaud. Remettez la cocotte sur feu vif et laissez réduire le jus jusqu'à ce qu'il soit onctueux. Nappez-en les morceaux d'agneau en le tamisant dans une passoire fine au-dessus du plat.

Mettez les pommes de terre dans un autre plat, nappez-les de leur jus de cuisson et parsemez-les de persil plat finement ciselé.

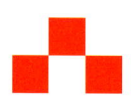

Les Plats

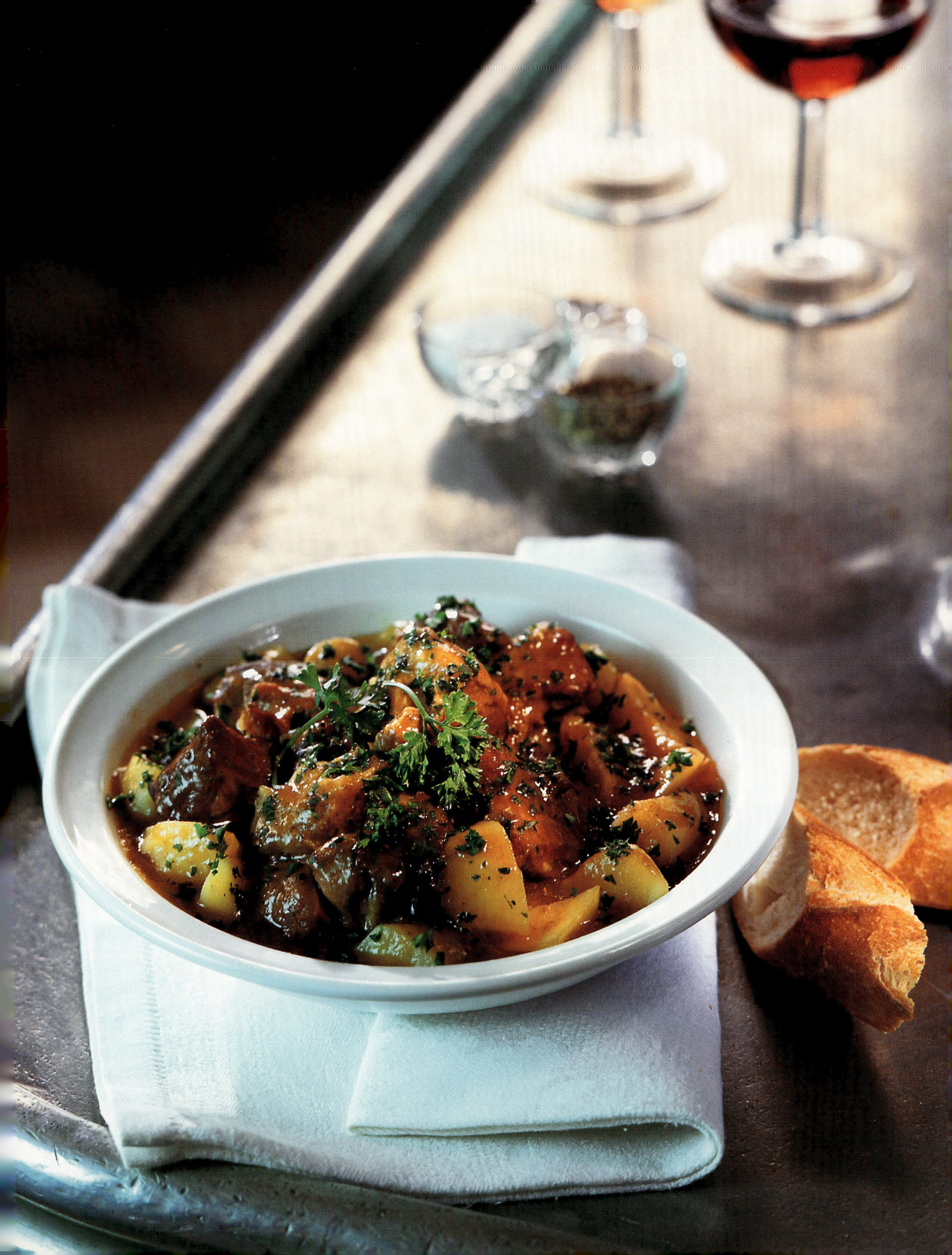

Canard aux olives

La qualité de ce plat dépend de la variété des olives vertes choisies (les picholines du Gard ou de la Corse et les Lucques du Languedoc, non dénoyautées et commercialisées en saumure, sont délicieusement charnues et croquantes), mais aussi du jus de cuisson maison et, bien entendu, de la qualité du canard.

Pour 4 personnes
1 canard nantais d'environ
2 kg, prêt à cuire
4 cous de poulet
5 ailerons de poulet
5 gésiers
1 kg d'olives vertes
en saumure
2 gros oignons
1 bouquet garni
3 litres de fond blanc
(voir p. 84)
200 g de concentré
de tomates
50 cl de vin blanc sec
3 cuil. à soupe de farine
2 cuil. à soupe de graisse
de canard
30 g de beurre
sel fin, poivre du moulin

Préparation :
la veille, 30 min ;
le jour même, 20 min
Cuisson : environ 4 h 30

La veille, dénoyautez les olives, mettez-les dans une jatte remplie d'eau fraîche et laissez-les dessaler jusqu'au lendemain.

Le jour même, pelez et détaillez les oignons en lamelles. Mettez la graisse de canard à chauffer sur feu vif dans une cocotte. Faites-y dorer les cous, les ailerons et les gésiers de poulet découpés en tout petits morceaux. Ajoutez les lamelles d'oignon et laissez-les blondir. Saupoudrez de farine, remuez quelques minutes et versez le vin et 2 litres de fond blanc. Ajoutez le bouquet garni, le concentré de tomates, assaisonnez de sel et poivre. Mélangez bien et portez à ébullition.

Glissez la cocotte couverte dans le four préchauffé à 150 °C (th. 5) et laissez mijoter environ 4 h en surveillant régulièrement.

Égouttez les olives. Mettez-les dans une casserole et couvrez-les à hauteur du fond blanc restant. Laissez-les mijoter 2 h sur feu très doux. Filtrez le jus contenu dans la cocotte et ajoutez-le aux olives. Laissez mijoter de nouveau 2 h.

Posez le canard sur un côté dans un plat à gratin. Salez-le. Glissez-le dans le four préchauffé à 240 °C (th. 8) et laissez-le dorer 15 min. À ce moment-là, réduisez la température du four à 200 °C (th. 6-7), ajoutez le beurre et retournez le canard de l'autre côté. Arrosez-le souvent en cours de cuisson et mouillez-le avec quelques cuillerées à soupe de jus de cuisson des olives. Laissez-le cuire de nouveau environ 30 min.

Sortez le canard du four. Jetez la graisse de cuisson qui surnage au-dessus du jus. Versez les olives et leur jus dans le plat. Mélangez.

Découpez les filets du canard en aiguillettes, détachez les cuisses et récupérez le jus pour l'ajouter aux olives. Disposez les morceaux de canard dans un plat de service creux. Recouvrez-les des olives et nappez-les de jus. Servez aussitôt.

Les mères Allard

Les Plats

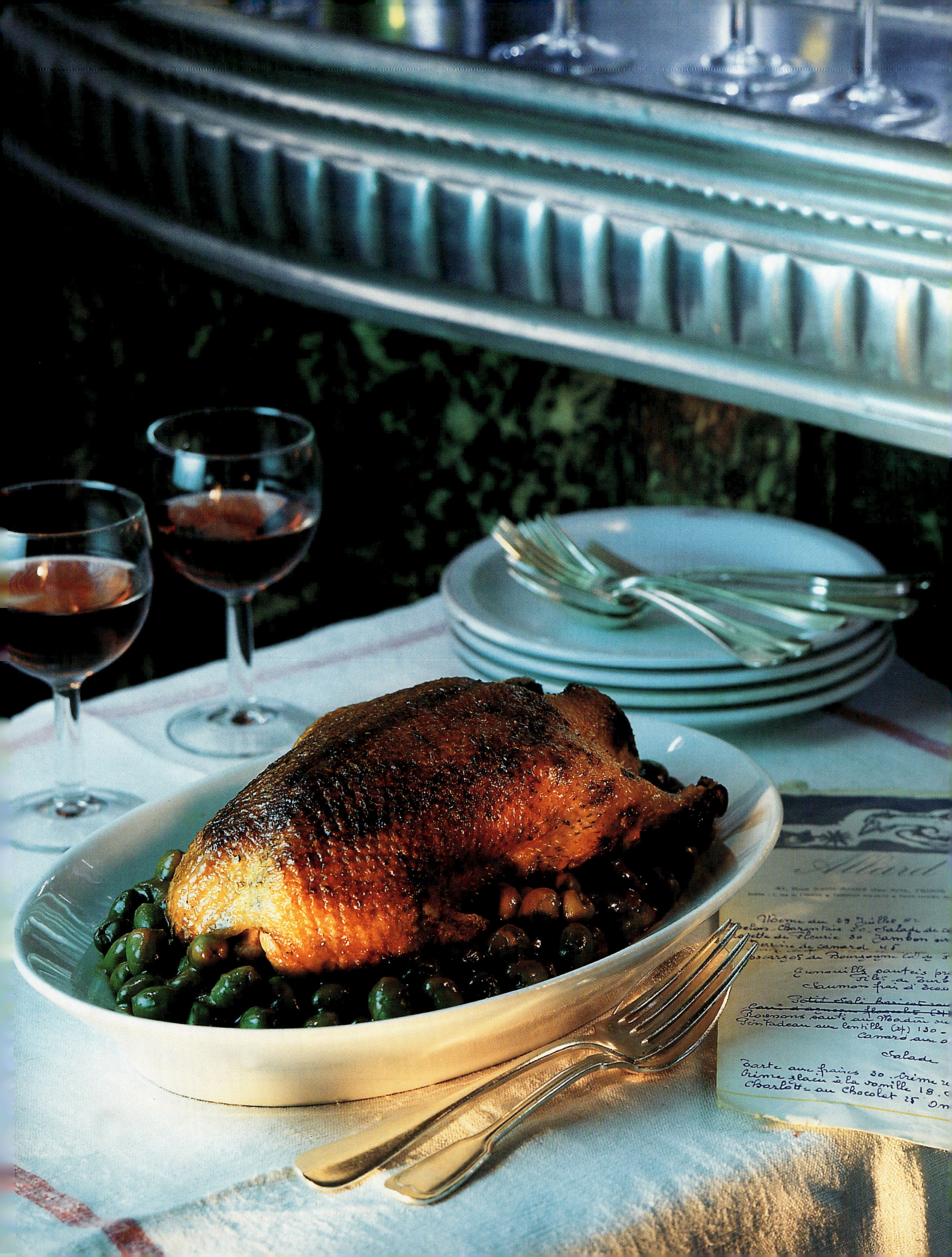
Salade
Charlotte au Chocolat 25
Tarte aux fraises 30

Veau à la berrichonne

Un plat revigorant qui se déguste en toutes saisons. Pour le cuisiner, Fernande Allard utilisait un beaujolais de qualité, et son mari proposait le même en salle. Pour réussir des œufs pochés, utilisez uniquement ceux qui sont extrafrais : le blanc tient alors parfaitement autour du jaune au moment où l'œuf est posé à la surface frissonnante de l'eau légèrement vinaigrée.

Pour 6 personnes

1,5 kg de morceaux de veau pris dans la noix
150 g de lard demi-sel
6 œufs extrafrais
3 gros oignons
2 gousses d'ail
4 brins de persil plat
1 bouquet garni
2 bouteilles (1,5 litre) de beaujolais
1/2 verre de cognac
3 cuil. à soupe de farine
2 cuil. à soupe de concentré de tomates
4 morceaux de sucre
30 g de beurre
2 cuil. à soupe d'huile
1 cuil. à café de vinaigre blanc
gros sel, poivre du moulin

Préparation : 15 min
Cuisson : environ 1 h 30

Versez le vin dans une casserole, ajoutez les morceaux de sucre. Portez doucement à ébullition puis versez le cognac. Dès la reprise de l'ébullition, flambez.

Détaillez le lard demi-sel en petits dés. Pelez et hachez finement les oignons, puis les gousses d'ail. Lavez et séchez les feuilles de persil. Ciselez-les finement.

Faites chauffer le beurre et l'huile dans une large poêle, sur feu moyen. Faites-y dorer les morceaux de veau de tous côtés. Retirez-les et séchez-les dans un linge avant de les mettre dans une cocotte. Jetez les lardons dans la poêle et faites-les dorer. Ajoutez-les dans la cocotte. Mettez les oignons dans la poêle, faites-les blondir dans la graisse chaude en remuant et ajoutez-les également dans la cocotte.

Mettez celle-ci sur feu moyen. Saupoudrez les morceaux de veau de farine, remuez et laissez cuire quelques minutes. Ajoutez le concentré de tomates, l'ail haché et le bouquet garni. Assaisonnez de gros sel et poivre du moulin. Versez le vin flambé et remuez de nouveau. Couvrez la cocotte et laissez mijoter environ 1 h.

Retirez les morceaux de veau et les lardons à l'aide d'une écumoire et disposez-les dans un plat de service creux. Recouvrez-les d'une feuille de papier d'aluminium pour les garder au chaud. Remettez la cocotte sur feu moyen et laissez réduire le jus jusqu'à ce qu'il soit onctueux.

Pendant la réduction de la sauce, préparez les œufs pochés. Versez de l'eau dans une sauteuse. Dès qu'elle commence à frémir, ajoutez le vinaigre et un peu de gros sel. Cassez les œufs au fur et à mesure dans une tasse. Basculez celle-ci à la surface frémissante de l'eau et laissez pocher chaque œuf 3 min en rassemblant le blanc autour du jaune. Égouttez les œufs au fur et à mesure sur un linge.

Passez la sauce réduite dans une passoire fine au-dessus des morceaux de veau. Posez les œufs pochés sur la viande. Parsemez de persil ciselé et servez aussitôt.

Les mères Allard

Les Plats

Gratin de pommes de terre

Ce gratin onctueux se prépare uniquement avec des pommes de terre à chair ferme telles les belle-de-fontenay, charlotte, roseval, samba... Procurez-vous un bon comté et râpez-le au dernier moment : le « râpé » en sachet est beaucoup trop sec. De plus, avec un comté de qualité il n'est pas nécessaire d'ajouter des noisettes de beurre pour obtenir un beau gratin doré.

Épluchez les pommes de terre, lavez-les puis séchez-les dans un linge. Détaillez-les en fines rondelles et essuyez-les de nouveau dans un linge.

Versez le lait dans une casserole à fond épais. Assaisonnez de sel, poivre du moulin et noix de muscade râpée. Pelez et écrasez les gousses d'ail dans un presse-ail au-dessus du lait. Ajoutez les pommes de terre dans le lait et laissez-les cuire 30 min à couvert sur feu doux, en les mélangeant délicatement de temps en temps.

Râpez le comté avec une râpe à gros trous. Égouttez sommairement les pommes de terre afin qu'il reste un peu de lait. Déposez-en une première couche dans un plat à gratin. Nappez-les d'un peu de crème fraîche et parsemez d'un peu de comté. Faites encore un ou deux étages de pommes de terre-crème-fromage en terminant par une couche de comté.

Glissez le plat dans le four préchauffé à 240 °C (th. 8) et laissez dorer le gratin de 10 à 15 min. Il est préférable que les pommes de terre gratinent dans un four très chaud plutôt que de les faire dorer sous le gril du four : le dessus de cet onctueux gratin deviendrait trop sec.

Pour 6-8 personnes

2 kg de pommes de terre à chair ferme
2 gousses d'ail
1,5 litre de lait entier
30 cl de crème fraîche épaisse
100 g de comté
noix de muscade
sel fin, poivre du moulin

Préparation : 15 min
Cuisson : environ 45 min

Les mères Allard

Les Plats

Omelette aux artichauts

Les premiers artichauts niçois qui apparaissent sur le marché sont tout petits, avec un cœur tendre. Leurs feuilles effilées se terminent par une pointe très aiguisée. La mère Barale préparait aussi cette omelette avec des petits artichauts poivrades, qui ne comportent pas de « foin ». Celle-ci est délicieuse froide, accompagnée d'un mesclun.

Pour 3 personnes
10 petits artichauts
1 gros oignon
2 gousses d'ail
6 œufs
15 cl d'huile d'olive
sel, poivre du moulin

Préparation : 10 min
Cuisson : environ 35 min

Pelez et émincez finement l'oignon. Coupez les gousses d'ail en deux. Mettez la moitié d'huile d'olive à chauffer dans une poêle, sur feu vif. Faites-y revenir les oignons et l'ail. Réduisez le feu et laissez mijoter 10 min.

Retirez les tiges et les premières feuilles des artichauts, coupez les pointes des feuilles. Détaillez les artichauts en très fines lamelles et jetez celles-ci au fur et à mesure dans la poêle. Mélangez et laissez cuire sur feu doux 20 min environ en remuant souvent. Assaisonnez de sel et poivre du moulin.

Retirez la poêle du feu et enlevez les gousses d'ail. Cassez les œufs dans un saladier. Assaisonnez-les. Versez les artichauts dans les œufs et battez l'ensemble vivement.

Mettez le reste de l'huile à chauffer sur feu vif dans la poêle. Versez les œufs et, à l'aide d'une cuillère en bois, ramenez les bords déjà un peu pris vers le centre. Continuez jusqu'à ce que l'omelette soit un peu baveuse. Pliez-la en deux, glissez-la sur un plat de service et servez-la chaude ou froide accompagnée de mesclun.

La mère Barale

Les Plats

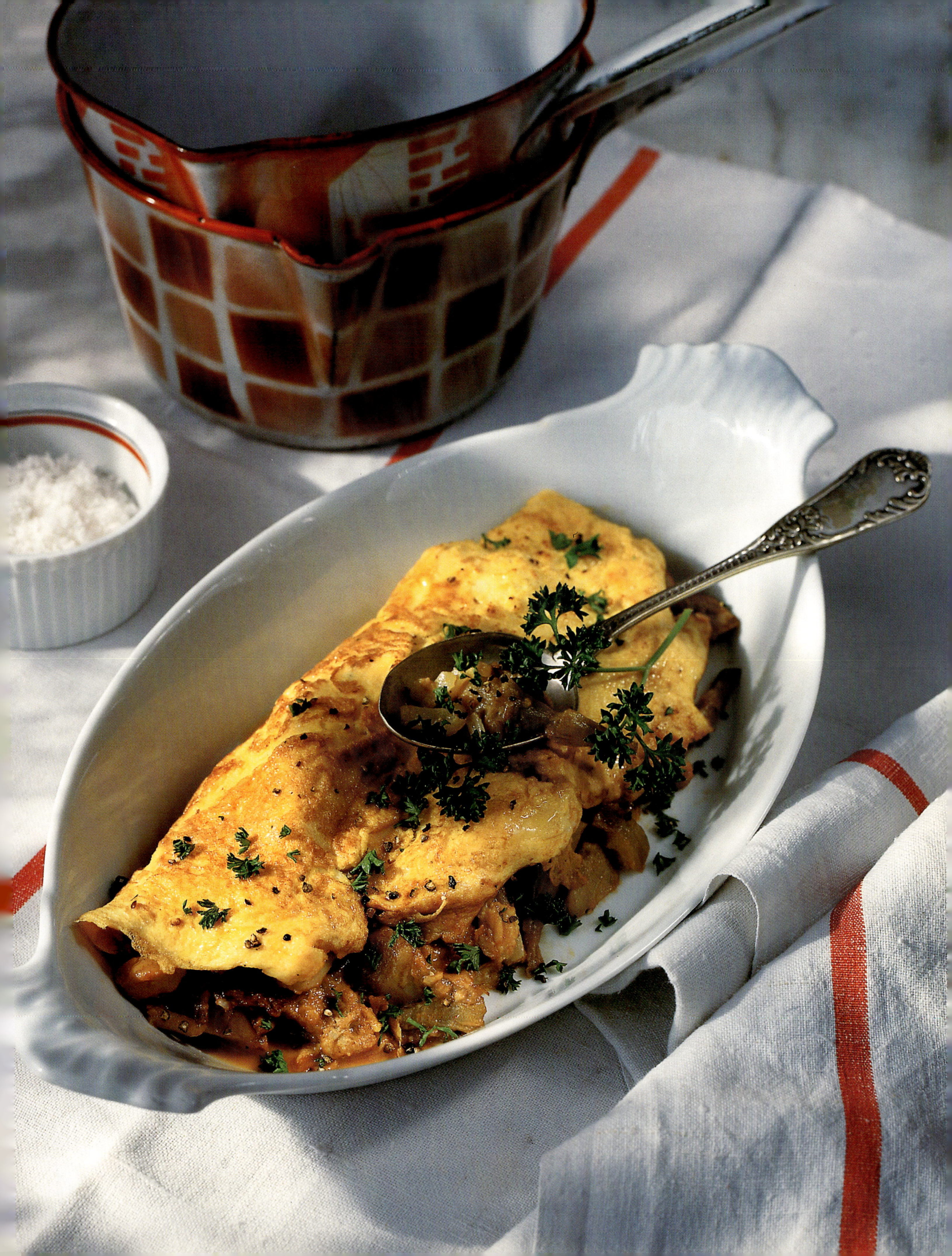

Omelette aux blettes

Très friands des blettes (les « blea »), les Niçois achètent cette « trouchia » toute prête dans les rues du vieux Nice. Cette délicieuse préparation aux œufs se déguste froide ; elle est idéale pour les pique-niques. Selon les recettes, le vert finement haché des blettes se mélange cru ou non aux œufs. La mère Barale, elle, préférait le cuire avant de l'intégrer.

Pour 3 personnes
1 kg de blettes
2 gros oignons
2 gousses d'ail
3 feuilles de laurier
6 œufs
80 g de fromage de Fribourg râpé
15 cl d'huile d'olive
sel, poivre du moulin

Préparation : 20 min
Cuisson : environ 40 min

Retirez le vert des blettes (mettez de côté les côtes pour une autre recette). Plongez ces feuilles 1 min dans de l'eau bouillante salée. Égouttez-les et rafraîchissez-les dans de l'eau froide. Égouttez-les de nouveau avant de les hacher finement.

Pelez et hachez très finement les oignons. Pelez et coupez les gousses d'ail en deux. Mettez la moitié de l'huile d'olive à chauffer dans une poêle, sur feu vif. Faites-y revenir les oignons avec l'ail. Réduisez le feu et laissez mijoter 10 min environ. Ajoutez les feuilles de laurier et les blettes. Assaisonnez de sel et poivre. Mélangez et laissez mijoter 20 min.

Cassez les œufs dans un saladier. Retirez la poêle du feu et enlevez les feuilles de laurier et l'ail. Versez la verdure dans les œufs avec le fribourg râpé et battez le tout à la fourchette.

Mettez le reste de l'huile d'olive à chauffer dans la poêle sur feu vif. Versez-y les œufs puis ramenez les bords un peu pris vers le centre. Dès que l'omelette commence à dorer, posez un plat sur la poêle, retournez prestement puis glissez l'omelette dans la poêle de façon à cuire l'autre face. Dès qu'elle est dorée, glissez-la sur un plat de service.

Dégustez l'omelette froide, accompagnée de mesclun bien frais.

La mère Barale

Les Plats

Daube à la niçoise

Sa particularité est d'être parfumée aux cèpes. Hélène Barale en préparait toujours une généreuse quantité car avec les restes de daube, auxquels elle incorporait l'incontournable vert des blettes, elle confectionnait ses savoureux raviolis. La daube demande à ne pas être brusquée, seule une cuisson lente et très douce lui convient.

La veille, mettez les cèpes à tremper dans une jatte d'eau froide jusqu'au lendemain.

Le jour même, pelez et détaillez en lamelles les oignons, les gousses d'ail et les carottes. Coupez le lard en petits morceaux. Faites chauffer l'huile dans une cocotte et faites-y dorer environ 15 min les morceaux de bœuf et les lardons. Ajoutez à mi-cuisson les rondelles de carotte, d'oignon et d'ail. Égouttez les cèpes et ajoutez-les dans la cocotte. Mélangez bien.

Pendant ce temps, plongez les tomates quelques secondes dans de l'eau bouillante. Égouttez-les, coupez-les en quatre et retirez-en la peau et les graines. Ajoutez la pulpe des tomates dans la cocotte et laissez mijoter 30 min. Versez le vin rouge et ajoutez le bouquet garni. Laissez de nouveau mijoter 30 min.

Versez alors le cognac et complétez d'eau bouillante : le liquide doit affleurer les morceaux de viande. Assaisonnez de sel et poivre du moulin. Portez doucement à ébullition, réduisez le feu, couvrez et laissez mijoter environ 3 h.

En fin de cuisson, retirez le bouquet garni et la graisse qui surnage. Goûtez et rectifiez l'assaisonnement. Servez la daube dans la cocotte et accompagnez-la de macaronis arrosés d'un filet d'huile d'olive.

Pour 6 personnes

1,5 kg de morceaux de bœuf de 150 g chacun, pris dans l'épaule ou la basse entrecôte
250 g de lard
150 g de cèpes séchés
1,5 kg de tomates
500 g d'oignons
150 g de carottes
5 grosses gousses d'ail
10 cl d'huile d'olive
50 cl d'un bon vin rouge
1 verre de cognac
1 bouquet garni (queues de persil, laurier, thym, romarin)
sel, poivre du moulin

Préparation : 15 min
Trempage : 12 h
Cuisson : environ 4 h 30

La mère Barale

Les Plats

Côtelettes d'agneau panées à la niçoise

Cette originale recette « plein été » est tout aussi délicieuse chaude que froide. Pour la réaliser, la mère Barale préférait au parmesan le fromage de Fribourg qui fond mieux dans l'omelette. Il est très important que les herbes de Provence qui parfument l'omelette soient ciselées aussi finement que possible.

Pour 6 personnes
12 côtelettes d'agneau
5 œufs
50 g de fromage de Fribourg râpé
10 cl d'huile d'olive
1 cuil. à café d'un mélange de fleurs de thym, brindilles de romarin, feuille de laurier
chapelure
sel, poivre du moulin

Préparation : 10 min
Cuisson : 7 min
Réfrigération : 30 min

Cassez les œufs dans un saladier et battez-les en omelette. Mettez de la chapelure dans une assiette creuse.

Assaisonnez les côtelettes d'agneau de sel et poivre. Trempez-les dans les œufs battus, puis posez-les une par une dans la chapelure en les enrobant généreusement. Afin que la chapelure ne se détache pas de la viande en cours de cuisson, mettez les côtelettes environ 30 min au réfrigérateur.

Faites chauffer l'huile d'olive, sur feu vif, dans une très grande poêle. Faites-y dorer les côtelettes d'agneau panées 2 min environ de chaque côté puis réduisez sur feu moyen.

Ajoutez les herbes de Provence et le fribourg râpé au restant d'œufs. Battez vivement à la fourchette. Assaisonnez de sel et poivre du moulin et versez le tout, uniformément, sur les côtelettes. Couvrez la poêle et retirez-la du feu. Laissez le couvercle quelques minutes le temps que la fine omelette finisse de cuire.

Disposez les côtelettes dans un plat de service. Servez-les chaudes avec un riz ou froides avec un mesclun parsemé de pluches de cerfeuil.

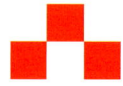

La mère Barale

Côtelettes d'agneau farcies

Cette recette savoureuse avec la farce fine à base de truffe, de champignons de Paris et de jambon blanc de qualité est directement extraite du cahier manuscrit d'Elisa Blanc. Une recette que vous pouvez aussi réaliser sans truffe.

Rincez la crépine sous l'eau froide. Séchez-la puis détaillez-la en 8 morceaux de la taille d'une côtelette.

Préparez une béchamel assez épaisse. Mettez 20 g de beurre à fondre dans une casserole, sur feu doux. Dès qu'il chante, ajoutez la farine et mélangez quelques minutes. Versez le lait froid et fouettez vivement jusqu'à ébullition. Laissez cuire encore 2 min en mélangeant. Assaisonnez de sel, poivre et noix de muscade.

Nettoyez et lavez les champignons. Séchez-les puis hachez-les finement. Mettez 1 noisette de beurre à fondre dans une poêle et faites-y revenir les champignons quelques minutes.

Hachez finement le blanc de poulet et le jambon avec la petite truffe. Mélangez ce hachis et les champignons avec quelques cuillerées à soupe de béchamel. Rectifiez l'assaisonnement.

Répartissez cette farce sur les côtelettes et enveloppez chacune d'elles de crépine.

Fouettez vivement le blanc d'œuf dans un bol. Mettez de la chapelure dans une assiette creuse. Passez les côtelettes dans le blanc d'œuf battu, puis enrobez-les de chapelure. Gardez-les au réfrigérateur 1 h avant de les cuire : ainsi, la chapelure tiendra mieux.

Mettez 30 g de beurre à chauffer sur feu doux dans une poêle. Faites-y cuire tout doucement les côtelettes farcies environ 15 min, en les retournant deux ou trois fois en cours de cuisson. Déposez-les dans un plat chauffé au préalable.

Jetez la graisse de cuisson de la poêle. Remettez celle-ci sur feu vif et versez le vin blanc. Portez à ébullition et laissez réduire en ajoutant 2 cuillerées à soupe d'eau. Fouettez le beurre restant dans le jus. Nappez les côtelettes de cette sauce et servez aussitôt.

Pour 4 personnes
8 côtelettes d'agneau choisies dans les côtes premières, parées et raccourcies
80 g de beurre
10 cl de vin blanc sec
sel fin, poivre du moulin

La farce :
80 g de blanc de poulet cuit
80 g de jambon blanc
1 grand morceau de crépine
1 petite truffe
80 g de champignons de Paris
20 cl de lait entier
1 blanc d'œuf
35 g de beurre
30 g de farine
chapelure
1 pointe de noix de muscade râpée
sel fin, poivre du moulin

Préparation : 20 min
Réfrigération : 1 h
Cuisson : environ 30 min

La mère Blanc

Les Plats

Quenelles de brochet financière

C'est vers 1820 que la quenelle de brochet fit sa première apparition sur les tables lyonnaises, mais on ignore à qui l'on doit cette géniale invention. Les quenelles fraîches présentées aujourd'hui dans des barquettes ou celles de certains traiteurs ne remplaceront jamais, en dépit de leur qualité, l'onctuosité de celles faites maison.

Pour 4 personnes
Les quenelles :
250 g de chair de brochet
5 œufs
3 cuil. à soupe de crème fraîche
25 cl de lait
80 g de beurre
125 g de farine
noix de muscade
sel, poivre
La sauce :
1 kg d'abattis de volaille
5 tomates
200 g de champignons de Paris
1/2 carotte
1 oignon
1/2 vert de poireau
1 bouquet garni
1 branche de céleri
50 g d'olives vertes dénoyautées
50 g de beurre
2 cuil. à soupe de concentré de tomates
2 cuil. à soupe d'huile
le jus de 1/2 citron
1 cuil. à soupe de farine
gros sel

Préparation : 35 min
Cuisson : environ 3 h

Préparez la sauce financière. Mettez l'huile à chauffer dans une cocotte et faites-y dorer de tous côtés les abattis de volaille. Jetez la graisse de cuisson.

Épluchez la carotte, l'oignon, la branche de céleri. Coupez-les en gros cubes. Ajoutez-les dans la cocotte, ainsi que le vert de poireau, le bouquet garni et 30 g de beurre chaud. Faites-les revenir quelques minutes avant d'incorporer le concentré de tomates. Laissez cuire 2 min en remuant, saupoudrez de farine, remuez 2 min et versez de l'eau à hauteur des morceaux de volaille. Coupez les tomates en quartiers et mettez-les dans la cocotte. Portez à ébullition. Réduisez le feu et laissez mijoter 3 h.

Filtrez le bouillon dans une passoire fine et reversez-le dans la cocotte. Portez à ébullition puis laissez réduire jusqu'à ce qu'il devienne onctueux. Au dernier moment, incorporez-y les olives vertes.

Préparez les quenelles. Mettez le lait et le beurre dans une casserole. Assaisonnez de sel, poivre et noix de muscade râpée. Dès que le lait bout, versez la farine d'un seul coup et fouettez vivement. Réduisez le feu et, à l'aide d'une spatule, mélangez jusqu'à ce que la pâte se détache des parois. Hors du feu, incorporez-y 3 œufs. Mélangez bien. Laissez refroidir au réfrigérateur.

À l'aide d'une pince à épiler, retirez soigneusement les arêtes de la chair du brochet. Passez-la dans un moulin à légumes muni d'une grille fine. Assaisonnez de sel, poivre et noix de muscade. Incorporez-y 250 g de pâte refroidie et mélangez vivement l'ensemble. Ajoutez les œufs restants et fouettez pour obtenir une belle pâte homogène. Incorporez de 2 à 3 cuillerées à soupe de crème fraîche. Mélangez de nouveau et gardez la pâte au réfrigérateur.

Retirez le bout terreux et rincez les champignons sous l'eau ; séchez-les, coupez-les en quartiers. Mettez-les dans une casserole avec un petit peu d'eau, 20 g de beurre et le jus de citron. Laissez-les cuire environ 10 min avant de les ajouter dans la sauce.

Les mains mouillées, prélevez 1 boule de pâte et façonnez-la en quenelle. Posez-la sur une feuille de papier sulfurisé. Procédez ainsi pour toutes les quenelles.

Portez une grande casserole d'eau à ébullition, jetez-y 1 poignée de gros sel. Glissez de 2 à 3 quenelles dans l'eau frémissante et laissez-les pocher environ de 15 à 20 min : dès qu'elles sont cuites, elles remontent à la surface. Égouttez-les. Pochez ainsi toutes les quenelles. Déposez-les dans un plat de service creux chauffé au préalable et nappez-les de sauce bien chaude.

Les Plats

La mère Blanc

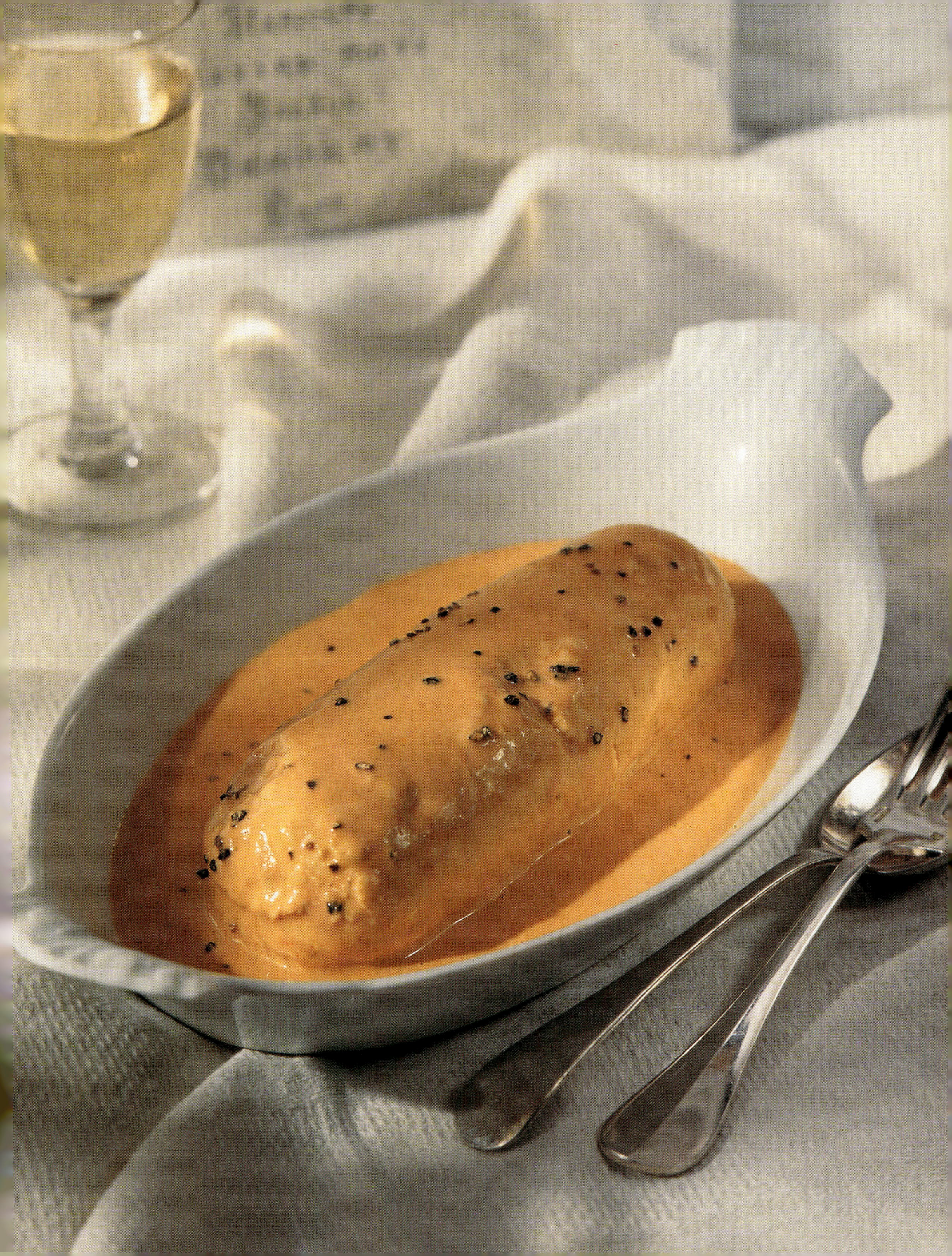

Écrevisses à la nage au pouilly-fuissé

Cette délicate recette est encore plus savoureuse lorsqu'elle est cuisinée la veille, les écrevisses s'imprégnant des saveurs aromatiques et du vin blanc. Vous pourrez les réchauffer légèrement le lendemain et les servir arrosées de court-bouillon parfumé. Accompagnez-les de beurre extrafin et de tranches de pain de campagne grillé.

Pour 4 personnes
1 kg d'écrevisses vivantes
2 bouteilles (1,5 litre) de pouilly-fuissé
(ou de mâcon blanc)
1 citron
3 carottes
1 oignon
2 échalotes
1 bouquet garni
1 clou de girofle
25 grains de poivre
50 g de gros sel

Préparation : 40 min
Cuisson : environ 40 min

Retirez l'écorce et la peau blanche du citron. Pelez l'oignon, les carottes et les échalotes, détaillez-les en rondelles.

Versez le vin blanc et 50 cl d'eau dans une casserole, ajoutez-y le bouquet garni, les légumes, le citron, le clou de girofle, les grains de poivre et le gros sel. Faites cuire 30 min et laissez refroidir le court-bouillon.

Au dernier moment, châtrez les écrevisses : tournez la nageoire centrale pour retirer le boyau noir.

Portez le court-bouillon à ébullition et plongez-y toutes les écrevisses en une seule fois. Dès la reprise d'un frémissement, faites cuire 2 min. Laissez refroidir les écrevisses dans le court-bouillon.

Retirez-les et mettez-les dans une jatte. Filtrez le court-bouillon en récupérant les petits légumes, parsemez-les sur les écrevisses. Faites chauffer le court-bouillon puis versez-le sur les écrevisses. Accompagnez de pain grillé et de beurre.

La mère Blanc

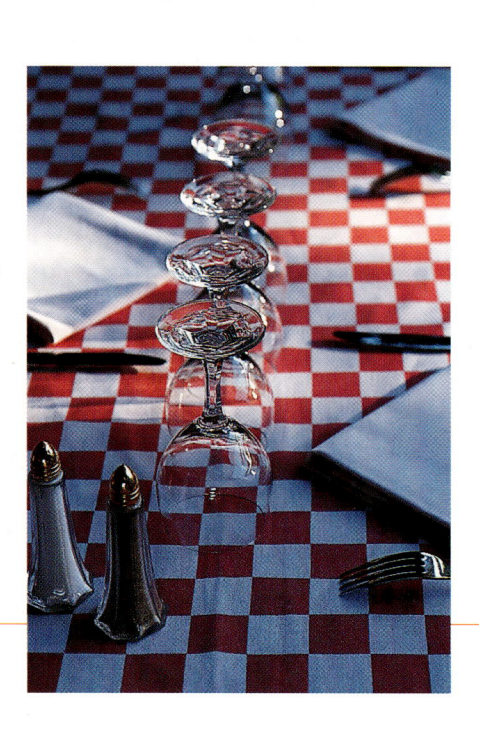

Les Plats

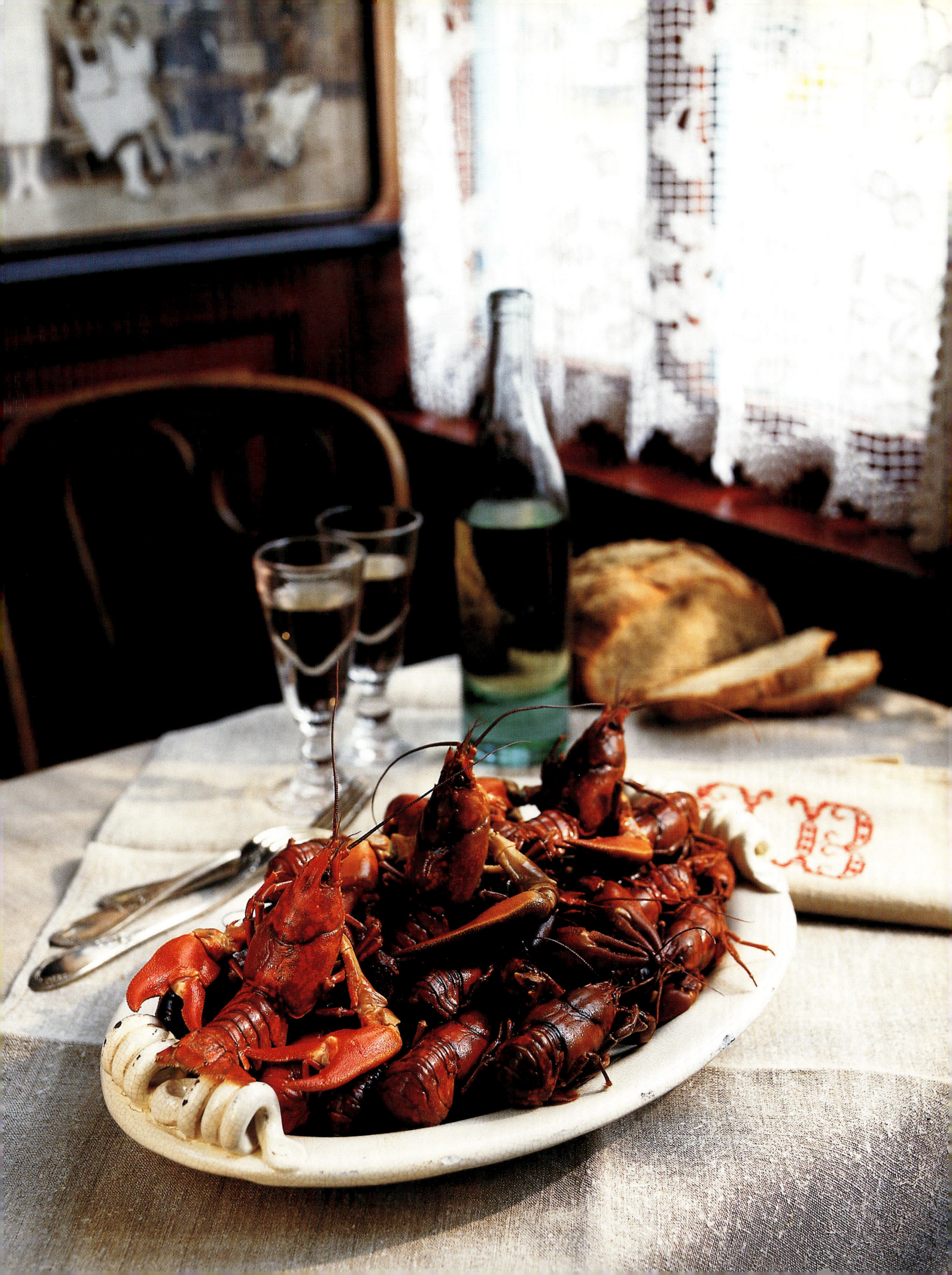

Escargots de Bourgogne au beurre d'herbes

C'est l'harmonieux mélange d'ail, échalotes, persil et amandes en poudre qui transforme les classiques escargots de Bourgogne en un plat savoureux. Georges Blanc, qui préparait des quantités énormes de beurre d'herbes, se souvient qu'il avait l'habitude de le lisser, pour chaque coquille d'escargot, à l'aide d'une petite spatule.

Pour 12 personnes
12 douzaines d'escargots en boîte, prêts à cuire
Le beurre d'herbes :
1 kg de beurre en pommade
500 g de persil plat
100 g d'échalotes
5 gousses d'ail
1/2 citron non traité
3 cuil. à soupe d'amandes en poudre
1 trait de vin blanc sec
25 g de sel fin
8 g de poivre moulu

Préparation : 45 min
Cuisson : environ 12 min

Faites ramollir le beurre à température ambiante. Retirez les feuilles des tiges de persil, lavez-les et séchez-les. Pesez-en 300 g. Hachez-les très finement. Lavez et brossez le demi-citron, prélevez-en le zeste et parsemez-le sur le beurre, ajoutez les amandes en poudre, le trait de vin blanc et mélangez.

Pelez et hachez très finement les échalotes et les gousses d'ail. Mélangez-les au persil et incorporez cette persillade au beurre en pommade. Assaisonnez de sel et poivre.

Égouttez les escargots. Dans chaque coquille, déposez 1 noix de beurre d'herbes, ajoutez 1 escargot et couvrez par 1 grosse noix de beurre d'herbes. Lissez bien à la spatule. Gardez les escargots au réfrigérateur jusqu'au dernier moment.

Disposez les coquilles d'escargot dans un plat. Glissez dans le four préchauffé à 180 °C (th. 6) et laissez cuire environ 12 min : le beurre doit mousser légèrement. Servez aussitôt.

La mère Blanc

Les Plats

Cuisses de grenouille sautées aux fines herbes

Aujourd'hui, les cuisses de grenouille sont vendues prêtes à cuire chez le poissonnier. Pour cette recette, elles doivent être jetées, une fois farinées, dans le beurre mousseux bien chaud pour donner un superbe croustillant.

Rincez les cuisses de grenouille, égouttez-les et séchez-les soigneusement.

Effeuillez les bouquets de persil et de cerfeuil. Lavez-les, séchez-les et ciselez-les. Pelez les gousses d'ail et hachez-les très finement. Mélangez les herbes et l'ail.

Disposez sur le plan de travail une grande feuille de papier sulfurisé. Étalez dessus les cuisses de grenouille et saupoudrez-les de farine. Retournez-les pour bien les fariner et secouez pour faire tomber l'excédent.

Mettez deux grandes poêles sur le feu. Faites-y chauffer sur feu vif la moitié du beurre. Dès qu'il chante, mettez-y les cuisses de grenouille. Assaisonnez de sel et poivre. Dès qu'elles commencent à dorer légèrement, retournez-les une par une. Réduisez le feu et ajoutez du beurre frais afin de ralentir la cuisson du beurre qui ne doit en aucun cas noircir : il doit être noisette lorsque les cuisses sont cuites.

Mettez les cuisses de grenouille dans un large plat en fonte très chaud. Arrosez-les de beurre de cuisson. Posez le plat sur feu vif et ajoutez le beurre restant en petites parcelles afin d'obtenir une mousse abondante. Parsemez de persillade, mélangez et servez aussitôt.

Pour 4 personnes
800 g de cuisses de grenouille
350 g de beurre
4 gousses d'ail
1 bouquet de persil
1 bouquet de cerfeuil
2 cuil. à soupe de farine
sel, poivre

Préparation : 15 min
Cuisson : environ 10 min

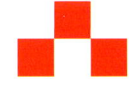

La mère Blanc

Les Plats

Tripes gratinées au vin blanc et aux aromates

C'était la grande spécialité de la maison. Paulette Blanc arrosait au dernier moment le gratin de tripes d'un beurre d'escargot très chaud et bien mousseux.

Pour 6 personnes
- 1,5 kg de tripes
- 1 litre de vin blanc (mâcon)
- 200 g de beurre
- 4 carottes
- 2 gros oignons
- 2 échalotes
- 1 brindille de thym
- 1 feuille de laurier
- 1 cuil. à soupe d'estragon haché
- 1 cuil. à soupe de cerfeuil ciselé
- 1 bouquet de ciboulette
- bouillon de volaille (facultatif)
- chapelure blonde
- 1 pincée de 4-épices
- sel, poivre du moulin

Préparation : 20 min
Cuisson : 3 h

Pelez et hachez finement les oignons et les échalotes. Détaillez les tripes en lanières d'environ 1/2 cm de largeur.

Faites chauffer 150 g de beurre dans une marmite, sur feu moyen. Dès qu'il chante, jetez-y le hachis d'oignons et d'échalotes. Laissez blondir légèrement puis ajoutez les tripes, le thym et le laurier. Enrobez les tripes dans le beurre. Versez le vin blanc puis de l'eau (ou du bouillon de volaille) à hauteur. Assaisonnez de sel, poivre et 4-épices. Mélangez puis portez doucement à ébullition. Réduisez le feu, couvrez et laissez mijoter 3 h.

Pelez les carottes et détaillez-les en rondelles. Ajoutez-les dans les tripes à mi-cuisson. Parsemez de cerfeuil, d'estragon et de ciboulette ciselés dès la fin de la cuisson. Mélangez puis versez les tripes dans un plat à gratin.

Mettez le reste du beurre à fondre sur feu doux. Saupoudrez le dessus des tripes de chapelure, arrosez de beurre fondu et glissez le plat sous le gril chaud du four. Laissez gratiner.

Dès que le dessus est bien doré, servez les tripes sans attendre.

La mère Blanc

Les Plats

Braisé de tête de veau aux petits légumes

Il est préférable, pour cette recette, d'acheter de la tête de veau roulée en forme de rôti. Blanchie, elle est prête à être accommodée. Fondante, goûteuse et charnue la tête de veau était déjà à l'honneur sur toutes les tables au XVIIIe siècle. Aujourd'hui encore, les connaisseurs se régalent.

Préparez la garniture d'aromates. Pelez et coupez en petits morceaux les carottes, les oignons, les échalotes, la branche de céleri. Pelez les gousses d'ail et laissez-les entières. Coupez les tomates en quartiers.

Mettez le beurre à chauffer dans une cocotte, sur feu doux. Faites-y revenir 5 min tous les aromates et épices en remuant à l'aide d'une cuillère en bois.

Mettez l'huile et un peu de beurre à chauffer dans une poêle et faites-y colorer légèrement le rôti de tête de veau de tous côtés. Posez-le sur la garniture d'aromates et faites revenir l'ensemble quelques minutes. Arrosez de madère et de Noilly, portez à ébullition et flambez. Dès que les flammes sont éteintes, versez le vin blanc et laissez réduire le jus d'un tiers de son volume afin d'enlever l'acidité du vin. Assaisonnez de sel et poivre. Arrosez de bouillon de volaille, couvrez et laissez mijoter environ 1 h 30 sur feu doux, en retournant plusieurs fois le rôti en cours de cuisson.

Pelez les carottes, les navets et donnez-leur la forme de gousses d'ail. Faites-les cuire environ 15 min à l'eau bouillante salée. Égouttez-les soigneusement.

Pelez les oignons grelots. Mettez-les dans une casserole, arrosez-les à hauteur d'eau, ajoutez 1 noisette de beurre, 1 pincée de sucre, salez et poivrez. Couvrez d'un papier sulfurisé et laissez cuire sur feu doux jusqu'à ce qu'il ne reste presque plus de jus.

Nettoyez les champignons et faites-les sauter à la poêle dans 1 noix de beurre.

Retirez la tête de veau de la cocotte et posez-la dans un plat creux. Couvrez-la d'une feuille de papier d'aluminium.

Malaxez dans un bol 15 g de beurre et la farine. Arrosez de 1 petite louche de jus et mélangez bien avant de reverser dans la cocotte. Fouettez le jus, laissez bouillonner quelques minutes. Incorporez le reste du beurre en noisettes en fouettant. Rectifiez l'assaisonnement.

Enlevez les ficelles et coupez le rôti en tranches. Passez le jus dans une passoire fine au-dessus de la tête de veau. Disposez harmonieusement les légumes dans le plat. Parsemez de pluches de cerfeuil et servez.

Pour 4 personnes

1 kg de tête de veau roulée
1 litre de bouillon de volaille (ou de bœuf)
30 cl de vin blanc sec
6 cl de madère
6 cl de Noilly
150 g de beurre
5 cl d'huile
15 g de farine
1/2 botte de cerfeuil
sel fin, poivre du moulin

La garniture d'aromates :

2 carottes
2 tomates
2 oignons
4 échalotes
1 branche de céleri
1 tête d'ail
1/2 feuille de laurier
1 branche de thym
2 clous de girofle
20 g de beurre

La garniture de petits légumes :

150 g de petites carottes
150 g de petits navets
100 g d'oignons grelots
100 g de champignons de Paris (ou des bois)
50 g de beurre
1 pincée de sucre en poudre

Préparation : 30 min
Cuisson : environ 2 h 15

La mère Blanc

Les Plats

Poulet de Bresse à la crème

Voici le plat qui a fait la renommée de la mère Blanc puis de Paulette Blanc. Ce sont les sucs caramélisés accrochés au fond de la sauteuse qui déterminent la saveur de la sauce ; sans qu'aucun fond de volaille ne soit utilisé, elle a une grande profondeur de goût !

Pour 4 personnes
1 poulet de Bresse de 1,8 kg environ, coupé en morceaux
1 litre de crème fraîche
100 g de beurre
10 champignons de Paris
2 gousses d'ail
1 oignon
le jus de 1/2 citron
1 bouquet garni
20 cl de vin blanc sec
sel, poivre

Préparation : 15 min
Cuisson : environ 45 min

Pelez et coupez l'oignon en quatre. Retirez le bout terreux et lavez les champignons de Paris. Séchez-les, coupez-les en quartiers. Écrasez les gousses d'ail non pelées avec la lame d'un couteau.

Mettez le beurre à chauffer dans une large sauteuse sur feu vif. Déposez-y les morceaux de poulet, salez et poivrez. Ajoutez l'oignon et les champignons, l'ail, le bouquet garni, et faites dorer les morceaux de poulet 6 min de chaque côté. Versez le vin blanc et laissez-le réduire tout en grattant pour détacher les sucs caramélisés. Ajoutez la crème fraîche. Laissez mijoter de 25 à 30 min.

Mettez les morceaux de poulet dans un plat de service creux chauffé au préalable et gardez-les au chaud sous une feuille de papier d'aluminium. Passez la sauce dans une passoire fine au-dessus d'une casserole, ajoutez quelques gouttes de citron, rectifiez l'assaisonnement et portez à ébullition.

Nappez les morceaux de poulet de sauce et accompagnez-les de crêpes de Vonnas (p. 107) ou de riz pilaf.

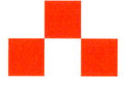

La mère Blanc

Les Plats

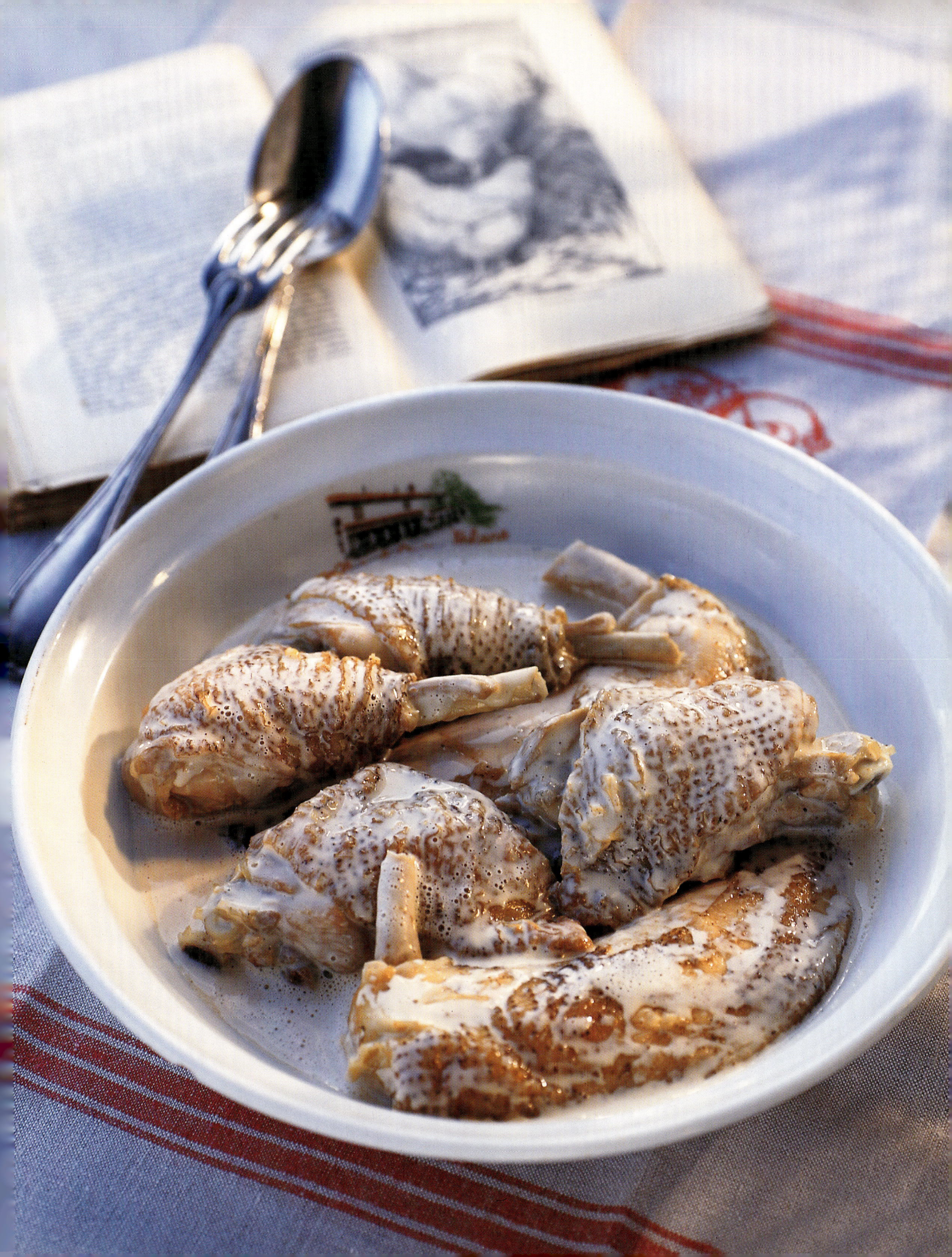

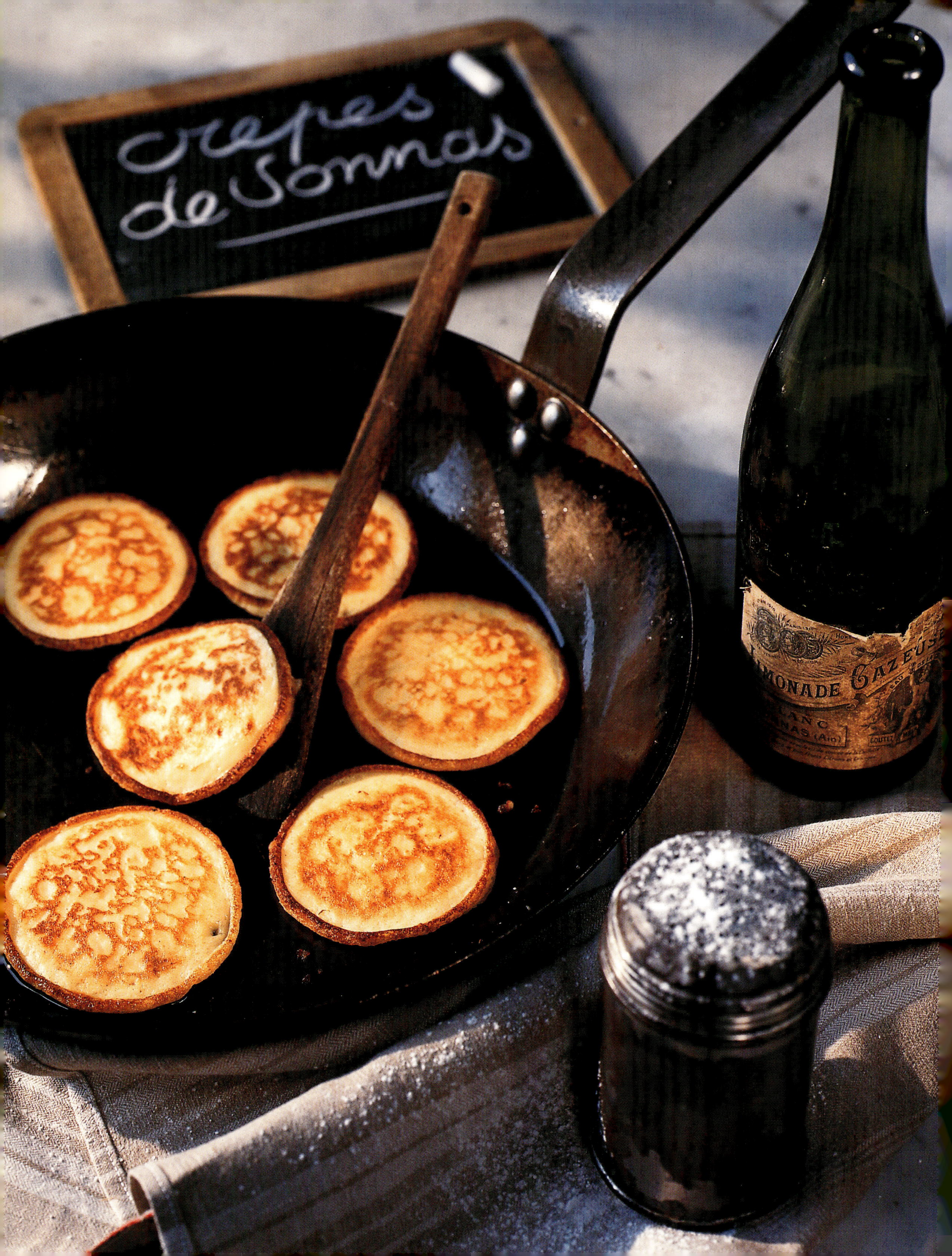
crepes de Vonnas
LIMONADE GAZEUSE

Crêpes de Vonnas

Semblables à des beignets très légers, ces crêpes de la mère Blanc, cuites au beurre clarifié, accompagnent bien une viande ou une volaille mais peuvent aussi, saupoudrées de sucre ou de cassonade, devenir un délicieux dessert fondant.

Préparez le beurre clarifié. Coupez-le en petits morceaux, mettez ceux-ci dans une casserole au bain-marie et laissez fondre sur feu doux sans jamais remuer : le petit-lait va ainsi se déposer au fond de la casserole et les impuretés remonter en surface.

Enlevez la casserole du bain-marie dès que le beurre est fondu. Retirez délicatement le dépôt blanchâtre à l'aide d'une petite écumoire. Prélevez le beurre et jetez le petit-lait restant au fond.

Pelez les pommes de terre. Faites-les cuire à l'eau bouillante salée. Égouttez-les et écrasez-les en purée au moulin à légumes en les arrosant de lait. Laissez refroidir la purée.

Tamisez la farine. Mélangez-la dans la purée refroidie et incorporez un par un les œufs entiers en mélangeant bien à chaque fois. Ajoutez ensuite les blancs d'œufs non battus. Mélangez bien. Incorporez une par une les cuillerées de crème fraîche sans trop remuer la pâte qui doit avoir la consistance d'une crème pâtissière chaude.

Mettez à chauffer 4 cuillerées à soupe de beurre clarifié dans une large poêle, sur feu vif. Versez de petites cuillerées à soupe de pâte dans le beurre très chaud : les ronds se forment tout seuls. Selon la taille de la poêle, vous pouvez cuire de 4 à 6 crêpes à la fois. Leur cuisson est très rapide : dès qu'une face est dorée, retournez la crêpe et laissez-la dorer de l'autre côté. Égouttez les crêpes au fur et à mesure sur du papier absorbant puis déposez-les dans un plat de service chaud. Gardez-les au chaud jusqu'au moment de les déguster.

Pour 6 personnes
500 g de pommes de terre
à chair blanche fondante
(bintje par exemple)
500 g de beurre
3 œufs + 4 blancs
3-4 cuil. à soupe de crème
fraîche épaisse
5 cl de lait
3 cuil. à soupe de farine
sel fin

Préparation : 20 min
Cuisson : environ 25 min

La mère Blanc

Les Plats

Pain de laitue

Elisa Blanc l'avait consigné dans son cahier de recettes. Elle le proposait en guise de légumes pour accompagner une volaille ou une viande rôtie, après l'avoir nappé d'un succulent jus de viande ou de volaille.

Pour 6 personnes
- 3 laitues
- 2 œufs
- 20 g de beurre
- 50 g de fine chapelure blonde

La béchamel :
- 1 litre de lait
- 80 g de beurre
- 70 g de farine
- noix de muscade
- sel, poivre

Préparation : 20 min
Cuisson : environ 1 h 30

Préparez la béchamel. Mettez 70 g de beurre à fondre sur feu doux. Dès qu'il chante, versez-y la farine d'un seul coup et remuez vivement quelques minutes. Mouillez avec le lait froid et fouettez vivement afin d'éviter la formation de grumeaux. Portez à ébullition sur feu doux et laissez cuire quelques minutes en remuant. Assaisonnez de sel, poivre et noix de muscade. Passez un petit morceau de beurre à la surface de la sauce pour éviter qu'elle ne « croûte ».

Prélevez les feuilles vertes des laitues (gardez les cœurs jaunes pour une salade). À l'aide d'un petit couteau, retirez les côtes. Lavez et essorez les feuilles. Plongez-les 2 min dans de l'eau bouillante salée. Égouttez-les puis mixez-les en purée.

Mélangez cette purée de laitue dans la béchamel. Ajoutez les œufs et fouettez bien jusqu'à ce que l'ensemble soit homogène. Rectifiez l'assaisonnement.

Beurrez généreusement un moule à charlotte puis saupoudrez le fond et les parois de chapelure. Versez-y la purée de laitue. Posez le moule dans un bain-marie et glissez dans le four préchauffé à 150 °C (th. 5). Laissez cuire environ 1 h en ajoutant, si cela est nécessaire, de l'eau chaude dans le bain-marie.

Démoulez le pain de laitue sur un plat chaud. Laissez tiédir légèrement pour pouvoir y découper de belles tranches. Servez en accompagnement d'une viande ou d'une volaille rôtie.

La mère Blanc

Les Plats

Gâteaux de foies blonds

Presque aussi célèbres que le poulet à la crème, ils faisaient partie du menu du dimanche à Vonnas. Elisa Blanc incorporait à la préparation une bonne cuillerée de jus de volaille ou de viande, qui donnait encore plus de goût. Une fois démoulés, elle surmontait ces gâteaux de crêtes et de rognons de coq (de Bresse, bien sûr).

Préparez la sauce. Après avoir incisé leur base, plongez les tomates quelques secondes dans de l'eau bouillante. Rafraîchissez-les, retirez la peau, coupez-les en quatre et enlevez les graines. Hachez grossièrement la pulpe. Mettez 1 noisette de beurre et l'huile d'olive à chauffer dans une sauteuse, sur feu doux. Pelez et émincez finement les échalotes. Jetez-les dans la graisse chaude et laissez-les à peine blondir. Ajoutez le concentré de tomates. Mélangez, puis incorporez la pulpe de tomate, les gousses d'ail pelées et entières, le bouquet garni et le sucre. Assaisonnez de sel et poivre. Portez à ébullition en remuant. Couvrez, réduisez le feu et laissez mijoter 30 min.

Retirez l'ail, le bouquet garni, mixez la sauce et réservez-la à couvert dans un bain-marie d'eau chaude.

Passez les foies de poulet dans un moulin à légumes muni d'une grille fine. Faites tremper la mie de pain dans un peu de lait, incorporez-la à cette purée de foies, mélangez. Ajoutez les œufs entiers et les jaunes, puis la crème fraîche et le reste du lait, mélangez. Pelez et écrasez l'ail en purée. Pelez et émincez finement l'échalote. Ajoutez-les ainsi que le persil haché dans la préparation. Assaisonnez de sel, poivre du moulin et noix de muscade. Vérifiez la consistance en plongeant 1 cuillerée à café de cette préparation dans de l'eau bouillante : elle doit former une boule aux bords nets, sans s'effilocher.

Beurrez 8 ramequins et répartissez-y la préparation. Posez-les dans un bain-marie et glissez dans le four préchauffé à 120 °C (th. 4). Laissez cuire de 20 à 30 min : vérifiez la cuisson en enfonçant la lame d'un couteau, elle doit ressortir sèche.

Rincez rapidement les champignons de Paris sous l'eau fraîche, séchez-les. Coupez-les en quatre et faites-les revenir 5 min dans le reste de beurre chaud. Ajoutez les olives, puis mélangez le tout avec la sauce tomate.

Démoulez les gâteaux chauds sur des assiettes et nappez-les de sauce.

Pour 8 personnes

300 g de foies blonds de poulet de Bresse
70 cl de lait
3 œufs + 3 jaunes
15 cl de crème fraîche
120 g de mie de pain
2 cuil. à soupe de persil plat haché
1 échalote
1 gousse d'ail
noix de muscade
sel fin, poivre du moulin

La sauce :
600 g de tomates
200 g de champignons de Paris
12 olives vertes dénoyautées et coupées en deux
2 échalotes
2 gousses d'ail
1 bouquet garni
40 g de beurre
2 cuil. à soupe d'huile d'olive
2 cuil. à café de concentré de tomates
1 morceau de sucre

Préparation : 30 min
Cuisson : environ 1 h

La mère Blanc

Les Plats

Coq au vin blanc

Le coq de Bresse a, comme toutes les volailles de Bresse, les pattes bleues, le plumage blanc et la crête rouge. Dodu à souhait, sa chair est fondante et persillée. Il est nécessaire de le cuire tout en douceur, sans le brusquer, pour lui conserver son moelleux.

Pour 8 personnes
1 coq de Bresse de 2,5 kg coupé en morceaux
250 g de parures et os de volaille
8 tomates
250 g de champignons de Paris
3 échalotes
1/2 botte de persil
1/2 botte de cerfeuil
1/2 botte d'estragon
150 g de beurre
20 cl d'huile
35 cl de vin blanc sec
2 cuil. à soupe de cognac
1 cuil. à soupe de farine
sel, poivre

Préparation : 35 min
Cuisson : 2 h

Demandez à votre volailler de dénerver les pattes et de couper en deux les cuisses et les filets du coq.

Faites chauffer 10 cl d'huile et 60 g de beurre dans une cocotte. Dès que le beurre chante, faites-y revenir le cou, les ailerons et les os de volaille. Laissez dorer 10 min en retournant plusieurs fois les morceaux. Saupoudrez de farine, mélangez et laissez roussir légèrement la farine. Versez de l'eau à hauteur des morceaux de volaille. Couvrez et laissez mijoter 45 min.

Passez le bouillon dans une passoire fine au-dessus d'une jatte.

Après avoir incisé leur base en croix, plongez les tomates quelques secondes dans de l'eau bouillante. Rafraîchissez-les, retirez la peau, coupez-les en quatre et enlevez les graines. Hachez la pulpe en dés.

Lavez les bouquets de persil, de cerfeuil et d'estragon. Séchez-les. Retirez les feuilles, hachez-les finement. Pelez et hachez les échalotes.

Assaisonnez de sel et poivre les cuisses et les filets du coq. Faites chauffer 10 cl d'huile et 60 g de beurre dans une large sauteuse. Faites-y dorer les cuisses 20 min en les retournant régulièrement. Ajoutez les filets et faites-les dorer de tous côtés. Laissez cuire 25 min en surveillant la cuisson.

Retirez le bout terreux et lavez les champignons de Paris sous un filet d'eau froide. Séchez-les, émincez-les et ajoutez-les dans la cocotte avec les échalotes. Mélangez puis versez 30 cl de vin blanc et le cognac en grattant pour détacher les sucs caramélisés. Incorporez les tomates concassées. Laissez réduire le jus de moitié avant d'ajouter le bouillon filtré. Portez à ébullition. Réduisez le feu et laissez mijoter 1 h.

Déposez les morceaux de coq dans un plat de service creux chauffé au préalable. Incorporez le beurre restant dans le jus ainsi qu'un trait de vin blanc. Fouettez et ajoutez les fines herbes hachées. Nappez le coq de sauce bien chaude et servez aussitôt.

La mère Blanc

Les Plats

Colvert façon mère Blanc

À proximité de la Dombes, la région aux mille étangs est giboyeuse. Paul Blanc et son frère venaient y chasser les colverts, les grives et les bécasses. La mère Blanc faisait faisander ces dernières à la cave et ne les plumait que quand elles étaient à point. De nombreux chasseurs lui apportaient leur gibier qu'elle faisait cuire dans des petites cocottes en terre (les coquelles) : ils ne payaient ainsi que « la façon ».

Pelez et hachez finement les échalotes. Mettez 40 g de beurre à chauffer dans une cocotte, sur feu doux. Jetez-y les échalotes et les lardons. Remuez et laissez blondir. Ajoutez les morceaux de canard assaisonnés de sel et poivre, laissez-les roussir puis saupoudrez-les de farine. Mélangez quelques minutes.

Versez le vin blanc à hauteur, ajoutez le bouquet garni. Portez à ébullition puis réduisez le feu. Couvrez et laissez mijoter environ 30 min.

Pendant ce temps, coupez le bout terreux et rincez les champignons sous l'eau fraîche. Séchez-les dans un linge. Détaillez-les en lamelles en les arrosant au fur et à mesure de jus de citron. Mettez 30 g de beurre à chauffer dans une poêle sur feu moyen et faites-y dorer les champignons de tous côtés. Assaisonnez-les en fin de cuisson.

Coupez les croûtes des tranches de pain de mie. Mettez le reste du beurre à chanter sur feu moyen. Faites-y dorer légèrement les tranches de pain de mie de tous côtés.

Posez les croûtons dorés dans un plat de service creux. Retirez les morceaux de canard de la cocotte. Disposez-les sur les croûtons. Gardez-les au chaud.

Remettez la cocotte sur le feu et laissez réduire la sauce. Retirez le gras qui surnage et le bouquet garni. Ajoutez la crème fraîche. Portez à ébullition et incorporez les champignons. Donnez de nouveau un bouillon et nappez le canard de sauce et de champignons. Servez aussitôt.

Pour 4 personnes

1 canard colvert d'environ 1,4 kg, coupé en quatre
150 g de lardons
300 g de champignons de Paris
3 échalotes
1 bouquet garni
120 g de beurre
2 cuil. à soupe de crème fraîche
1 bouteille (75 cl) de vin blanc sec
le jus de 1/2 citron
30 g de farine
4 tranches de pain de mie
sel fin, poivre du moulin

Préparation : 15 min
Cuisson : environ 50 min

La mère Blanc

Les Plats

Côte de veau à l'oseille

Pour Georges Blanc, cette recette est celle « de l'émancipation », puisque c'est celle que Paulette Blanc lui laissa faire seul, en 1964, aux fourneaux de l'auberge. Pour être réussie, la cuisson du veau demande une attention constante. L'oseille, qui se marie à merveille avec cette viande, est ici adoucie par l'onctuosité de la crème.

Pour 4 personnes
4 côtes de veau
8 belles feuilles d'oseille fraîche
30 cl de crème fraîche
30 g de beurre
10 cl de vin blanc sec
sel fin, poivre du moulin

Préparation : 5 min
Cuisson : environ 12 min

Lavez et séchez les feuilles d'oseille. Retirez les tiges. Détaillez chaque feuille en fines lanières.

Salez et poivrez les côtes de veau. Mettez le beurre à chanter dans une poêle, sur feu moyen. Faites-y dorer les côtes de chaque côté, puis réduisez le feu et laissez-les cuire de 2 à 3 min sur chaque face. Mettez-les dans un plat de service chauffé au préalable et couvrez-les d'une feuille de papier d'aluminium.

Jetez la graisse de cuisson et arrosez la poêle de vin blanc. Portez à ébullition en grattant pour détacher les sucs caramélisés. Laissez réduire de moitié et ajoutez la crème fraîche. Laissez de nouveau réduire le jus jusqu'à ce qu'il nappe le dos d'une cuillère en bois. Rectifiez l'assaisonnement.

Incorporez les lanières d'oseille. Mélangez et versez la sauce sur les côtelettes de veau. Servez sans attendre.

La mère Blanc

Les Plats

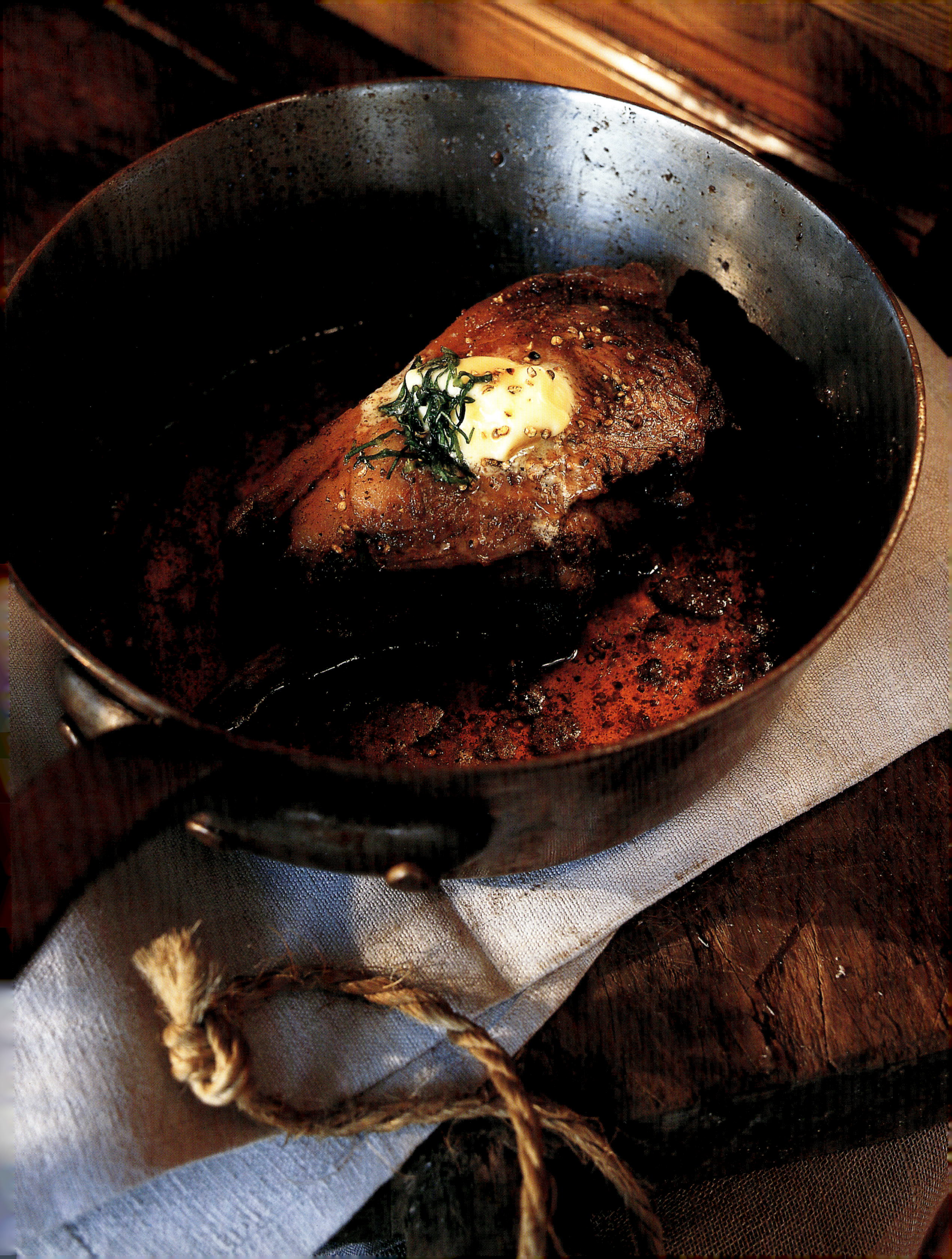

Dinde de Bresse farcie aux marrons

Le grand classique de Paulette Blanc pour Noël, qui ne lésinait pas sur le poids des truffes pour parfumer sa dinde. Ce qu'elle voulait, c'était surtout que ses clients soient ravis !

Pour 10 personnes
1 dinde de Bresse d'environ 4 kg (avec le foie)
100 g de noix de veau
100 g de porc
100 g de lard frais
750 g de marrons épluchés et cuits
1 carotte
1 oignon
4 échalotes
1-2 truffes (facultatif)
200 g de beurre
sel, poivre

Préparation : 30 min
Cuisson : environ 3 h

Demandez à votre volailler de retirer les nerfs des cuisses de la dinde. Enlevez les nerfs et les éventuelles traces vertes laissées par le fiel du foie de la dinde.

Hachez finement au couteau les morceaux de veau, de porc, le lard et le foie de la dinde. Mettez-les dans une jatte.

Pelez puis hachez très finement 2 échalotes. Faites chauffer dans une petite poêle 1 noisette de beurre. Faites-y blondir le hachis d'échalotes. Mélangez-le à la farce. Passez les marrons dans un moulin à légumes muni d'une grille moyenne. Incorporez-les également, assaisonnez de sel et poivre. Mélangez bien et ajoutez, si vous le désirez, 1 à 2 truffes hachées avec leur jus.

Garnissez la dinde de cette farce. Recousez l'ouverture à l'aide d'une aiguille à brider et ficelez la volaille. Badigeonnez-la de beurre et posez-la dans un plat à gratin.

Pelez et coupez en dés la carotte, l'oignon et les échalotes restantes. Ajoutez-les autour de la dinde. Glissez le plat dans le four préchauffé à 180 °C (th. 6) et laissez cuire environ 3 h en arrosant souvent la dinde avec son jus de cuisson. Dès qu'elle est bien dorée de tous côtés, recouvrez-la d'une feuille de papier d'aluminium afin d'éviter qu'elle ne colore trop.

Posez la dinde dans un plat de service chauffé au préalable. Versez 1/2 verre d'eau dans le plat et portez le jus à ébullition, sur feu moyen, en grattant pour détacher les sucs. Laissez réduire un peu, ajoutez le beurre restant coupé en noisettes et fouettez. Versez le jus en saucière.

Présentez à chaque convive un peu de filet, un peu de cuisse, un peu de farce et nappez le tout de jus. Accompagnez d'une salade verte parfumée à l'huile de noix.

La mère Blanc

Les Plats

Civet de lièvre

Goûteux et onctueux, accompagné de petits lardons, d'oignons grelots confits dans la sauce, ce civet de lièvre façon « Paulette Blanc » est un pur régal à l'époque de la chasse.

Demandez à votre volailler de découper le lièvre en morceaux (cuisses, pattes et râble) et récupérez le sang. À défaut de sang de lièvre, demandez-lui du sang de porc : il servira à la liaison finale de la sauce.

Pelez les oignons grelots. Mettez 100 g de beurre à chauffer dans une cocotte, faites-y dorer les morceaux de lièvre avec les petits lardons et les oignons grelots en remuant de temps en temps. Assaisonnez de sel et poivre. Dès que les morceaux de lièvre sont bien dorés, saupoudrez de farine et laissez roussir légèrement.

Portez le vin rouge à ébullition puis flambez. Versez-le dans la cocotte, ajoutez le bouquet garni et les gousses d'ail entières pelées. Portez doucement à ébullition, réduisez le feu et laissez mijoter 1 h.

Retirez les morceaux de lièvre de la cocotte et déposez-les dans une sauteuse. Dans un bol, mélangez la crème fraîche avec la fine champagne et le sang du lièvre, ajoutez-y 1 petite louche de sauce de lièvre et fouettez vivement. Reversez dans la cocotte en mélangeant. Passez cette sauce dans une passoire fine au-dessus des morceaux de lièvre. Posez la sauteuse sur feu très doux – la sauce ne doit pas bouillir –, ajoutez les lardons et les oignons. Rectifiez l'assaisonnement.

Retirez les croûtes des tranches de pain de mie. Coupez les tranches en deux. Mettez 30 g de beurre à chauffer dans une poêle et faites-y dorer les tranches de pain. Saupoudrez chaque pointe de croûton de 1 pincée de persil ciselé.

Au dernier moment, incorporez quelques noisettes de beurre frais dans la sauce et mélangez. Versez le civet dans un plat de service creux chauffé au préalable, garnissez de croûtons frits et accompagnez de pâtes fraîches ou de pommes de terre cuites à la vapeur.

Pour 6 personnes

1 lièvre d'environ 2,5 kg
150 g de petits lardons
100 g d'oignons grelots
3 gousses d'ail
1 bouquet garni
2 bouteilles (1,5 litre) de vin rouge corsé
180 g de beurre
10 cl de crème fraîche épaisse
1/2 verre de fine champagne
3 cuil. à soupe de farine
6 tranches de pain de mie
1 cuil. à soupe de persil ciselé
sel, poivre

Préparation : 40 min
Cuisson : 1 h 15

La mère Blanc

Les Plats

Loup braisé au chablis

Expert en vins et fin connaisseur, André Bourgeois choisissait lui-même les vins qu'il proposait dans son restaurant. Chaque automne, il se rendait à la vente annuelle de l'hospice de Beaune et y choisissait les meilleurs crus. Le chablis, vin blanc sec et fruité, convient à ravir aux poissons : il est vrai que la moitié du vignoble est plantée sur un terrain composé d'huîtres fossiles.

Pour 6 personnes
1 loup d'environ 2 kg, vidé et non écaillé
200 g d'oignons
1/2 bouteille (33 cl) de chablis
gros sel, poivre du moulin

La sauce :
150 g d'échalotes
3 tiges d'estragon
500 g de beurre extrafin
30 cl de chablis
30 cl de vinaigre

Préparation : 15 min
Cuisson : environ 40 min

Pelez et hachez finement les échalotes. Mettez-les dans une casserole à fond épais. Lavez et séchez l'estragon, ciselez finement les feuilles. Versez le vinaigre et le vin blanc dans la casserole, ajoutez l'estragon. Portez à ébullition sur feu doux et laissez réduire jusqu'à ce que le jus soit sirupeux.

Détaillez le beurre en noisettes et incorporez-le au fur et à mesure en fouettant vivement sur feu moyen. Passez cette sauce dans une passoire fine puis reversez-la dans une casserole. Gardez-la au chaud dans un bain-marie en remuant de temps en temps.

Pelez et détaillez les oignons en fines rondelles. Faites-en un lit dans un grand plat à gratin et posez le loup dessus. Assaisonnez de gros sel et poivre du moulin.

Versez le chablis dans une casserole. Portez à ébullition et laissez réduire d'un tiers. Versez cette réduction sur le poisson. Glissez le plat dans le four préchauffé à 240 °C (th. 8) et laissez cuire 20 min en arrosant en cours de cuisson.

Déposez le loup dans un plat de service chauffé au préalable. Grattez les sucs dans le fond du plat puis passez le jus de cuisson dans une passoire fine. Ajoutez-le dans la sauce maintenue au bain-marie en fouettant vivement. Versez dans une saucière et servez bien chaud avec le loup.

La mère Bourgeois

Les Plats

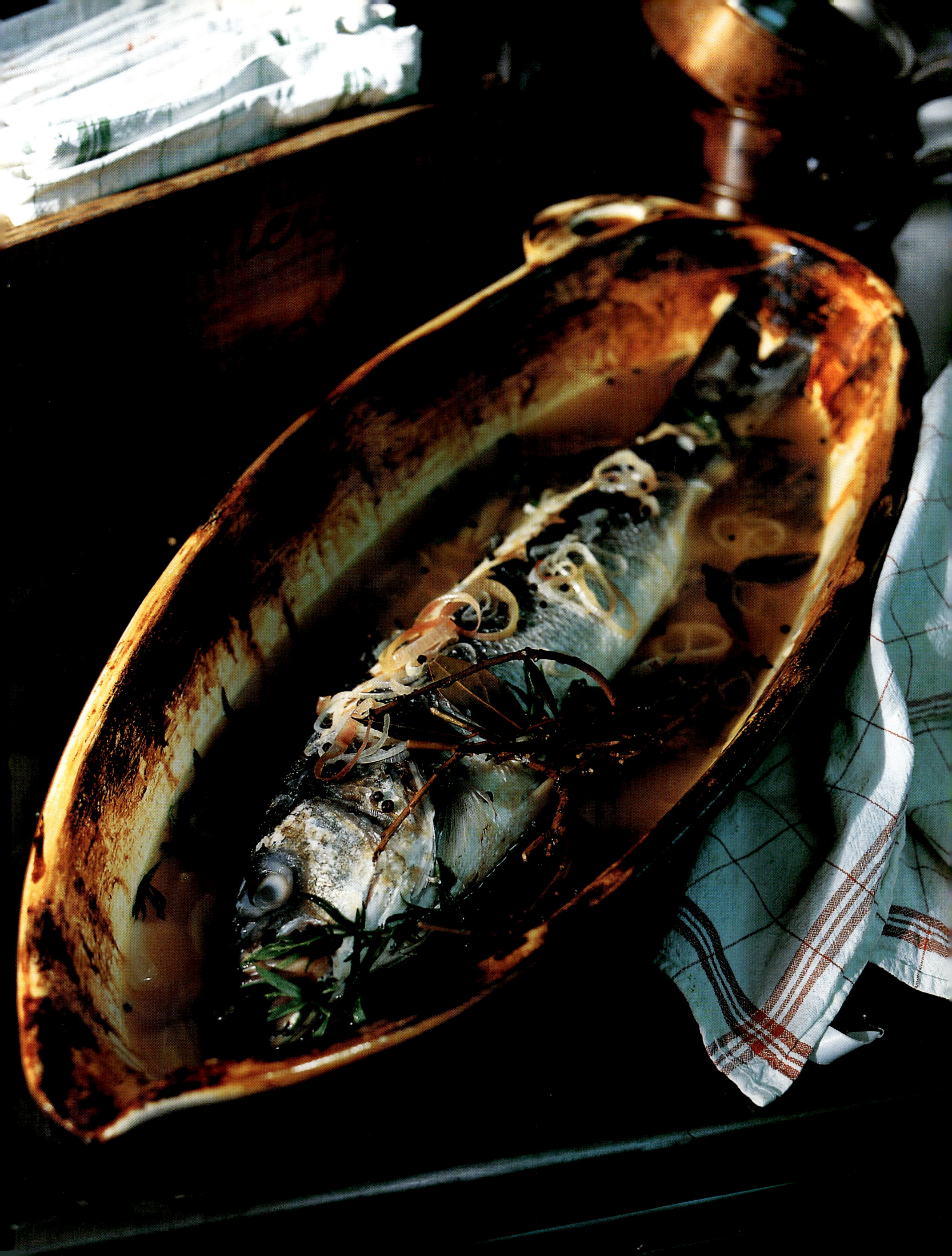

Haricots verts au beurre mousse

Presque tous les habitants de Priay se mettaient « à la pluche ». Assis sur un banc devant leur maison, c'était de bon cœur qu'ils fendaient en quatre les haricots verts du jardin. Pour préparer ces derniers, la mère Bourgeois ne lésinait pas sur le beurre, de très grande qualité bien sûr. Son beurre mousse était d'ailleurs une merveille !

Pour 6 personnes
400 g de haricots verts mange-tout
100 g de beurre extrafin
gros sel

Préparation : 20 min
Cuisson : environ 8 min

Lavez et égouttez les haricots verts. Coupez les deux extrémités. Fendez chaque haricot en quatre dans le sens de la longueur.

Portez à ébullition 3 litres d'eau et salez au gros sel. À la reprise de l'ébullition, jetez-y les haricots verts en pluie et laissez cuire de 4 à 5 min. Goûtez pour vérifier la cuisson.

Égouttez les haricots et rafraîchissez-les sous un filet d'eau froide. Mettez le beurre à fondre dans une poêle, sur feu moyen. Dès qu'il mousse, ajoutez les haricots verts et enrobez-les de beurre.

Mettez-les dans un plat de service creux et servez-les avec une viande ou une volaille.

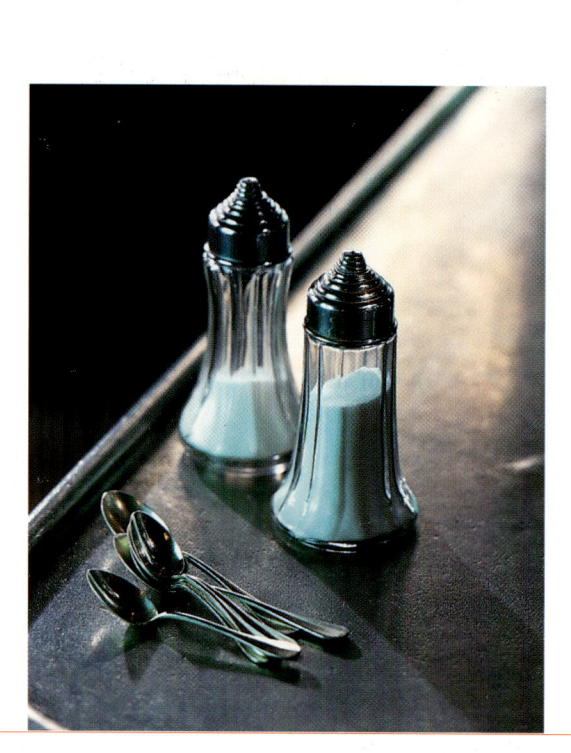

La mère Bourgeois

Les Plats

Quenelles au gratin

Comme pour les soufflés, les quenelles doivent être dégustées dès la fin de leur cuisson. La mère Brazier piquait une de ses fameuses colères quand elle s'apercevait que des quenelles étaient en attente à l'office. Elle les faisait alors refaire, car elle voulait que ce plat soit servi dès sa sortie du four.

Retirez leur pied terreux avant de rincer les champignons de Paris un par un sous un filet d'eau froide. Séchez-les dans un linge. Émincez-les en fines lamelles en les arrosant au fur et à mesure de jus de citron.

Mettez 40 g de beurre à chauffer dans une large poêle. Jetez-y les champignons coupés en lamelles et faites-les sauter environ 10 min. Assaisonnez-les en fin de cuisson. Mettez les quenelles dans une grande casserole d'eau frémissante salée et, selon leur grosseur, laissez-les précuire de 5 à 15 min. Égouttez-les, rangez-les dans un large plat à gratin en les espaçant suffisamment car elles vont doubler de volume à la cuisson.

Portez le lait à ébullition. Dans un bol, malaxez du bout des doigts la farine avec le reste de beurre mou. Prélevez 1 petite louche de lait bouillant et mélangez-le à cette pâte. Reversez le tout dans le lait bouillant et fouettez vivement jusqu'à ce que la sauce soit lisse.

Incorporez-y ensuite la crème fraîche, assaisonnez de sel et poivre, et ajoutez les champignons émincés sans le beurre de cuisson. Portez doucement à ébullition puis nappez les quenelles de sauce. Sans attendre, glissez le plat dans le four préchauffé à 210 °C (th. 7) et laissez cuire environ 25 min. Servez les quenelles dès la sortie du four.

Pour 6 personnes
6 quenelles de brochet de 100 g chacune, achetées chez un bon traiteur
La sauce :
500 g de champignons de Paris
1 litre de lait entier
25 cl de crème fraîche épaisse
60 g de beurre
le jus de 1/2 citron
20 g de farine
sel fin, poivre du moulin

Préparation : 20 min
Cuisson : environ 40 min

La mère Brazier

Les Plats

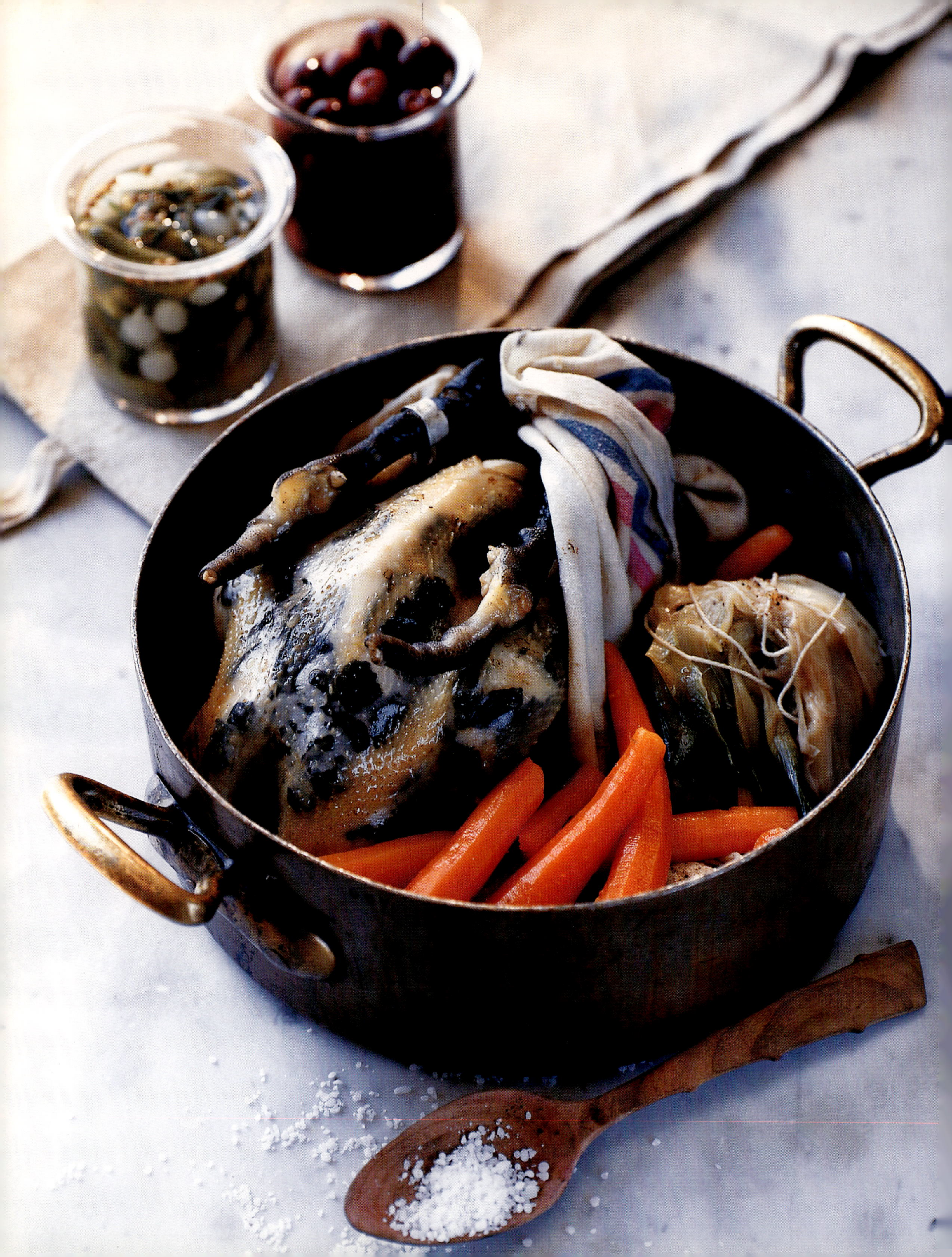

Volaille demi-deuil

Cette recette que la mère Brazier tient de la mère Filloux a contribué, comme bien d'autres, à sa renommée. La mère Filloux tenait à brider elle-même ses volailles. Aussi fut-ce une grande fierté pour Eugènie que d'obtenir, la première, le droit de procéder à cette opération. Le secret de cette recette tient au bouillon, très parfumé et corsé, dans lequel la volaille est mise à pocher. La mère Filloux, elle, utilisait un bouillon de jarret de veau.

Demandez à votre volailler de vider, flamber et parer le poulet mais de ne pas le brider.

Détaillez la truffe en lamelles d'environ 3 mm d'épaisseur. Soulevez délicatement la peau du poulet en glissant la main entre la peau et la chair des filets et des cuisses. Glissez les lamelles de truffe en les déposant bien à plat sur les cuisses et sur toute la longueur des filets. (Vous pouvez également demander à votre volailler de procéder à cette opération très délicate et qui requiert beaucoup de doigté.) Bridez le poulet.

Enveloppez le poulet dans une étamine (ou une mousseline, ou un torchon de cuisine fin) en serrant bien et en maintenant cette dernière sous les ailes et sous les cuisses avec de la ficelle à rôti.

Pelez les carottes, nettoyez les poireaux et retirez-en le vert. Ficelez les blancs en botte. Coupez les carottes en deux.

Versez le bouillon de volaille dans un faitout, ajoutez-y les légumes et portez doucement à ébullition. Plongez le poulet dans ce bouillon : il doit tout juste en être recouvert. Portez de nouveau à ébullition puis réduisez le feu sous le faitout. Faites mijoter environ 45 min, puis laissez le poulet infuser dans le bouillon environ 30 min, feu éteint.

Retirez le poulet, enlevez les ficelles et l'étamine, et posez-le dans un plat de service. Déficelez les poireaux et disposez-les ainsi que les carottes autour du poulet. Servez accompagné de moutarde, cornichons, griottes au vinaigre et d'une coupelle de gros sel de mer.

Pour 4-6 personnes
1 poulet de Bresse d'environ 1,8 kg
1 belle truffe
3 belles carottes
6 poireaux
2 litres de bouillon de volaille bien corsé
L'accompagnement :
moutarde
cornichons
griottes au vinaigre
gros sel de mer

Préparation : 20 min
Cuisson : environ 55 min

La mère Brazier

Les Plats

Soupe du Rhône

La diversité des goûts des poissons et des crustacés d'eau douce, agrémentée de la légère acidité de la chiffonnade d'oseille, représente bien la cuisine de Paulette Castaing, tout en délicatesse.

Pour 4 personnes
2 truites
2 perches
8 cuisses de grenouille
8 écrevisses
100 g d'oignons
2 gousses d'ail
1 blanc de poireau
4 feuilles d'oseille
100 g de beurre
2 jaunes d'œufs
25 cl de crème fraîche
25 cl de vin blanc
8 tranches fines de pain
sel, poivre du moulin

Le fumet de poisson (1 litre) :
1 kg d'arêtes et de parures de poisson
les pieds de 100 g de champignons
1 blanc de poireau
1 bouquet garni
20 g de beurre
15 cl de vin blanc sec
5 grains de poivre
gros sel

Préparation : 30 min
Cuisson : environ 1 h

Demandez à votre poissonnier de lever les filets des truites et des perches et de vous remettre les arêtes et les parures.

Préparez le fumet de poisson. Mettez le beurre à chauffer dans une sauteuse. Ajoutez les arêtes et parures de poisson, mélangez. Hachez finement les pieds nettoyés des champignons de Paris. Détaillez le blanc de poireau en rondelles. Mettez les pieds de champignon, les rondelles de poireau dans la sauteuse avec le bouquet garni et mélangez quelques minutes. Versez le vin blanc et 1,5 litre d'eau froide et portez à ébullition. Écumez. Assaisonnez de gros sel et grains de poivre. Laissez cuire à petits bouillons 20 min.

Laissez refroidir le bouillon avant de le filtrer dans une étamine. Gardez-le au frais.

Pelez et hachez finement les oignons, le blanc de poireau et 1 gousse d'ail. Mettez le beurre à fondre dans une cocotte, sur feu doux. Dès qu'il chante, faites-y revenir doucement les aromates hachés sans leur laisser prendre couleur. Incorporez les arêtes et parures des truites et des perches, ainsi que les écrevisses, mélangez et laissez cuire 5 min. Assaisonnez assez fortement en poivre du moulin. Versez le vin blanc et 1 litre de fumet de poisson. Portez à ébullition. Écumez et laissez réduire 20 min.

Disposez côte à côte dans une large sauteuse à fond épais les filets de truite, de perche et les cuisses de grenouille. Assaisonnez-les de sel et poivre.

Passez le fumet réduit dans une passoire fine au-dessus des filets de poisson. Mettez la sauteuse sur feu doux et laissez frémir 10 min. Récupérez les écrevisses, décortiquez les queues et remettez celles-ci dans la sauteuse.

Faites sécher et légèrement colorer au four préchauffé à 180 °C (th. 6) les tranches de pain. Dès qu'elles sont blondes, mettez-les dans un ravier.

Lavez et séchez les feuilles d'oseille, équeutez-les, pliez-les en deux et coupez-les en fines lanières. Pelez la dernière gousse d'ail, coupez-la en deux, écrasez-la avec la lame d'un couteau et mélangez-la avec les jaunes d'œufs et la crème fraîche.

Répartissez les filets de poisson, les queues d'écrevisse, les cuisses de grenouille dans 4 assiettes creuses chauffées au préalable. Versez le mélange jaunes d'œufs-crème fraîche dans le fumet en fouettant vivement : surtout, ne faites pas bouillir. Versez la soupe brûlante sur les poissons. Parsemez de chiffonnade d'oseille. Servez aussitôt avec les tranches de pain grillées.

Les Plats

Médaillon de ris de veau aux asperges

Une recette que Paulette Castaing préparait à la saison — toujours trop courte pour elle — des asperges du pays ; elle en faisait une variante avec des fèves fraîches nappées d'une sauce au persil plat. Il est indispensable de réserver les noix de ris de veau fraîches à l'avance chez le boucher ou le volailler.

Mettez les noix de ris de veau à tremper 1 h dans de l'eau froide légèrement vinaigrée.

Égouttez-les, rafraîchissez-les dans de l'eau froide et mettez-les dans une casserole recouvertes d'eau froide. Portez à ébullition et jetez 1 poignée de sel. Laissez cuire 4 min, égouttez-les et rafraîchissez-les. Égouttez-les de nouveau et retirez les petites membranes blanches. Enveloppez les ris dans un linge et pressez-les avec une planchette surmontée de quelques poids.

Coupez le bout terreux puis pelez les asperges. Coupez les pointes puis détaillez les tiges en petits morceaux. Mettez 20 g de beurre à fondre dans une marmite, sur feu doux. Faites-y revenir les asperges avec le sucre, versez le fond de volaille et laissez cuire 30 min. Retirez les pointes et mettez-les de côté. Mixez le bouillon avec les autres morceaux d'asperge puis passez-le dans un tamis afin qu'il ne reste plus de fibres.

Reversez-le dans la marmite et faites-le réduire de moitié. Vérifiez l'assaisonnement.

Diluez la Maïzena dans un peu d'eau. Mettez la crème à chauffer sur feu doux, incorporez-y la Maïzena et versez le tout dans le coulis d'asperges. Remuez.

Détaillez les ris de veau en médaillons. Mettez le reste du beurre à chanter sur feu doux dans une poêle. Faites-y cuire les médaillons de 4 à 5 min de chaque côté selon leur épaisseur. Assaisonnez-les de sel et poivre du moulin et disposez-les dans un plat de service chaud en intercalant entre eux les pointes d'asperge.

Dans un bol, fouettez vivement le jaune d'œuf avec 1 petite louche de coulis d'asperges et reversez-le dans la sauce. Ajoutez quelques gouttes de jus de citron et nappez les ris de veau de sauce bien chaude. Parsemez de pluches de cerfeuil. Servez sans attendre.

Pour 4 personnes

2 noix de ris de veau
1,5 kg d'asperges
1/2 bouquet de cerfeuil
1 litre de fond de volaille
80 g de beurre
1 jaune d'œuf
20 cl de crème fraîche
1 cuil. à soupe de vinaigre
le jus de 1/2 citron
10 g de Maïzena
2 morceaux de sucre
sel, poivre du moulin

Préparation : 20 min
Trempage : 1 h
Cuisson : environ 20 min

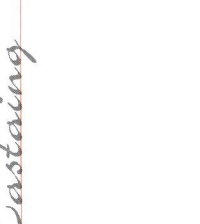

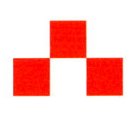

La mère Castaing

Les Plats

Sandre « côtes du Rhône »

Paulette Castaing avait eu un vrai coup de foudre en voyant la courbe majestueuse du Rhône longer amoureusement la terrasse de son hostellerie « Beau-Rivage ». Voici une autre recette « d'inspiration fluviale » — un sandre à la chair ferme et goûteuse.

Pour 4 personnes
1 sandre d'environ 1,2 kg
200 g de girolles
4 blancs de poireau
1 carotte
1 oignon
1 branche de céleri
1 gousse d'ail
1 bouquet garni
1 échalote
2 brins de persil plat
environ 10 brins de cerfeuil
1 bouteille (75 cl) de côtes-du-rhône
25 cl de crème fraîche épaisse
80 g de beurre
sel, poivre du moulin

Préparation : 20 min
Cuisson : environ 45 min

Demandez à votre poissonnier de lever les filets du sandre et de vous remettre les arêtes, les parures et la tête.

Pelez la carotte, l'oignon, l'ail et la tige de céleri. Détaillez-les en petits cubes. Mettez 1 noix de beurre à fondre sur feu doux dans une cocotte et faites-y revenir ces aromates et le bouquet garni sans leur laisser prendre couleur. Ajoutez les arêtes, les parures et la tête du sandre. Versez les trois quarts du côtes-du-rhône et portez à ébullition. Réduisez le feu, écumez et laissez cuire 25 min. Passez ce fumet dans une passoire fine, reversez-le dans la cocotte et faites-le réduire un peu.

Versez le reste du vin dans une casserole à fond épais et laissez-le réduire presque à sec : il doit prendre l'aspect d'un miroir. Ajoutez alors le fumet réduit et la crème fraîche. Assaisonnez de sel et poivre. Laissez réduire sur feu doux jusqu'à ce que la sauce ait une consistance nappante.

Nettoyez et lavez les blancs de poireau, fendez-les en quatre puis détaillez-les en petits cubes. Mettez 1 noix de beurre à fondre sur feu doux dans une petite sauteuse. Jetez-y les cubes de poireau, mélangez, arrosez de 1/2 verre d'eau, salez et poivrez. Couvrez et laissez cuire 10 min à peine.

Pelez et hachez finement l'échalote. Coupez les pieds puis nettoyez les girolles avec un linge humide. Mettez 20 g de beurre à chauffer sur feu moyen et faites-y sauter les champignons 5 min, parsemez d'échalote, mélangez et faites cuire encore 5 min. Au dernier moment, assaisonnez de sel et poivre et parsemez de persil plat haché.

Beurrez légèrement une poêle à revêtement antiadhésif. Posez les filets de sandre dans le beurre chaud et laissez-les cuire 3 min de chaque côté. Assaisonnez-les.

Répartissez la compote de poireaux dans un plat de service. Posez les filets de sandre dessus et parsemez le tout de girolles. Décorez de pluches de cerfeuil.

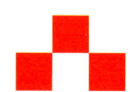

La mère Castaing

Les Plats

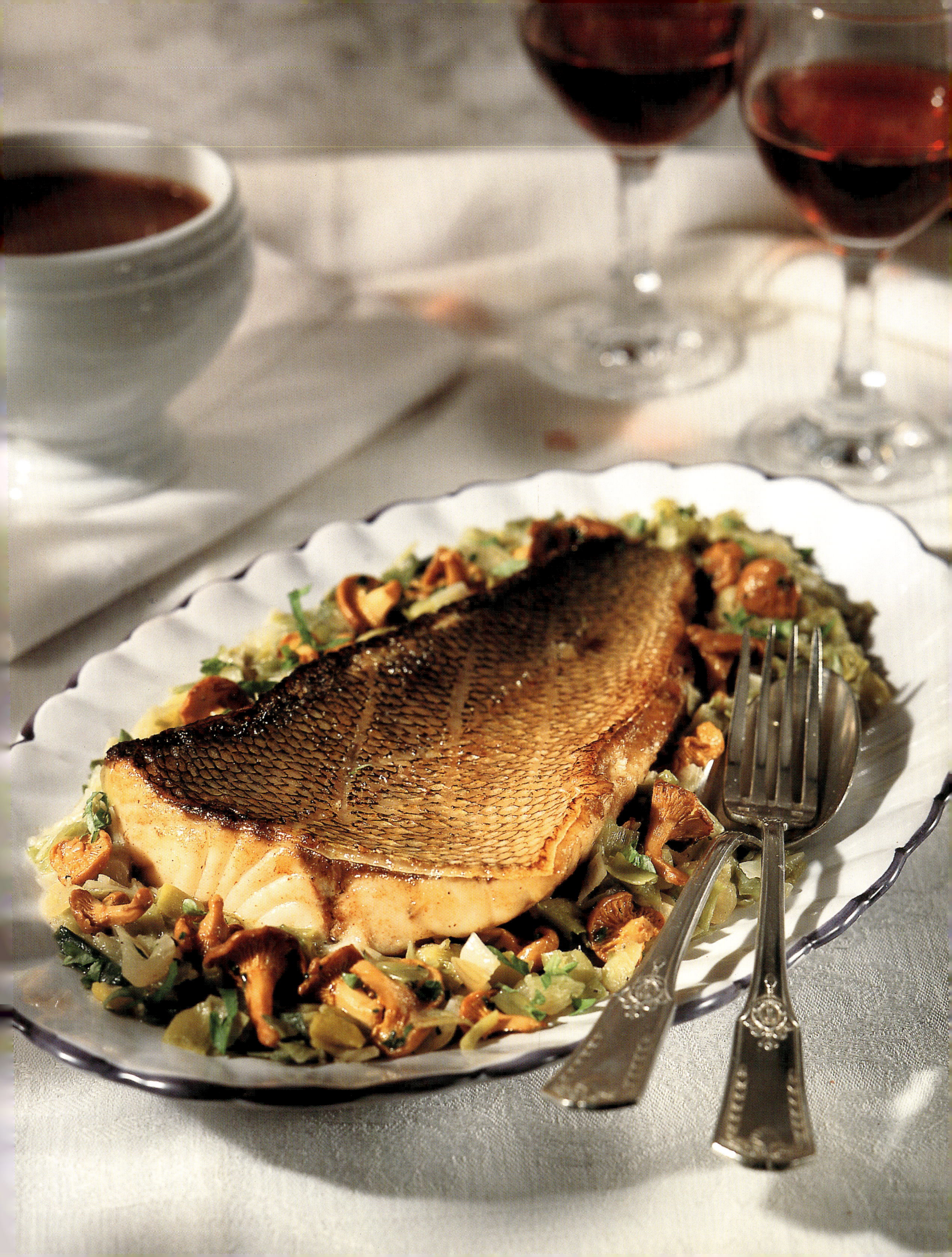

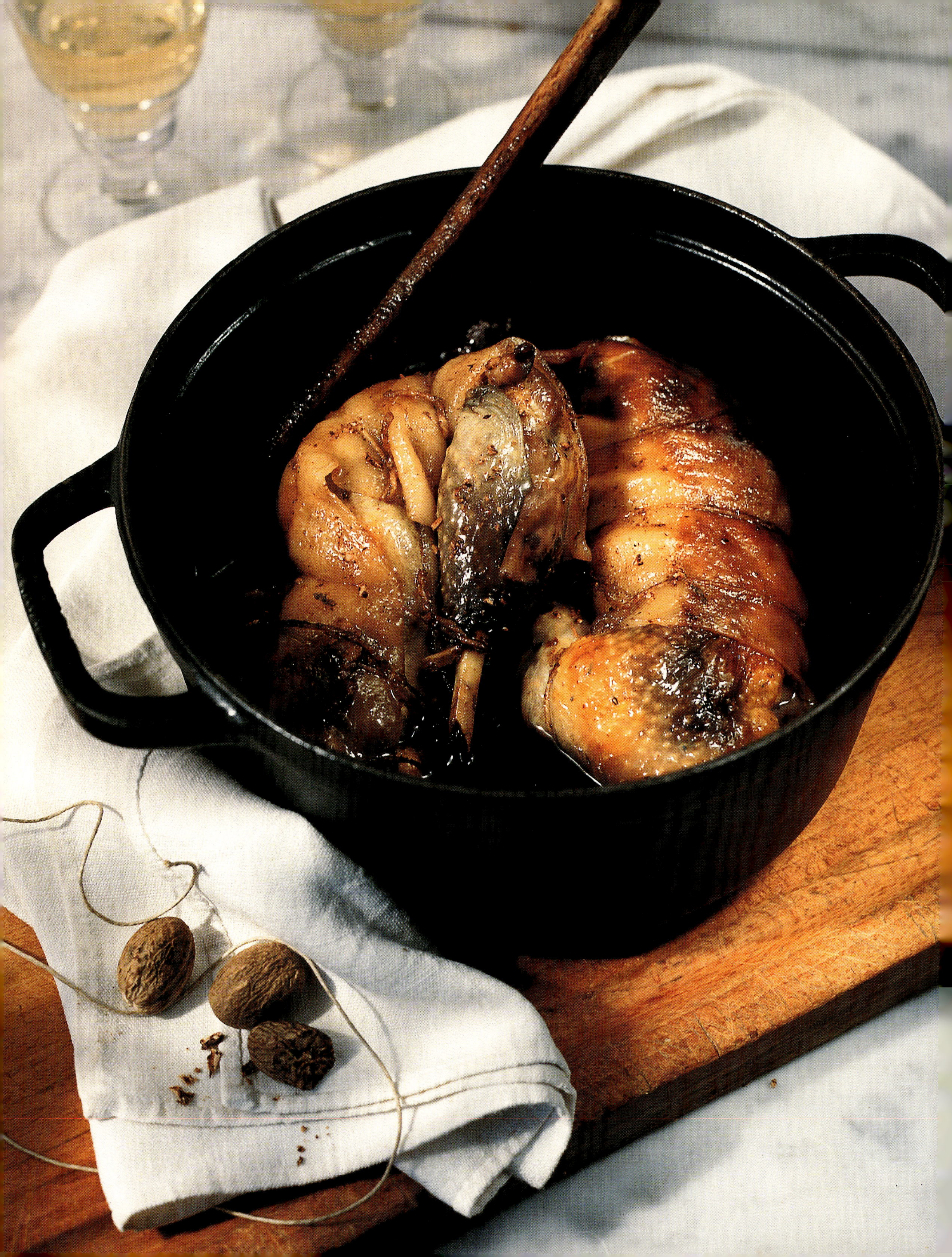

« Pintadons » au poivre vert

Ce nom curieux pour une recette a été inventée par Paulette Castaing car « finalement une fois débarrassée de sa carcasse, la pintade ne ressemblait plus trop à une pintade, plutôt à un pintadon ».

Demandez à votre volailler de désosser par moitié la pintade en laissant toutefois l'os du pilon.

La veille, faites bouillir le lait. Hors du feu, ajoutez 50 g de beurre, mélangez, assaisonnez de sel, poivre du moulin et noix de muscade râpée. Incorporez la mie de pain et laissez-la s'imbiber. Remettez la casserole sur feu moyen et mélangez jusqu'à ce que la « pâte » se dessèche. Retirez du feu et incorporez un par un les jaunes puis les œufs entiers en mélangeant vivement à chaque fois. Laissez refroidir.

Coupez en morceaux le blanc de volaille avant de le mixer en purée avec 200 g de beurre et la « pâte » refroidie. Passez la farce obtenue dans un tamis fin au-dessus d'une jatte.

Détaillez le foie gras en petits cubes. Égouttez le poivre vert. Mélangez le foie gras et la moitié du poivre vert à la farce. Recouvrez d'un film alimentaire et gardez au réfrigérateur jusqu'au lendemain.

Le jour même, assaisonnez de sel et poivre les deux moitiés de pintade. Garnissez chacune de 1 grosse cuillerée à soupe de farce. Roulez-les en gardant bien la forme d'une demi-pintade. Enroulez d'une barde de lard maigre puis ficelez. Mettez 1 noix de beurre à chauffer dans une cocotte, sur feu doux. Faites-y dorer les pintadons puis couvrez et laissez rôtir environ 35 min.

Retirez les pintadons de la cocotte, enlevez la ficelle et les bardes, et gardez-les au chaud dans un plat de service. Jetez la graisse de cuisson.

Remettez la cocotte sur le feu, versez le vin blanc et 1/2 verre d'eau (ou, si vous en avez, de fond de veau). Grattez pour détacher les sucs caramélisés et laissez réduire. Incorporez le reste du beurre coupé en noisettes dans ce jus en fouettant, ajoutez quelques grains de poivre vert, et arrosez les pintadons d'un peu de sauce.

Versez le reste dans une saucière et servez sans attendre.

Pour 4 personnes

1 pintade fermière d'environ 1,5 kg
250 g de blanc de volaille
150 g de foie gras frais
2 bardes de lard maigre
350 g de beurre
2 œufs + 4 jaunes
40 cl de lait
10 cl de vin blanc sec
200 g de mie de pain
1 petite boîte de poivre vert
noix de muscade
sel, poivre du moulin

Préparation :
la veille, 20 min
Cuisson : environ 40 min

La mère Castaing

Les Plats

Canard sauvage surprise

Quand Gisèle Crouzier a fait goûter ce plat à son mari, il n'en a pas cru… ses papilles. C'était fin, délicat et surtout inattendu. Il lui conseilla de ne surtout rien changer et de bien noter la recette dans son cahier. Les canards sauvages se nourrissent souvent, sur les étangs, de poissons. Mais il fallait oser en farcir un canard. Pour cette recette raffinée, Gisèle Crouzier a choisi un poisson noble, le turbot.

Pour 4 personnes

2 canards sauvages, plumés et vidés (avec les cœurs et les foies)
200 g de turbot
1 litre de moules
15 échalotes
3 gousses d'ail
1/2 oignon
4 cuil. à soupe de lait
1 œuf
1 cuil. à soupe de crème fraîche
40 cl de vin blanc sec (sauvignon)
2 tranches de pain de mie
1 cuil. à café de farine
1 cuil. à soupe de moutarde
2 cuil. à soupe de graisse de canard ou d'oie
sel, poivre du moulin

Préparation : 30 min
Cuisson : environ 40 min

Grattez les moules. Lavez-les dans une grande bassine d'eau fraîche en les brassant. Égouttez-les. Mettez-les dans un faitout avec le vin blanc, donnez quelques tours de moulin à poivre mais ne salez pas. Couvrez, portez à ébullition sur feu vif et laissez cuire 3 min. Égouttez les moules en récupérant leur jus dans une jatte. Décoquillez-les et réservez-les.

Pelez et émincez finement les échalotes, l'oignon et les gousses d'ail. Faites chauffer dans une casserole, sur feu moyen, 1 cuillerée à soupe de graisse de canard. Faites-y revenir le hachis d'échalotes, d'ail et d'oignon jusqu'à ce qu'il devienne translucide. Saupoudrez de farine, mélangez 2 min puis versez le jus de cuisson des moules. Réduisez le feu sous la casserole et laissez mijoter 20 min environ.

Pendant ce temps, préparez la farce. Hachez finement au couteau le cœur et le foie des canards. Dans une jatte, mettez le pain de mie à tremper dans le lait. Dès que le lait est absorbé, ajoutez l'œuf et fouettez. Hachez la chair du turbot. Incorporez-la à la mie de pain avec les abats hachés, ajoutez-y quelques moules. Salez et poivrez.

À l'aide d'un pinceau, badigeonnez délicatement de moutarde et de façon uniforme l'intérieur des canards. Répartissez la farce dans les deux volailles, puis, à l'aide d'une aiguille à brider, refermez l'ouverture.

Mettez le reste de graisse à chauffer, sur feu vif, dans une cocotte suffisamment grande pour contenir les deux canards. Faites revenir les volailles de tous côtés, couvrez la cocotte et laissez cuire 20 min environ sur feu moyen.

Passez le fumet de moules dans un tamis fin au-dessus d'une casserole. Posez celle-ci sur feu doux et ajoutez la crème fraîche, un petit peu de moutarde et les moules. Réchauffez sur feu très doux. Goûtez et rectifiez l'assaisonnement.

Retirez les canards de la cocotte. Fendez-les en deux sur une planche en récupérant le jus qui s'écoule. Ajoutez-le dans le fumet des moules. Posez les canards dans un plat de service chaud, la sauce aux moules à part dans un légumier.

Gisèle Crouzier servait ce plat avec un riz blanc ou un riz safrané.

Les Plats

Lièvre à la royale

Une somptueuse recette d'origine périgourdine que Gisèle Crouzier préparait en période de chasse. Quelquefois, elle la simplifiait en cuisinant uniquement le râble à la royale, tandis qu'avec les cuisses elle mitonnait un civet. Elle préférait farcir le lièvre avec du foie gras mi-cuit plutôt que frais car « cela rendait moins de graisse » et donnait plus de tenue à la découpe finale en médaillons.

Désossez entièrement le lièvre en prenant soin de ne pas déchirer les chairs. Prélevez le foie, le cœur et les rognons ainsi que la chair des cuisses. Hachez le tout très finement dans une jatte. Ajoutez l'œuf entier et mélangez bien. Assaisonnez de sel fin et poivre du moulin.

Préparez le fumet. Concassez grossièrement les os du lièvre et placez-les dans un faitout. Versez le vin blanc et 1 verre d'eau. Pelez la carotte et l'oignon, détaillez-les en rondelles et ajoutez-les dans le faitout avec le bouquet garni. Portez doucement à ébullition en écumant soigneusement. Assaisonnez au gros sel et ajoutez les grains de poivre. Couvrez et laissez mijoter environ 40 min.

Étalez le lièvre désossé bien à plat sur une grande planche. Détaillez le foie gras en bâtonnets et gardez-en quelques-uns de côté au frais pour la liaison finale de la sauce. Coupez les truffes en lamelles puis en bâtonnets. Répartissez la moitié de la farce tout le long du ventre du lièvre en prenant soin de laisser un peu d'espace sur les bords extérieurs. Disposez dessus en les alternant les bâtonnets de foie gras et les lamelles de truffe, recouvrez-les du reste de farce. Tassez avec le dos d'une fourchette. Avec une aiguille à brider, cousez soigneusement, en points très serrés, le lièvre farci tout du long. Ficelez-le ensuite comme un rôti.

Faites chauffer la graisse de canard dans une cocotte. Faites-y colorer le « rôti » de lièvre de tous côtés.

Pendant ce temps, pelez et émincez les échalotes, les carottes et l'oignon. Jetez-les dans la cocotte. Mélangez-les quelques minutes dans la graisse, puis versez le vin blanc et ajoutez la brindille de thym, la feuille de laurier, les tiges de persil. Passez le fumet du lièvre dans une passoire fine au-dessus de la cocotte. Portez tout doucement à ébullition puis réduisez le feu. Couvrez et laissez mijoter environ 1 h 30 (ou plus, ou moins, selon l'âge du lièvre).

Retirez le « rôti » de la cocotte et gardez-le au chaud dans un plat. Réduisez le jus sur feu vif. À l'aide d'une écumoire, retirez les aromates. Mixez le jus avec les légumes puis incorporez-y les bâtonnets de foie gras réservés en les écrasant à la fourchette. Nappez le « rôti » de lièvre d'un peu de jus très chaud et servez le reste en saucière.

Gisèle Crouzier accompagnait ce lièvre à la royale de girolles ou de pommes sarladaises aux truffes.

Pour 6 personnes

1 lièvre entier d'environ 2,5 kg
1/2 lobe de foie gras mi-cuit de canard
4 truffes moyennes
2 carottes
1/2 oignon
4 échalotes
1 brindille de thym
1 feuille de laurier
2 tiges de persil
50 cl de vin blanc sec (sauvignon)
1 œuf
2 cuil. à soupe de graisse de canard
sel fin, poivre du moulin

Le fumet de lièvre :
25 cl de vin blanc sec
1 carotte
1 oignon
1 bouquet garni
5 grains de poivre
gros sel

Préparation : 50 min
Cuisson : environ 2 h 50

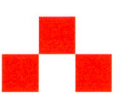

Les Plats

La mère Crouzier

Tourtière de perdreaux aux scorsonères

Gisèle Crouzier a toujours préféré les scorsonères aux salsifis pour leur pulpe beaucoup plus fine et délicate. S'inspirant de la recette périgourdine traditionnelle de la tourtière aux salsifis, elle eut l'idée de cette création. Elle faisait dépasser les têtes des perdreaux de la pâte feuilletée et leur entourait le cou d'un croisillon de pâte pour représenter le faux col. C'était spectaculaire !

Pour 4 personnes
4 perdreaux plumés, vidés et bridés
200 g de foie gras mi-cuit
4 gésiers de canard confit
1 kg de scorsonères bien droits (plus faciles à éplucher)
4 figues violettes
500 g de pâte feuilletée
1 œuf
1 litre de bouillon de volaille
le jus de 1 citron
1 cuil. à soupe de farine
2 cuil. à soupe de graisse d'oie (ou de canard)
sel, poivre du moulin

Préparation : 30 min
Cuisson : environ 1 h
Réfrigération : 30 min

Lavez et brossez sous l'eau fraîche les scorsonères non épluchées afin d'éliminer le maximum de terre. Pensez à mettre des gants car le jus laiteux qui s'écoule à l'épluchage a tendance à coller aux doigts et tâche les mains. À l'aide d'un couteau économe, épluchez les scorsonères et détaillez-les en tronçons d'environ 5 cm. Plongez-les au fur et à mesure dans une jatte d'eau fraîche fortement citronnée.

Dans un faitout, portez à ébullition le bouillon de volaille avec 1 cuillerée à soupe de graisse d'oie. Tamisez la farine au-dessus du faitout. Égouttez les tronçons de scorsonère et mettez-les dans le bouillon. Laissez cuire environ 30 min.

Pendant ce temps, faites chauffer, sur feu vif, dans une cocotte le reste de graisse d'oie. Mettez-y les perdreaux assaisonnés de sel et poivre à dorer de tous côtés. Couvrez la cocotte et réduisez le feu. Laissez cuire environ 15 min (ou plus, ou moins selon la tendreté du gibier). Piquez les perdreaux avec une fourchette pour en vérifier la cuisson.

Retirez-les de la cocotte. Jetez la graisse de cuisson et versez dans la cocotte quelques cuillerées de jus de cuisson des scorsonères. Mettez sur feu vif et grattez pour détacher les sucs accrochés au fond. Laissez réduire jusqu'à obtenir environ 8 cuillerées à soupe de jus.

Égouttez les scorsonères. Répartissez-les dans 4 plats creux individuels en porcelaine à feu. Lavez les figues. Essuyez-les et fendez-les en quatre en forme d'étoile tout en conservant la base attachée. Coupez le foie gras en 4 tranches.

Posez au centre des scorsonères la figue fendue en écartant bien les quartiers. Donnez un tour de moulin à poivre. Placez sur la figue 1 tranche de foie gras, 1 perdreau et à côté 1 gésier de canard confit. Arrosez de jus de cuisson des perdreaux.

Cassez l'œuf en séparant le blanc du jaune. À l'aide d'un pinceau, badigeonnez le tour et le bord supérieur des plats de blanc d'œuf. Délayez le jaune d'œuf dans quelques gouttes d'eau.

Étalez la pâte feuilletée sur le plan de travail fariné. Découpez-la en 4 disques d'une dimension supérieure d'au moins 2 cm à celle du diamètre des plats. Posez les disques de pâte sur les plats en appuyant bien sur le tour et le bord supérieur. Badigeonnez la pâte feuilletée de jaune d'œuf. Mettez les plats à reposer 30 min dans le réfrigérateur : la pâte feuilletée évitera ainsi de rétrécir à la cuisson.

Glissez les tourtières dans le four préchauffé à 220 °C (th. 7-8) et laissez cuire environ 20 min. Dès la sortie du four, servez-les telles quelles dans leur plat de cuisson.

La mère Crouzier

Les Plats

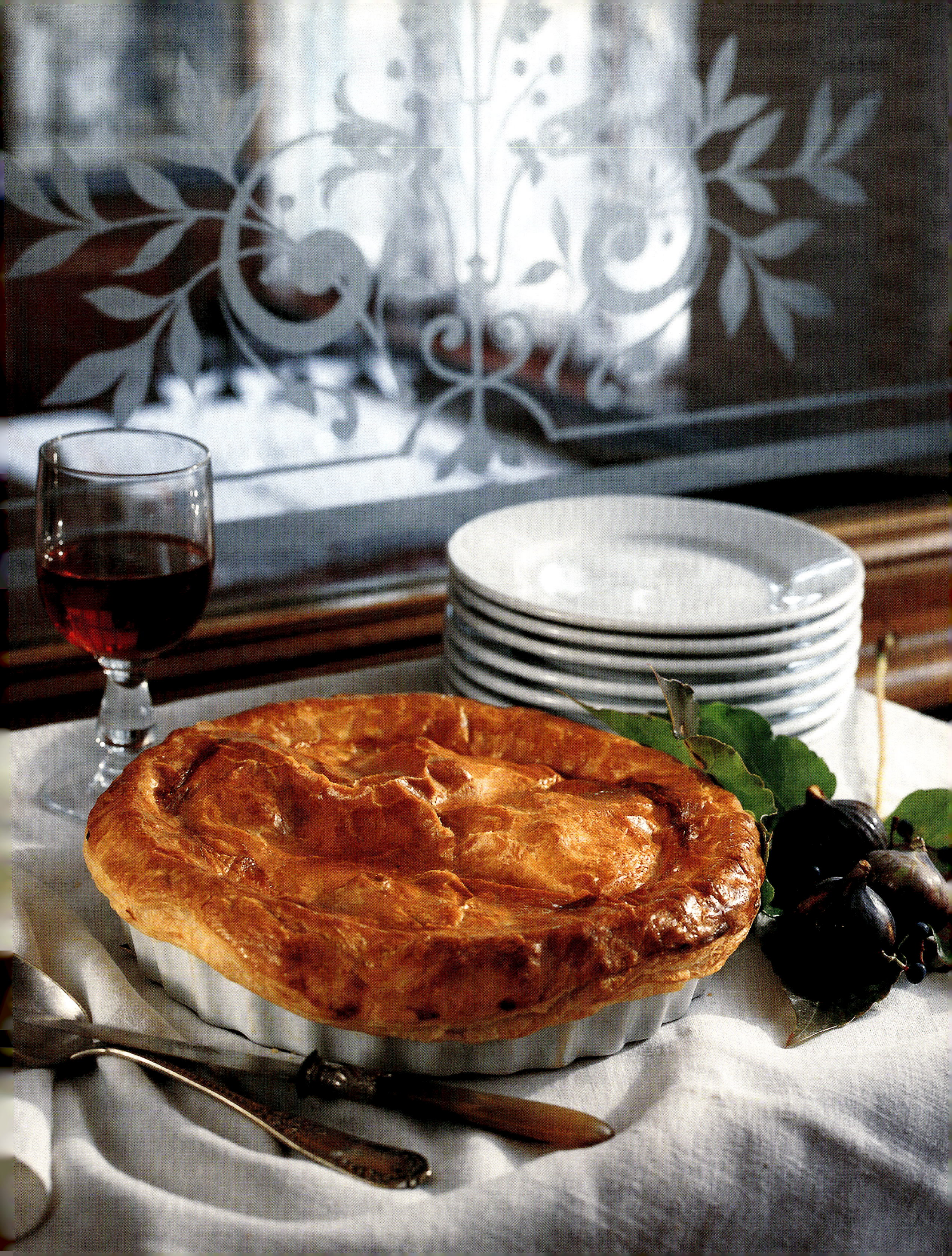

Terrine de brochet capucine

Un jour d'avril 1977, son mari déposa sur la table de la cuisine un brochet « monstre » de 15 livres. Il fallait bien que Gisèle Crouzier trouve une solution pour préparer cet énorme poisson. Les capucines étaient en fleur… alors elle eut l'idée de cette délicate recette.

Pour une terrine de 8-10 personnes
1 brochet d'environ 2,5 kg
1 litre de fumet de poisson (voir p. 122)
1 bulbe de fenouil
1/2 céleri-rave
10 échalotes
100 g de câpres
environ 12 fleurs de capucine
2 œufs
le jus de 1/2 citron
sel, poivre du moulin

La sauce :
1 botte de cresson
2 jaunes d'œufs
100 g de beurre
6 cuil. à soupe de crème fraîche épaisse
2 cuil. à soupe de câpres
5 cl de champagne
fleurs de capucine
sel, poivre du moulin

Préparation : la veille, 40 min
Cuisson : environ 1 h 30

La veille, demandez à votre poissonnier de lever les filets du brochet, de retirer la peau et de vous donner les parures. Prenez soin de retirer les arêtes des filets de brochet à l'aide d'une pince à épiler. Préparez le fumet avec les parures du poisson et réduisez-le à environ 25 cl. Faites durcir les œufs 12 min dans de l'eau bouillante. Écalez-les et hachez-les finement.

Lavez et séchez le bulbe de fenouil, retirez-en les premières feuilles dures ; épluchez le céleri-rave. Détaillez-les en lamelles avant de les hacher finement et de les arroser de jus de citron. Hachez l'un des filets de brochet. Pelez et émincez finement les échalotes.

Mélangez dans une jatte la chair hachée du brochet avec le fenouil et le céleri-rave hachés, les œufs durs, les câpres, quelques pétales de capucine. Arrosez de fumet et mélangez bien. Assaisonnez de sel et poivre du moulin.

Détaillez le reste des filets de brochet en fines tranches. Déposez dans une terrine une couche de farce, posez dessus quelques tranches de brochet et continuez ainsi en alternant. Terminez par une couche de farce. Arrosez avec le reste du fumet.

Posez la terrine dans un bain-marie. Glissez-la dans le four préchauffé à 160 °C (th. 5-6) et laissez cuire 1 h. Laissez-la refroidir complètement à température ambiante avant de mettre la terrine au réfrigérateur jusqu'au lendemain.

Le jour même, préparez la sauce qui doit être servie chaude et mousseuse avec la terrine froide.

Versez 2 cuillerées à soupe d'eau dans une casserole à fond épais, ajoutez 2 jaunes d'œufs. Posez la casserole dans un bain-marie et fouettez sur feu doux jusqu'à ce que la sauce épaississe. Incorporez le beurre détaillé en noisettes sans cesser de fouetter, puis la crème, toujours en fouettant vivement. Versez le champagne. Fouettez.

Hachez les câpres et effeuillez quelques fleurs de capucine. Incorporez-les au dernier moment dans la sauce.

Lavez et essorez les feuilles de cresson. Garnissez-en le pourtour d'un plat et décorez de fleurs de capucine. Détaillez la terrine en tranches. Disposez celles-ci au centre du plat et accompagnez de la sauce chaude servie à part en saucière.

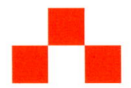

Les Plats

La mère Crouzier

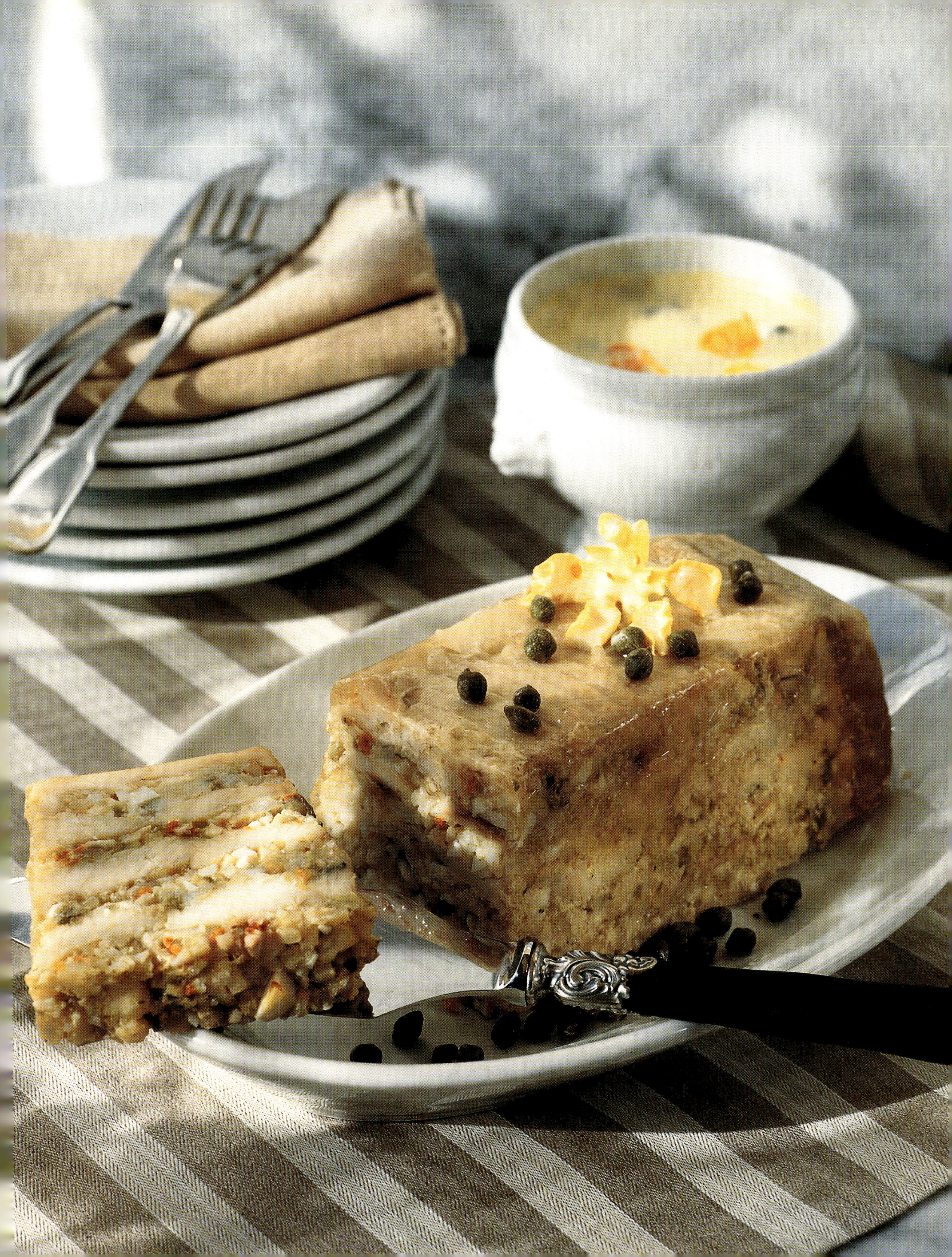

Cassolette d'escargots

Gisèle Crouzier nous a confié le tour de main de ce plat aux subtiles saveurs automnales. Le secret de cette recette solognote est de laisser longuement macérer les escargots dans la gourmande et succulente préparation aux champignons sylvestres afin que les senteurs de mousse et de sous-bois les enrobent délicatement de leurs parfums.

Pour 6 personnes
6 douzaine d'escargots en boîte
1 kg de champignons bruns de Paris
500 g de girolles
500 g de cèpes
100 g d'amandes en poudre
100 g de beurre
10 gousses d'ail
10 échalotes
1/2 bouquet de persil plat
sel, poivre

Préparation : 30 min
Macération : 1 h
Cuisson : environ 20 min

Pelez et émincez finement les échalotes. Coupez les gousses d'ail en deux et retirez-en le germe. Écrasez les gousses d'ail en les aplatissant avec la lame d'un couteau. Détachez les feuilles des tiges de persil, lavez-les, séchez-les et ciselez-les très finement.

À l'aide d'un bout de linge humide, nettoyez délicatement les girolles et les cèpes, coupez les parties terreuses de leur pied. Passez rapidement sous un filet d'eau fraîche les champignons de Paris, essuyez-les dans un linge. Hachez tous les champignons en petits morceaux.

Versez 10 cl d'eau dans une casserole. Ajoutez-y les champignons, le beurre, le hachis d'échalotes et l'ail, la poudre d'amandes et le persil ciselé. Laissez cuire environ 20 min sur feu doux. Assaisonnez de sel et poivre. Incorporez les escargots égouttés dans la préparation. Couvrez et laissez macérer au moins 1 h.

Au moment de servir, réchauffez les escargots sur feu très doux avant de les répartir ainsi que la sauce dans des cassolettes individuelles chauffées au préalable.

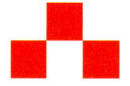

La mère Crouzier

Les Plats

Mique royale aux rognons de veau et aux morilles

La mique est une très ancienne spécialité périgourdine. Cette boule de pain ménagère était traditionnellement cuite au-dessus d'un pot-au-feu, d'une poule au pot ou encore d'une potée au lard demi-sel. À la cuisson, la base de la mique trempait dans le bouillon. Gisèle Crouzier, qui n'aimait pas trop le goût de ce pain mouillé, eut l'idée de cuire la mique au four puis d'en faire dorer doucement au beurre de larges tranches.

La veille, préparez la mique. Délayez la levure de boulanger dans 10 cl d'eau tiède et, du bout des doigts, formez un pâton en le poudrant d'un peu de farine. Couvrez d'un linge et laissez lever à température ambiante : le levain est prêt dès que le dessus se fendille.

Ajoutez-lui le reste de farine et mélangez. Incorporez l'huile, du sel et un soupçon de sucre, les œufs entiers. Malaxez l'ensemble puis pétrissez la pâte en la tapant de bas en haut pour l'étirer : elle est prête lorsqu'elle se détache des doigts. Rassemblez-la en boule. Farinez une étamine (ou un torchon à mailles lâches) avant d'y poser la boule de pâte. Couvrez celle-ci d'un linge et laissez-la doubler de volume environ 1 h à température ambiante et à l'abri des courants d'air.

Portez à ébullition 2 litres d'eau dans le compartiment inférieur d'un cuit-vapeur. Posez le pâton enveloppé de mousseline dans la partie haute et faites cuire environ 30 min à couvert. Vérifiez la cuisson de la mique en la perçant avec une brochette en métal (ou un couteau à longue lame) : si elle ressort propre, la mique est cuite. Retirez alors celle-ci du cuit-vapeur et posez-la sur une grille à pâtisserie sans l'étamine.

Le jour même, lavez les morilles et mettez-les à tremper 1 h dans de l'eau tiède. Retirez-les à la main en récupérant cette première eau et mettez-les dans une autre jatte d'eau tiède. Les morilles étant souvent pleines de sable, il est nécessaire de les laver dans plusieurs eaux.

Pelez et émincez très finement les échalotes. Beurrez légèrement une sauteuse. Faites-y blondir sur feu doux les échalotes hachées, versez 1 bol de la première eau des morilles et portez à ébullition. Ajoutez la crème fraîche, les morilles bien égouttées, assaisonnez de sel et poivre. Laissez mijoter environ 30 min sur feu doux.

Détaillez les rognons en gros dés. Mettez le reste du beurre à chauffer sur feu vif et jetez-y les rognons. Faites-les cuire 3 min en remuant souvent. Assaisonnez-les de sel et poivre et mélangez-les aux morilles.

Détaillez la mique en tartines d'environ 1 cm d'épaisseur. Mettez 50 g de beurre à chauffer dans une poêle et faites-y dorer les tartines de chaque côté. Disposez-les aussitôt dans un plat de service chaud ou sur des assiettes individuelles et versez les rognons dessus. Dégustez sans attendre.

Pour 6 personnes

La mique :
500 g de farine
6 œufs
15 g de levure fraîche de boulanger
1 cuil. à soupe d'huile
50 g de beurre
sucre en poudre
sel

La garniture :
3 rognons de veau parés par le boucher
100 g de morilles sèches
10 échalotes
1 litre de crème fraîche épaisse
50 g de beurre
sel, poivre

Préparation :
la veille, 30 min ;
le jour même, 20 min
Repos : 1 h
Trempage : 1 h
Cuisson : environ 40 min

La mère Crouzier

Les Plats

Lapin Albicocco

« J'adore le goût de l'abricot car c'est un fruit à la fois acide et sucré. » En juin 1969, Gisèle Crouzier eut ainsi l'idée de marier l'abricot et le lapin. À l'époque, le metteur en scène Jean-Gabriel Albicocco, dont le nom signifie « abricotier » en italien, tournait un film dans la région et avait pris pension avec son équipe à « La Croix-Blanche ». À la demande de Gisèle Crouzier, il a accepté de parrainer cette recette qu'il appréciait particulièrement.

Pour 6 personnes
1 lapin d'environ 1,8 kg coupé en morceaux
24 abricots secs
2 carottes
10 échalotes
2 gousses d'ail
1/2 oignon
1 bouquet garni
50 cl de vin blanc sec
50 cl de bouillon de volaille
1 sachet de thé
2 cuil. à soupe de confiture d'abricots
1 cuil. à soupe d'huile d'olive
sel, poivre

Préparation : 15 min
Trempage : 30 min
Cuisson : environ 1 h

Lavez les abricots secs en les brassant dans une jatte. Égouttez-les.

Versez environ 50 cl d'eau dans une casserole. Portez à ébullition et plongez-y le sachet de thé. Laissez infuser hors du feu, puis ajoutez 1 cuillerée à soupe de confiture d'abricots. Enlevez le sachet de thé. Mélangez et mettez les abricots secs à gonfler dans ce thé chaud environ 30 min.

Remettez la casserole sur le feu et laissez cuire 10 min à petit feu. Gardez au chaud.

Pelez et émincez finement les carottes, les échalotes, l'oignon et les gousses d'ail.

Mettez l'huile d'olive à chauffer dans une sauteuse et faites-y dorer les morceaux de lapin de tous côtés. Retirez-les et gardez-les dans un plat. À la place, mettez les petits légumes dans la sauteuse et faites-les dorer en remuant de temps en temps. Remettez les morceaux de lapin dans la sauteuse, ajoutez le bouquet garni, la dernière cuillerée à soupe de confiture d'abricots, assaisonnez de sel et poivre. Versez le vin blanc et le bouillon de volaille. Portez doucement à ébullition. Réduisez le feu et laissez mijoter environ 45 min.

Retirez les morceaux de lapin et les abricots de la sauteuse. Gardez-les au chaud dans le plat de service.

Retirez le bouquet garni de la sauce et faites réduire celle-ci jusqu'à ce qu'elle prenne une consistance onctueuse. Mixez-la avec tous les légumes et versez-la bien chaude sur les morceaux de lapin.

Accompagnez d'un légumier d'épinards en branches.

La mère Crouzier

Les Plats

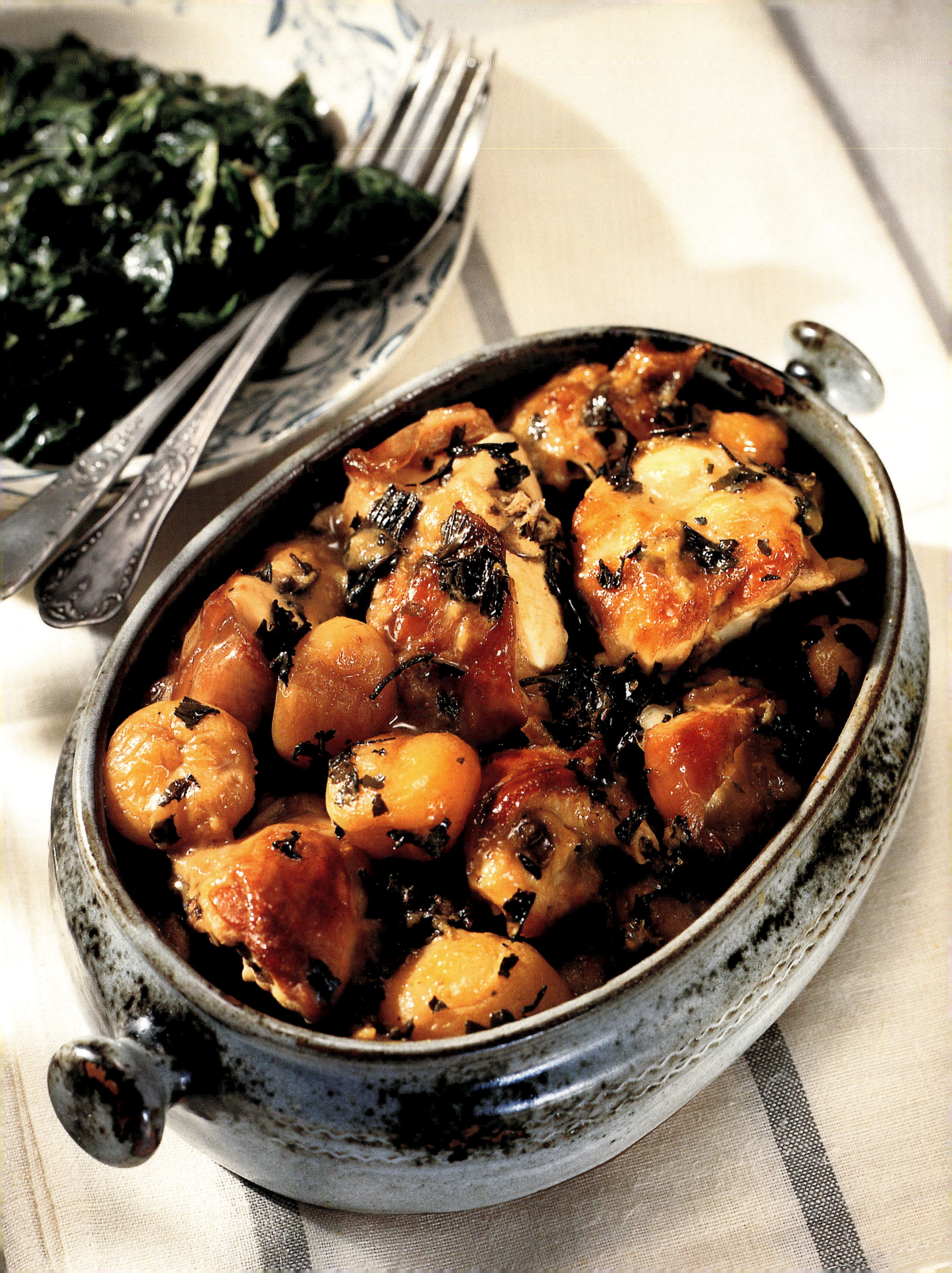

Tablier de sapeur

Aujourd'hui encore, au restaurant « Chez Léa », ce plat lyonnais figure au menu en hommage à Léa. Le général de Castellane, ancien sapeur du génie puis gouverneur militaire de Lyon sous Napoléon III, se serait exclamé un jour en voyant le morceau de gras-double pané qu'on lui servait : « On dirait le tablier de mes sapeurs ! » Baptisé ainsi depuis, ce curieux terme est resté dans le vocabulaire local. Le bonnet de bœuf, morceau qui fait partie des tripes, se vend déjà nettoyé et cuit.

Pour 4 personnes
- 1 bonnet de bœuf
- 1 œuf
- 50 g de beurre clarifié (voir p. 107)
- 15 cl de vin blanc (mâcon)
- 1 citron
- 1 cuil. à soupe de moutarde
- 6 cuil. à soupe de chapelure
- sel fin, poivre du moulin

La sauce :
- 1 tige d'estragon
- 5 brins de cerfeuil
- 1/2 botte de ciboulette
- 1 jaune d'œuf
- 25 cl d'huile d'arachide
- 1 cuil. à café de moutarde
- 1 cuil. à soupe de vinaigre de vin vieux

Préparation : 15 min
Macération : au moins 4 h
Réfrigération : 1 h
Cuisson : 10 min

Détaillez le bonnet en quatre. Mettez ces « tabliers » dans un large plat creux, arrosez de vin blanc et assaisonnez de sel et poivre du moulin. Gardez dans le réfrigérateur et laissez mariner quelques heures en les retournant à plusieurs reprises.

Fouettez l'œuf avec la moutarde. Égouttez et séchez soigneusement les tabliers. Enrobez-les un par un dans le mélange à l'œuf puis passez-les dans la chapelure. Mettez-les au frais au moins 1 h : la chapelure tiendra mieux à la cuisson.

Pendant ce temps, préparez la sauce. Mélangez dans une jatte le jaune d'œuf avec la moutarde. Versez l'huile d'arachide en un mince filet et fouettez. Dès que la mayonnaise est prête, ajoutez le vinaigre de vin.

Effeuillez l'estragon et le cerfeuil, ciselez-les finement ainsi que la ciboulette. Mélangez ces herbes dans la mayonnaise. Assaisonnez de sel et poivre.

Lavez et séchez le citron. À l'aide d'un couteau zesteur, cannelez-le avant de le détailler en grosses rondelles.

Mettez le beurre clarifié à chauffer dans une poêle. Dès qu'il chante, faites-y dorer les tabliers 5 min de chaque côté.

Disposez les tabliers dans un plat, décorez chacun de 1 rondelle de citron et servez aussitôt avec la sauce en saucière.

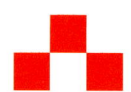

La mère Léa

Les Plats

Cervelle de canuts

Les canuts, ouvriers des manufactures de soie à Lyon, se nourrissaient la plupart du temps de « claqueret », « un fromage blanc mâle, c'est-à-dire pas trop mou, que l'on commence à battre comme si c'était sa femme. Quand on a bien claqué le fromage, il devient claqueret. Puis interviennent le sel, le poivre, un filet de vinaigre, une goutte d'huile, échalotes, ciboulette et petites herbes du jardin. C'est un délice et qui ne "reproche" jamais » (Félix Benoît et Henry Clos-Jouve). Voici la version personnalisée de Léa qui y incorporait du raifort ; sa cervelle de canuts piquait donc un peu la langue.

La veille, retirez le fromage blanc de la faisselle et mettez-le à égoutter dans un tamis fin posé sur une jatte. Gardez-le au réfrigérateur 24 h.

Le jour même, fouettez vivement le fromage jusqu'à ce qu'il devienne onctueux et lisse.

Lavez et séchez la ciboulette. Ciselez-la très finement au-dessus du fromage battu. Pelez et écrasez les gousses d'ail en purée. Incorporez-les dans le fromage avec le raifort.

Assaisonnez de sel fin et poivre du moulin. Mélangez. Arrosez d'un trait de vinaigre et servez très frais.

Pour 4 personnes
500 g de fromage blanc frais en faisselle
2 gousses d'ail
1 botte de ciboulette
1 cuil. à moka de raifort en purée
1 trait de vinaigre rouge de vin vieux
sel fin, poivre du moulin

Préparation :
la veille, 5 min ; le jour même, environ 15 min
Égouttage : 24 h

La mère Léa

Les Plats

Poulet au vinaigre

C'est avec un poulet fermier de grande qualité et un très bon et vieux vinaigre de vin rouge vieilli en fût de chêne que vous retrouverez la saveur délicatement acide de cette recette lyonnaise. Léa l'accompagnait d'un gratin de macaronis onctueux, mais vous pouvez aussi le servir avec des pâtes fraîches enrobées de beurre.

Pour 4 personnes
1 poulet fermier de 1,5 kg, coupé en 4 morceaux
4 gousses d'ail
2 échalotes
1 litre de bouillon de volaille
15 cl de crème fraîche liquide
1 cuil. à soupe de concentré de tomates
30 cl de vinaigre de vin rouge vieux
1 cuil. à soupe de vinaigre à l'estragon
2 cuil. à soupe d'huile
1 cuil. à soupe de fécule
sel fin, poivre du moulin

Préparation : 15 min
Cuisson : environ 50 min

Récupérez la graisse des morceaux de poulet. Pelez et émincez très finement les gousses d'ail et les échalotes.

Mettez les morceaux de graisse (ou, à défaut, 2 cuillerées à soupe d'huile) à chauffer dans une cocotte sur feu moyen. Faites-y revenir les échalotes et l'ail hachés en les gardant translucides. Ajoutez le concentré de tomates, mélangez quelques minutes puis arrosez de vinaigre de vin rouge. Laissez réduire jusqu'à ce que le jus soit sirupeux. Versez alors le bouillon de volaille, portez à ébullition puis réduisez le feu sous la cocotte.

Assaisonnez les morceaux de poulet de sel et poivre. Faites chauffer l'huile dans une poêle et faites-y blondir les morceaux de tous côtés. Retirez-les, séchez-les dans un linge de cuisine et ajoutez-les dans le bouillon. Portez à ébullition. Réduisez le feu, couvrez et laissez mijoter environ 20 min.

Retirez les morceaux de poulet de la cocotte et gardez-les au chaud. Enlevez le cœur et le foie, écrasez-les à la fourchette dans la sauce. Diluez la fécule dans un peu d'eau froide. Versez-la dans la sauce bouillante et fouettez vivement. Ajoutez la crème fraîche et le vinaigre à l'estragon, portez à ébullition puis réduisez le feu et laissez mijoter quelques minutes.

Versez la sauce bouillante sur les morceaux de volaille en la passant dans un tamis fin.
Servez aussitôt le poulet au vinaigre, accompagné d'un gratin de macaronis (p. 143).

La mère Léa

Les Plats
140

Gratin de cardons à la moelle

Le cardon est, en hiver, le favori des Lyonnais mais aussi des Provençaux car il fait partie du traditionnel souper de Noël provençal. Ce légume « oublié » appartient à la même famille botanique que l'artichaut. Comme lui, une fois cuisiné il ne se conserve pas plus d'une journée.

Protégez-vous les mains avec des gants car le jus qui s'écoule des cardons a la propriété de noircir les doigts. Arrachez les tiges vertes et dures et n'utilisez que les côtes blanches et tendres. À l'aide d'un couteau économe, épluchez les tiges en retirant soigneusement les parties filandreuses.

Préparez une grande jatte d'eau fraîche. Détaillez les tiges en tronçons d'environ 2 cm et jetez-les dans l'eau sans attendre pour éviter que les cardons ne s'oxydent. À ce moment-là, vous pouvez retirer vos gants.

Portez à ébullition 2 litres d'eau dans une casserole en acier inoxydable (surtout pas en aluminium). Jetez-y 1 poignée de gros sel, la graisse de rognon (ou le beurre détaillé en petits morceaux) et les cardons égouttés. Laissez cuire environ 1 h, selon la fraîcheur et la grosseur des cardons : ils sont cuits lorsqu'ils cèdent sous la pression des doigts.

Mettez le beurre à fondre dans une casserole. Dès qu'il chante, mélangez-y vivement la farine. Lorsque le mélange commence à blondir, ajoutez environ 50 cl du jus de cuisson des cardons. Laissez mijoter 10 min environ en fouettant de temps en temps. Rectifiez l'assaisonnement.

Mettez les cardons dans un plat à gratin, recouvrez-les uniformément de sauce et parsemez dessus la chapelure et le gruyère râpé. Glissez le plat dans le four préchauffé à 200 °C (th. 6-7) et laissez cuire environ 15 min.

Pendant ce temps, plongez l'os à moelle quelques minutes dans de l'eau bouillante. Égouttez-le et retirez le tronçon de moelle. Détaillez celui-ci en lamelles. Sortez le plat et répartissez les lamelles de moelle dessus. Glissez dans le four et laissez cuire encore 5 min. Servez aussitôt.

Pour 4 personnes

3 kg de cardons
(ou 1 kg prêt à cuire)
1 gros os à moelle
1/2 boule de graisse
de rognon de bœuf
(ou 20 g de beurre)
50 g de farine
50 g de beurre
2 cuil. à soupe
de chapelure
1 bonne poignée
de gruyère râpé
gros sel, sel fin, poivre
du moulin

Préparation : 45 min
Cuisson : environ 1 h 40

La mère Léa

Les Plats

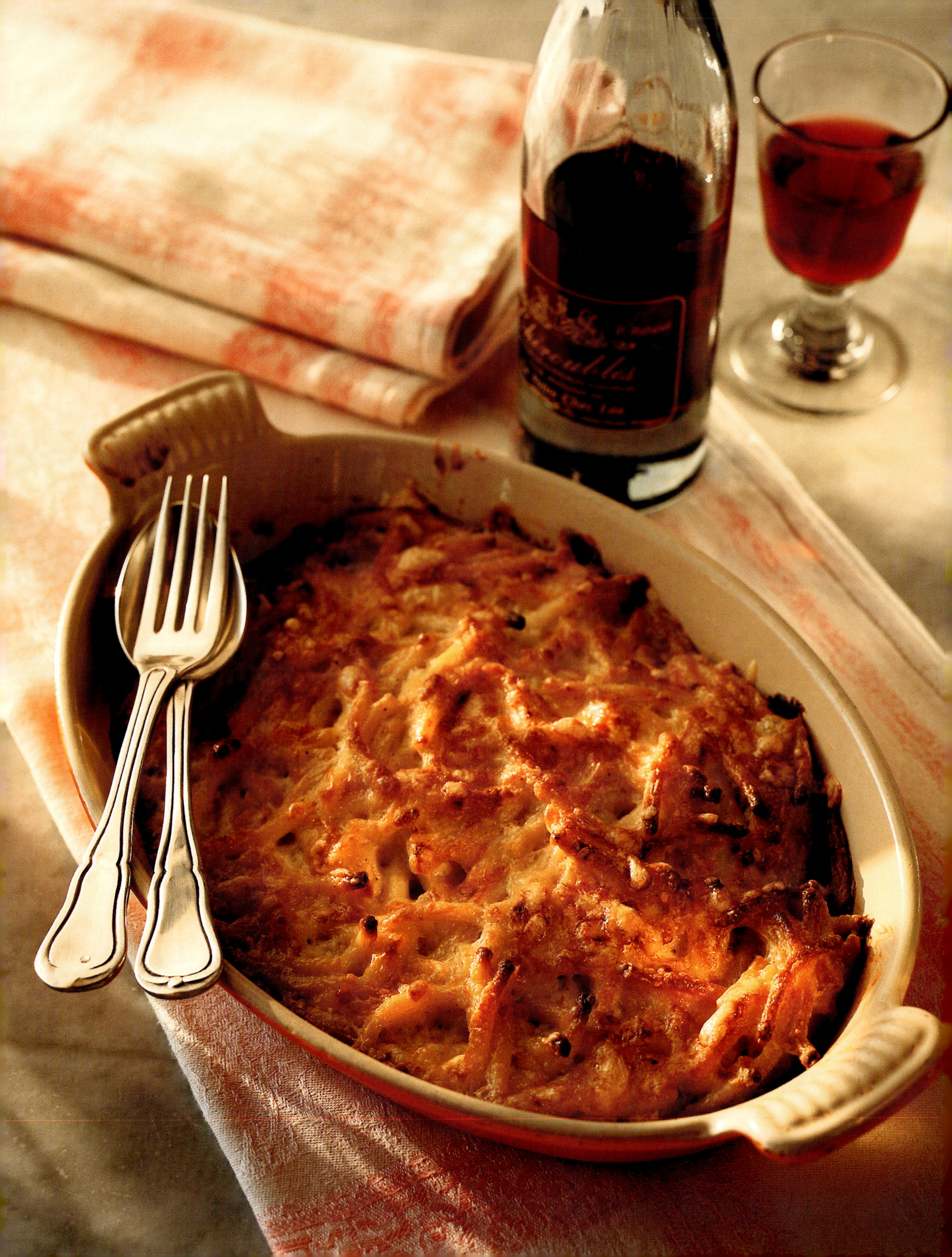

Gratin de macaronis

C'était le plat préféré de son Gaby, et Léa piquait une de ses fameuses colères lorsqu'un client se permettait de laisser de « son » gratin dans l'assiette. Choisissez plutôt des macaronis de la grosseur d'un beau fétu de paille.

Portez à ébullition 3 litres d'eau, jetez-y 1 généreuse poignée de gros sel et ajoutez l'huile, versez en pluie les macaronis. Dès la reprise de l'ébullition, mélangez-les à l'aide d'une longue cuillère en bois et laissez-les cuire 3 min.

Versez la crème et le lait dans une casserole. Portez à ébullition sur feu doux et retirez du feu.

Mettez le beurre à fondre dans une casserole. Dès qu'il est chaud, mélangez-y la farine et laissez cuire quelques minutes.

Ajoutez la crème et le lait bouillant en fouettant vivement. Assaisonnez de sel et poivre.

Égouttez les macaronis et rafraîchissez-les sous l'eau froide. Ajoutez-les dans la sauce bouillante et laissez-les cuire 4 min (ou plus, ou moins, selon leur grosseur).

Râpez le gruyère avec une râpe à gros trous. Versez les macaronis dans un plat à gratin. Parsemez-les uniformément de gruyère râpé. Glissez le plat sous le gril du four et, dès que le gratin est bien doré, dégustez.

Pour 4 personnes
200 g de macaronis
30 cl de lait entier
20 cl de crème fraîche liquide
40 g de beurre
40 g de gruyère
15 g de farine
1 cuil. à soupe d'huile
gros sel, sel fin, poivre du moulin

Préparation : 5 min
Cuisson : environ 20 min

La mère Léa

Les Plats

Gigot à l'ananas

Pour la marinade du gigot, Léa utilisait la lie d'un bon vin rouge. Ce résidu, qui se dépose au fond des cuves, était récupéré par le vigneron lorsqu'il avait soutiré tout son vin. Léa choisissait la lie des meilleurs vins pour ses arômes puissants. Cette façon originale d'accommoder le gigot lui donne un goût de venaison.

Pour 8 personnes
1 gigot d'agneau d'environ 1,8 kg
1 ananas
1 gros oignon
2 échalotes
2 clous de girofle
2 feuilles de sauge
1 bouquet garni
1 litre de vin rouge corsé (au moins 14°)
2 cuil. à soupe de cognac
1 cuil. à soupe d'huile
30 g de beurre
1 cuil. à café de fécule
5 grains de poivre noir
sel, poivre du moulin

Préparation : 20 min
Macération : 48 h
Cuisson : environ 45 min

48 h à l'avance, salez le gigot, mettez-le dans un plat creux pouvant juste le contenir et versez le vin à hauteur. Pelez les échalotes et l'oignon, coupez ce dernier en deux et piquez chaque moitié de 1 clou de girofle. Mettez-les dans le vin avec les échalotes, le bouquet garni ficelé avec les feuilles de sauge, le cognac, l'huile, les grains de poivre. Couvrez et laissez mariner 48 h au réfrigérateur.

Le jour même, retirez le gigot de la marinade. Séchez-le soigneusement dans un linge. Posez-le dans un plat à gratin. Glissez-le dans le four préchauffé à 240 °C (th. 8) et faites-le dorer de tous côtés. Réduisez alors la température à 210 °C (th. 7).

À l'aide d'une seringue à rôti, prélevez un peu de marinade et injectez-la en plusieurs endroits dans le gigot. Laissez cuire celui-ci 35 min pour une cuisson saignante et 45 min pour une cuisson à point. Continuez d'injecter de la marinade en cours de cuisson.

Pendant ce temps, préparez la compote d'ananas. Coupez le plumet et la base de l'ananas. Retirez l'écorce puis, de la pointe d'un petit couteau, enlevez soigneusement tous les « yeux ». Coupez l'ananas en quatre dans le sens de la hauteur, retirez le cœur dur et fibreux. Détaillez l'ananas en petits morceaux sur une planche munie d'une gorge pour récupérer le jus.

Mettez le beurre à chauffer dans une poêle sur feu doux. Faites-y revenir les morceaux d'ananas puis arrosez-les de jus, couvrez, et laissez mijoter jusqu'à ce qu'ils soient réduits en compote. Poivrez.

Passez le reste de la marinade dans un tamis au-dessus d'une casserole. Portez à ébullition sur feu doux. Diluez la fécule dans un peu d'eau. Versez-la dans la sauce et mélangez vivement. Laissez mijoter et rectifiez l'assaisonnement et l'onctuosité de la sauce.

Sortez le gigot du plat. Gardez-le au chaud sous une feuille de papier d'aluminium environ 10 min avant de le découper en tranches. Récupérez le jus qui s'écoule et ajoutez-le dans la sauce. Servez aussitôt.

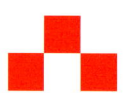

La mère Léa

Les Plats

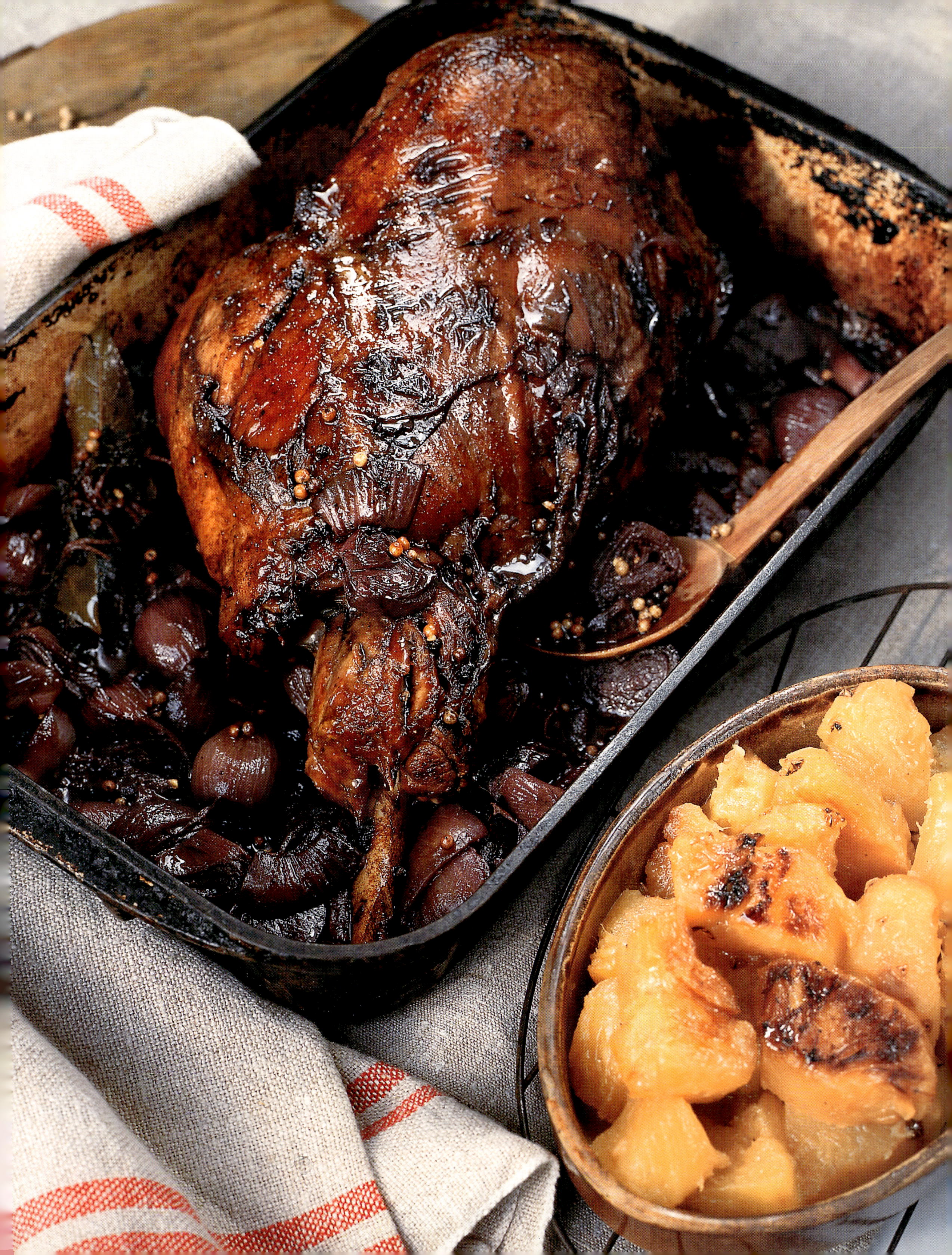

Civet de canard

Léa dégraissait soigneusement toutes les volailles qu'elle cuisinait. Avec cette graisse, elle les faisait rissoler ainsi que les légumes destinés à les accompagner. La liaison finale au sang étant délicate, il est préférable de placer la cocotte dans un bain-marie pour la réussir.

Pour 4 personnes
1 canette de Barbarie coupée en quatre
150 g de lard demi-sel
25 cl de sang de canard (à commander chez le volailler)
300 g de champignons de Paris
250 g d'oignons grelots
1 oignon
1 clou de girofle
2 échalotes
2 gousses d'ail
5 baies de genièvre
5 grains de poivre noir
1 bouquet garni
1 litre de vin rouge corsé (au moins 14°)
1 petit verre de cognac
40 g de beurre
1 cuil. à soupe de persil plat haché
sel, poivre

Préparation : 25 min
Macération : 48 h
Cuisson : 1 h

48 h à l'avance, récupérez la graisse sur les morceaux de canard. Pelez l'oignon et piquez-le du clou de girofle. Épluchez les gousses d'ail et les échalotes. Versez le vin dans une sauteuse. Ajoutez-y l'oignon, les échalotes, l'ail, le bouquet garni, les grains de poivre et de genièvre. Portez à ébullition sur feu doux. Salez les morceaux de canard et plongez-les dans la marinade bouillante. Retirez du feu. Couvrez. Laissez refroidir avant de garder 48 h au frais.

Le jour même, retirez les morceaux de canard de la marinade. Séchez-les soigneusement dans un linge de cuisine. Mettez 1 noix de graisse du canard à chauffer dans une cocotte, sur feu vif. Faites-y blondir les morceaux de canard. Versez le cognac et flambez.

Passez la marinade froide dans un tamis au-dessus de la sauteuse et portez à petite ébullition sur feu moyen. Réduisez le feu sous la sauteuse et laissez mijoter 20 min. À ce moment-là, retirez les filets de canard et gardez-les au chaud. Laissez mijoter les cuisses encore 20 min.

Pelez les oignons grelots. Mettez-les dans une casserole et couvrez-les à hauteur d'eau froide, assaisonnez-les de sel et poivre et déposez à la surface un papier sulfurisé badigeonné de beurre. Laissez cuire à petit feu jusqu'à ce qu'il ne reste presque plus d'eau.

Détaillez le lard en petits dés. Plongez les lardons dans de l'eau bouillante. Retirez-les dès la reprise de l'ébullition et égouttez-les. Faites chauffer 1 noix de graisse dans une poêle et faites-y dorer les lardons.

Coupez le pied terreux et rincez les champignons sous un filet d'eau froide. Séchez-les dans un linge et coupez-les en dés. Ajoutez-les aux lardons avec le reste du beurre, mélangez et laissez cuire environ 5 min. Égouttez les oignons grelots et mettez-les également dans la poêle.

Retirez les cuisses de canard de la marinade. Faites réduire celle-ci sur feu doux. Diluez le sang avec 1 petite louche de marinade en fouettant vivement et reversez-le dans la marinade en remuant : ne faites surtout pas bouillir. Remettez les morceaux de canard dans la sauce chaude.

Disposez-les dans un plat creux. Répartissez la garniture aux champignons dessus. Nappez de sauce et parsemez de persil plat finement haché. Accompagnez de pâtes fraîches.

La mère Léa

Les Plats

Quiche normande au lard et à l'andouille

À l'andouille de Vire bien sûr ! « Vire en Normandie est le berceau et La Mecque de l'andouille. Elle a une chair ferme, moelleuse et savoureuse fleurant bon les parfums des bois, des prés et des vallons normands. » (Curnonsky) Fumées pendant un à deux mois au-dessus d'une cheminée où crépite doucement un feu au bois de hêtre, les andouilles de Vire sont remontées au fur et à mesure de leur fumaison.

Beurrez le moule à tarte avant d'y étaler la pâte feuilletée. Piquez le fond de pâte avec une fourchette, retirez l'excédent de pâte et pincez bien les bords. Mettez le moule au réfrigérateur au moins 30 min.

Détaillez la poitrine fumée en petits dés. Recouvrez ceux-ci d'eau froide et laissez cuire sur feu doux jusqu'au premier frémissement. Égouttez les lardons et séchez-les soigneusement. Enlevez la peau avant de détailler l'andouille en petits dés. Mélangez dans une jatte les dés d'andouille et de lard fumé.

Cassez les œufs dans un saladier et fouettez-les en omelette. Assaisonnez légèrement en sel (l'andouille et le lard le sont déjà) et poivrez. Versez la crème. Fouettez jusqu'à ce que le tout soit bien homogène.

Répartissez les dés d'andouille et de lard sur la pâte. Versez la crème dessus et glissez la quiche dans le four préchauffé à 180 °C (th. 6). Laissez cuire 35 min.

À la sortie du four, démoulez sur un plat. Servez la quiche bien chaude, accompagnée d'une salade.

Pour 6 personnes
250 g d'andouille de Vire
200 g de poitrine fumée
600 g de pâte feuilletée
3 œufs
50 cl de crème fraîche liquide
1 noisette de beurre
sel, poivre du moulin

Préparation : 15 min
Réfrigération : 30 min
Cuisson : environ 40 min

La mère Poulard

Les Plats

Luté de Saint-Jacques aux poireaux

Une recette d'une extrême délicatesse où se côtoient harmonieusement la saveur subtile des noix de Saint-Jacques et la rusticité des légumes. Cuites « à la coque », les noix de Saint-Jacques, dès qu'elles sont libérées de la pâte feuilletée lutée, laissent échapper des parfums inoubliables.

Pour 4 personnes
16 grosses coquilles Saint-Jacques
200 g de pâte feuilletée
3 blancs de poireau
100 g de cèpes
1 carotte
1/4 de radis noir
1 botte de ciboulette
50 g de beurre
1 jaune d'œuf
10 cl de crème fraîche liquide
10 cl de fumet de poisson (voir p. 122)
farine
gros sel, sel, poivre du moulin

Préparation : 20 min
Cuisson : environ 25 min

Demandez à votre poissonnier d'ouvrir les coquilles Saint-Jacques et de vous remettre également les coquilles vides.

Retirez le corail (vous l'utiliserez pour une salade ou une terrine). Rincez les noix de Saint-Jacques sous un filet d'eau fraîche en prenant soin d'enlever le petit boyau noir et le petit muscle du côté. Séchez-les dans un linge. Coupez chacune en deux dans le sens de l'épaisseur.

Lavez soigneusement 4 coquilles vides en les grattant sous l'eau fraîche.

Pelez et lavez la carotte, les blancs de poireau, le radis noir. Émincez-les en très fins bâtonnets. Nettoyez les cèpes avec un linge humide. Détaillez-les en fines lamelles.

Mettez à chauffer 25 g de beurre dans une sauteuse, sur feu très doux. Faites-y revenir les petits légumes en remuant. Assaisonnez de sel et poivre. Couvrez et laissez confire dans le beurre environ 10 min, sur feu très doux.

Dans une casserole, faites réduire légèrement le fumet de poisson sur feu moyen, ajoutez la crème et portez à ébullition. Incorporez alors le reste du beurre en fouettant. Retirez la sauce du feu et rectifiez l'assaisonnement.

Répartissez les légumes dans la coque la plus creuse de chaque coquille. Posez dessus quelques lamelles de cèpe et une rosace de Saint-Jacques, nappez de 2 cuillerées à soupe de sauce, parsemez de ciboulette ciselée et fermez avec la coque la plus plate (le « couvercle »).

Étalez la pâte feuilletée sur le plan de travail fariné et détaillez-la en 4 longues lanières d'environ 5 cm de largeur.

Badigeonnez le bord des coquilles Saint-Jacques avec un peu d'eau. Posez dessus 1 lanière de pâte feuilletée et pincez la pâte au niveau de l'attache des deux coques. Faites adhérer la pâte en appuyant légèrement avec l'index. Coupez l'excédent. Délayez le jaune d'œuf dans un peu d'eau, badigeonnez-en la pâte.

Étalez une couche confortable de gros sel dans la lèchefrite, calez-y les coquilles. Glissez dans le four préchauffé à 240 °C (th. 8) et laissez cuire 8 min : même à la sortie du four les ingrédients continuent de cuire.

Façonnez un petit lit de gros sel de mer dans chaque assiette. Posez-y les coquilles et servez aussitôt. Chaque convive brisera la croûte en pâte feuilletée et humera l'extraordinaire fumet qui s'en dégage.

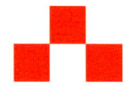

La mère Poulard

Les Plats

Turbotin au beurre blanc

Turbot et turbotin sont surnommés « faisans de la mer » en raison de leur majestueuse ampleur. Jadis, dans les riches fermes normandes, le turbot poché dans le lait délicatement salé et couronné de laurier constituait le plat traditionnel du jour des Cendres. Sur le coin du fourneau à charbon de la mère Poulard, il y avait toujours une grande marmite où frémissait un court-bouillon au lait.

Pelez les échalotes. Mettez-les entières dans une petite casserole, ajoutez 1 pincée de sucre, 1 verre d'eau froide et le beurre coupé en petites noisettes. Couvrez et laissez confire les échalotes sur feu très doux, jusqu'à ce qu'il ne reste presque plus de jus.

Épluchez les pommes de terre et faites-les cuire à l'eau bouillante salée environ 20 min, selon leur grosseur. Vérifiez la cuisson en les transperçant de la pointe d'un couteau.

Dans une grande sauteuse, versez environ 1 litre d'eau, le lait, ajoutez les grains de poivre, la badiane, le jus de citron. Portez à ébullition. Mettez les tronçons de turbotin dans ce court-bouillon et laissez pocher 10 min sur feu doux.

Pendant ce temps, préparez la sauce. Pelez et hachez finement les échalotes. Mettez-les dans une casserole avec le vin blanc et laissez cuire sur feu doux, jusqu'à ce qu'il ne reste plus de jus. Incorporez alors le beurre divisé en petits morceaux en fouettant vivement. Assaisonnez de sel et poivre. Passez la sauce dans un tamis fin et gardez-la au chaud dans un bain-marie.

Retirez les tronçons de poisson du court-bouillon et déposez-les dans un plat de service chaud. Accompagnez-les des pommes de terre égouttées. Parsemez de ciboulette ciselée. Disposez les échalotes confites tout autour. Présentez la sauce en saucière et servez aussitôt.

Pour 4 personnes
1 turbotin d'environ 1,2 kg, ébarbé et coupé en 4 tronçons
1 kg de pommes de terre (roseval)
10 échalotes
1 botte de ciboulette
le jus de 1 citron
30 cl de lait
20 g de beurre
1 pincée de sucre
1 badiane (anis étoilé)
5 grains de poivre
sel

La sauce :
2 échalotes
80 g de beurre
20 cl de vin blanc sec
sel, poivre blanc moulu

Préparation : 15 min
Cuisson : environ 40 min

La mère Poulard

Les Plats

Civet de homard à la bretonne

La mère Poulard préparait aussi ce civet de homard à la normande, c'est-à-dire avec de la crème fraîche du pays et des champignons. Aujourd'hui, les homards servis au restaurant de la mère Poulard proviennent exclusivement des îles Chausey toutes proches. Vous pouvez les voir nager dans le vivier de la salle de restaurant du rocher, leurs énormes pinces maintenues fermées par de solides liens en caoutchouc. La saveur particulièrement iodée et la chair très fine des homards des îles Chausey sont exceptionnelles.

Pour 4 personnes
2 homards bretons vivants, d'environ 600 g chacun
1 carotte
1 oignon
3 gousses d'ail
1 brindille de thym
1 feuille de laurier
1 tige d'estragon
20 cl de fumet de poisson (voir p. 122)
4 cl d'armagnac
8 cl de vin blanc sec (sauvignon)
20 g de beurre
5 cl de crème fraîche liquide
20 g de concentré de tomates
5 cl d'huile
1 pincée de piment de Cayenne
sel, poivre du moulin

Préparation : 20 min
Cuisson : environ 15 min

Pelez et détaillez en petits dés la carotte et l'oignon. Épluchez les gousses d'ail et écrasez-les en purée au presse-ail.

Sur une planche munie d'une gorge, découpez les homards vivants en médaillons. Vous pouvez les insensibiliser en enfonçant la pointe d'un couteau entre les antennes ou les mettre quelques heures au réfrigérateur car le froid les endort. Coupez les têtes en deux et retirez la petite poche de gravier (placée en haut vers la tête). Détachez les pinces et brisez-en la carapace de quelques coups de marteau. Récupérez dans une jatte le « sang » des homards et le corail de couleur verdâtre (il devient couleur corail à la cuisson). Si vous ne pouvez pas vous résoudre à couper les homards vivants, vous pouvez les plonger 1 minute dans de l'eau bouillante salée, les égoutter puis les découper.

Mettez l'huile à chauffer dans une large sauteuse, sur feu vif. Jetez-y les morceaux de homard et, dès que les carapaces rougissent, retirez la sauteuse. Jetez la graisse de cuisson. Remettez la sauteuse sur le feu et ajoutez les dés de légumes, la purée d'ail, le concentré de tomates, le vin blanc, le laurier et le thym. Mélangez quelques minutes. Versez l'armagnac et flambez. Ajoutez le « sang » des homards, le fumet de poisson. Portez à ébullition sur feu doux, puis réduisez le feu et laissez frémir environ 6 min. Assaisonnez de sel, poivre du moulin et piment de Cayenne.

Retirez les morceaux de homard de la sauteuse et gardez-les au chaud dans un plat creux chauffé au préalable. Remettez la sauteuse sur le feu, ajoutez-y la crème fraîche, puis le beurre en fouettant vivement. Enlevez les aromates, portez la sauce à ébullition et nappez-en les homards.

Saupoudrez le civet de homard d'estragon ciselé et servez sans attendre.

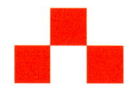

Les Plats

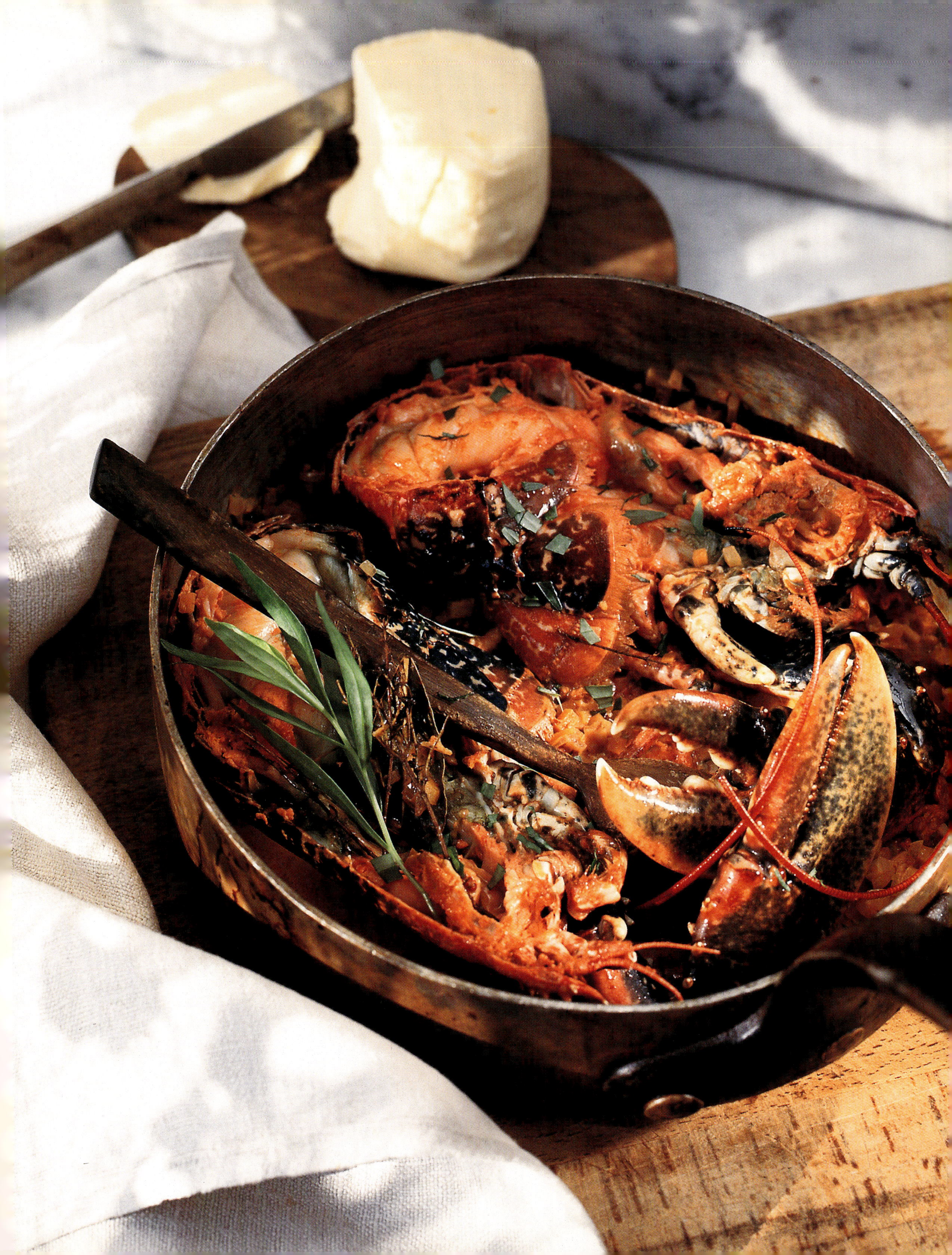

Gigotin d'agneau de pré-salé en croûte

De la rencontre de la mer et de la terre sont nés les prés-salés verdoyants où agneaux et moutons viennent paître les herbus, ces plantes saturées en sel de mer, et qui donnent à leur chair ce goût si particulier. Le grand classique de la mère Poulard était le gigot d'agneau du dimanche. Elle le proposait également en croûte, pour avoir le plaisir de tourner le feuilletage qu'elle préparait avec du beurre de baratte demi-sel.

Pour 8 personnes
1 gigot d'agneau d'environ 1,8 kg
500 g de pâte feuilletée
2 échalotes
1 carotte
1 gros oignon
1/2 poireau
1/2 botte de thym
20 g de beurre demi-sel
1 jaune d'œuf
25 cl de vin blanc sec
1 cuil. à café de concentré de tomates
5 cl d'huile d'olive
1 cuil. à soupe de farine
sel, poivre du moulin

La garniture :
800 g de haricots verts
40 g de beurre
gros sel

Préparation : 30 min
Cuisson : environ 3 h

Demandez à votre boucher de désosser le gigot d'agneau, de le découper en 8 parts égales, puis de concasser grossièrement les os. Mettez les os dans un plat à gratin. Glissez-les dans le four préchauffé à 220 °C (th. 7-8) et laissez-les brunir de 30 à 40 min.

Pelez la carotte, l'oignon et le blanc de poireau. Détaillez-les en gros morceaux et ajoutez-les dans le plat 10 min avant la fin de cuisson des os.

Sortez le plat du four et versez 20 cl de vin blanc en grattant pour détacher les sucs. Reversez le tout dans une cocotte. Ajoutez la farine et le concentré de tomates, mélangez quelques minutes puis recouvrez les os d'eau à hauteur. Couvrez et laissez mijoter 2 h : le jus doit devenir brun et sirupeux.

Pendant ce temps, salez et poivrez les gigotins. Parsemez-les de brindilles de thym émiettées. Mettez l'huile à chauffer dans une poêle, sur feu vif. Faites-y dorer les gigotins de tous côtés, puis laissez-les refroidir dans un plat.

Jetez la graisse de cuisson. Remettez la poêle sur le feu. Ajoutez-y les échalotes pelées et détaillées en rondelles, 1 brindille de thym, mélangez quelques minutes. Arrosez avec le reste du vin blanc en grattant pour détacher les sucs. Laissez réduire puis ajoutez le jus dans la cocotte où cuisent les os. Récupérez également le jus qui s'est écoulé des gigotins et ajoutez-le dans la cocotte.

Découpez la pâte feuilletée en huit. Étalez chaque pâton en un rectangle. Posez 1 gigotin parfaitement froid sur chaque rectangle, enveloppez-le de pâte et soudez les bords avec un pinceau trempé dans un peu d'eau. Procédez ainsi pour tous les gigotins.

Tapissez une plaque à pâtisserie d'une feuille de papier sulfurisé spécial cuisson. Posez les gigotins dessus sans qu'ils se touchent. Délayez le jaune d'œuf dans un peu d'eau et badigeonnez-en les gigotins. Glissez dans le four préchauffé à 220 °C (th. 7-8) et laissez cuire 8 min (pour une cuisson saignante).

Équeutez et effilez les haricots verts. Faites-les cuire 8 min dans de l'eau bouillante salée au gros sel. Égouttez-les. Au moment de servir, mettez le beurre à chauffer sur feu doux et faites-y revenir les haricots verts quelques minutes.

À la sortie du four, mettez les gigotins sur une grille à pâtisserie et laissez-les reposer 5 min. Passez le jus de cuisson de la cocotte dans un tamis fin au-dessus d'une casserole, incorporez-y le beurre demi-sel détaillé en noisettes en fouettant et versez ce jus bien chaud dans une saucière.

Servez les gigotins en croûte entourés des haricots verts.

La mère Poulard

Les Plats

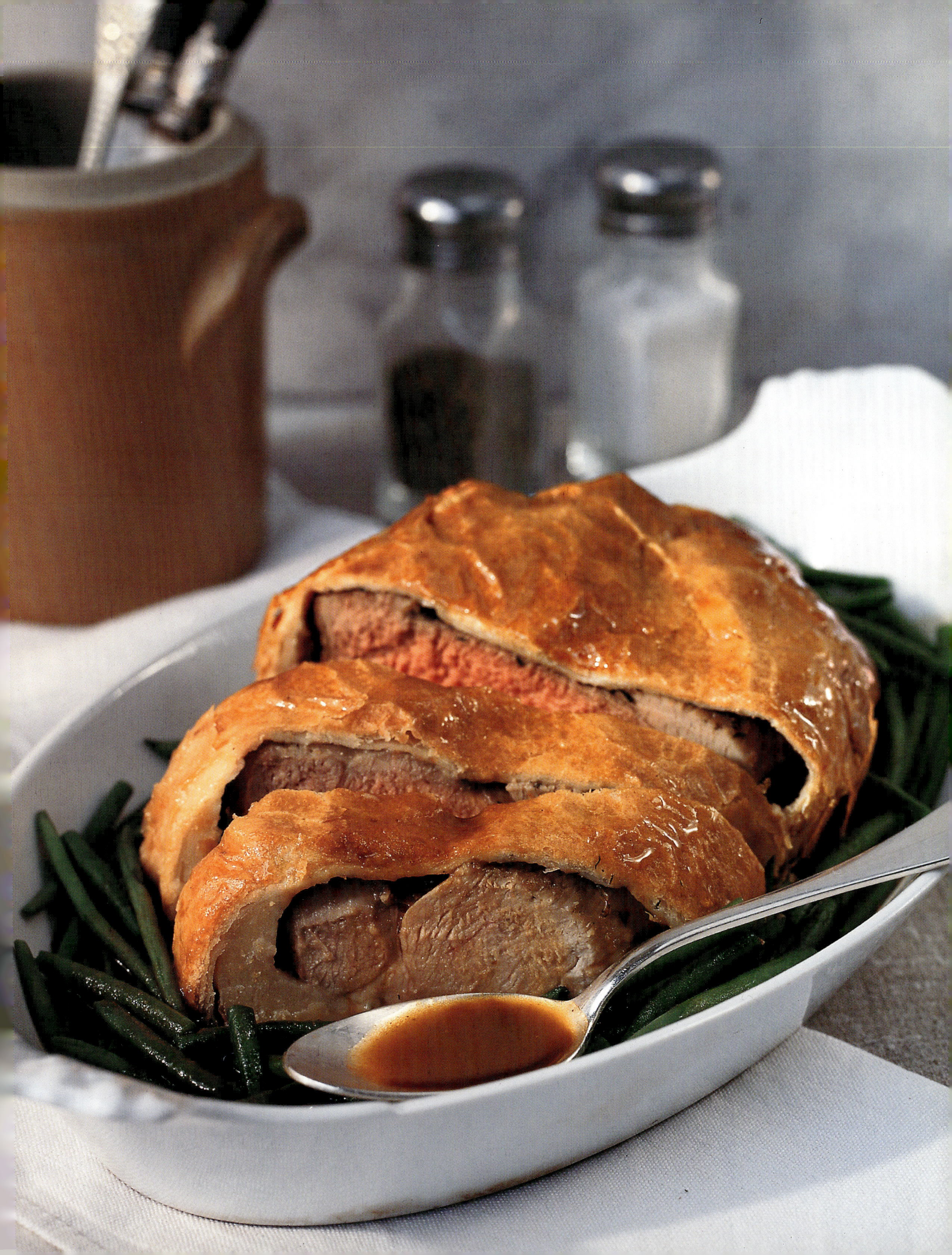

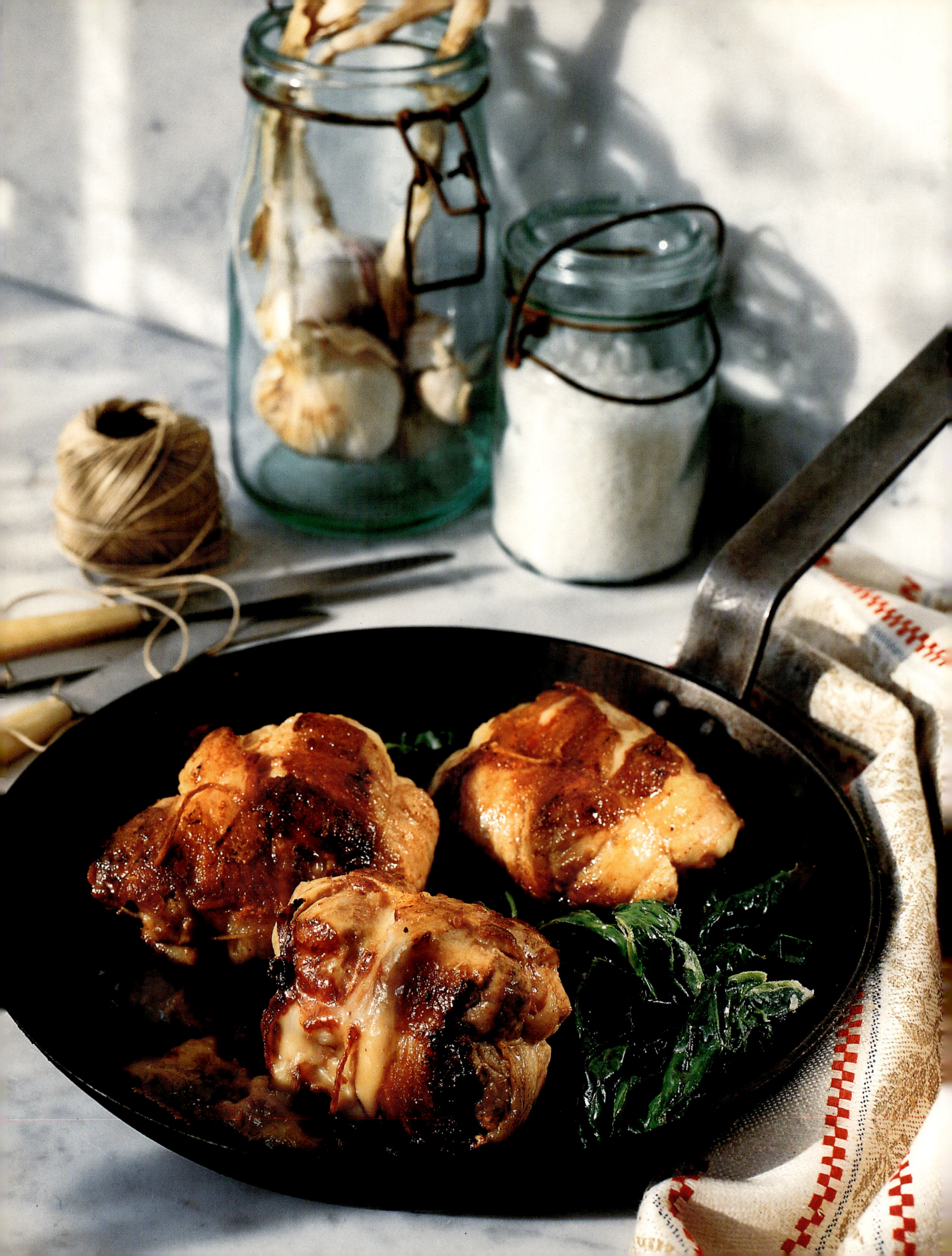

Noix de veau au livarot

Le livarot est le plus vieux fromage normand. En 1693, l'intendant J.B. Pommereu de la Bretesche le citait déjà comme étant de consommation courante à Paris. La mère Poulard l'utilisait « blanc », c'est-à-dire pas encore affiné. Il était donc plus moelleux et moins fort en goût.

Pelez la carotte et le demi-oignon. Détaillez-les en gros morceaux. Mettez à chauffer 1 noix de beurre sur feu moyen. Faites-y revenir les légumes en remuant quelques minutes. Arrosez de vermouth et laissez réduire un peu avant d'ajouter la crème fraîche. Portez à ébullition puis baissez le feu et laissez réduire de moitié. Passez la sauce dans un tamis fin au-dessus d'une casserole et mettez-la de côté.

Détaillez le livarot en bâtonnets. De la pointe d'un couteau, piquez ceux-ci profondément dans les pavés de veau. Retirez la couenne des tranches de lard fumé. Entourez chaque pavé d'une tranche de lard, ficelez. Assaisonnez de sel et poivre.

Équeutez les épinards, lavez-les rapidement dans de l'eau fraîche. Égouttez-les bien. Mettez le beurre demi-sel à chauffer sur feu doux, ajoutez-y les épinards et remuez. Assaisonnez de sel et poivre. Laissez cuire environ 8 min en mélangeant de temps en temps.

Faites chauffer l'huile sur feu vif dans une poêle. Posez-y les pavés et faites-les dorer de chaque côté. Réduisez le feu et laissez-les cuire 4 min de chaque côté.

Réchauffez la sauce et incorporez-y le reste du beurre divisé en noisettes en fouettant. Versez-la dans une saucière. Disposez les pavés au livarot au centre d'un plat de service, entourez-les des épinards et servez aussitôt avec la sauce à la crème.

Pour 4 personnes
4 pavés de noix de veau de 180 g chacun
4 tranches de lard fumé
1/2 livarot
100 g de beurre
30 cl de crème fraîche épaisse
1 carotte
1/2 oignon
10 cl de vermouth sec
5 cl d'huile d'arachide
sel fin, poivre du moulin
La garniture :
1,5 kg d'épinards en branches
40 g de beurre demi-sel

Préparation : 25 min
Cuisson : environ 20 min

La mère Poulard

Les Plats

Gâteau de neige à la crème anglaise

Une façon originale de préparer des œufs à la neige. Cuits dans un moule à charlotte chemisé d'un beau caramel roux, ils se transforment en une aérienne et délicate douceur qu'Adrienne présentait chaque jour sur son chariot des desserts.

Pour 8 personnes
12 œufs
1 litre de lait
10 morceaux de sucre
1 sachet de sucre vanillé
210 g de sucre cristallisé
1 gousse de vanille

Préparation : 5 min
Cuisson : environ 35 min

Mettez les morceaux de sucre dans une casserole avec 1 verre d'eau et faites cuire sur feu moyen jusqu'à ce que le caramel soit d'un joli roux doré. Versez-le dans un moule à charlotte et tapissez-en les parois (prenez un torchon de cuisine pour saisir le moule, vous éviterez de vous brûler).

Cassez les œufs en séparant les blancs des jaunes. Mettez les jaunes de côté dans une jatte. Montez les blancs en neige très ferme en y incorporant à mi-parcours le sucre vanillé et 60 g de sucre cristallisé. Versez les blancs délicatement dans le moule en tapotant un peu le fond sur le plan de travail pour tasser la préparation. (Il est plus facile, vu la puissance des batteurs ménagers, de monter les œufs en neige en deux fois et de les cuire également en deux fois.)

Mettez quelques feuilles de journal pliées en deux dans un plat à gratin pour éviter que le fond ne cuise trop, posez le moule dessus et versez de l'eau chaude à mi-hauteur. Glissez dans le four préchauffé à 150 °C (th. 5) et laissez cuire 15 min. À mi-cuisson, augmentez la température à 180 °C (th. 6).

À la sortie du four, insérez la lame fine d'un couteau entre le gâteau et la paroi et faites le tour du moule. Retournez le gâteau dans son moule sur un compotier : il se décollera tout seul. Gardez-le ensuite au réfrigérateur.

Pendant ce temps, préparez la crème anglaise. Mettez le lait à bouillir avec la gousse de vanille fendue en deux. Fouettez au batteur électrique les jaunes d'œufs avec 150 g de sucre cristallisé jusqu'à ce que le mélange soit bien mousseux. Versez le lait sans cesser de fouetter puis reversez la crème dans une casserole propre. Grattez les graines de la gousse et ajoutez-les dans la crème.

Remettez la casserole sur feu doux et faites cuire sans cesser de remuer jusqu'à ce que la crème nappe la cuillère : elle ne doit surtout pas bouillir. Stoppez net la cuisson en plongeant le fond de la casserole dans un récipient d'eau glacée.

Laissez refroidir la crème avant de la mettre au réfrigérateur.

Au moment de servir, versez la crème dans une jatte et offrez-la avec le gâteau de neige.

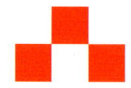

La mère Adrienne

Les Desserts

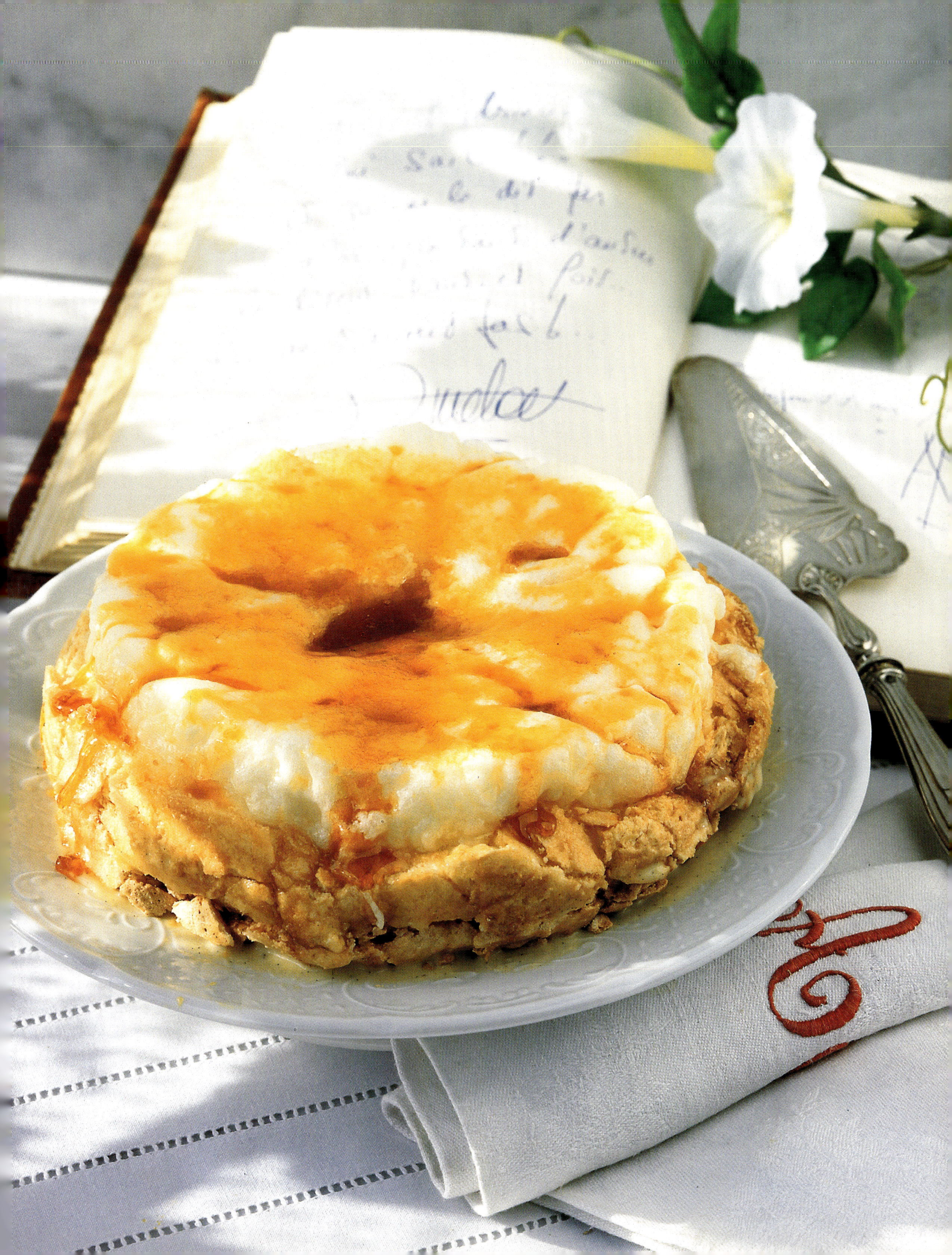

Omelette aux pêches

Un dessert fondant de bonheur au bon goût de l'enfance. Mi-omelette mi-gâteau, il est meilleur chaud ou tiède. Adrienne le préparait en début de service, le recouvrait d'une feuille de papier d'aluminium et le gardait au chaud dans le four à très basse température. Vous pouvez varier la garniture avec les fruits de saison (abricots, brugnons, nectarines, prunes).

Pour 4 personnes
4 pêches mûres
5 œufs
125 g de beurre
15 cl de lait concentré non sucré
10 cl de crème fraîche liquide
100 g de farine
100 g de sucre en poudre
1/2 sachet de levure chimique
1 citron non traité
2 cuil. à soupe de kirsch
1 petite pincée de sel fin

Préparation : 15 min
Repos : 30 min
Cuisson : environ 20 min

Mélangez le lait concentré avec la crème liquide. Lavez le citron et séchez-le. Râpez-en finement le zeste au-dessus d'une jatte. Tamisez la farine, mélangez-la au sucre avec la pincée de sel et la levure et creusez un puits au centre, ajoutez-y 3 œufs entiers et 2 jaunes (réservez les 2 blancs dans une jatte). Fouettez les œufs en les mélangeant petit à petit à la farine. Versez le lait et continuez de fouetter jusqu'à ce que la pâte soit fluide. Parfumez-la au kirsch.

Montez les blancs en neige et incorporez-les à la pâte. Couvrez d'un linge et laissez reposer 30 min.

Faites fondre 100 g de beurre dans une poêle, sur feu très doux. Ajoutez-le dans la pâte et remuez délicatement le tout.

Incisez leur base en croix et plongez les pêches 30 secondes dans de l'eau bouillante. Rafraîchissez-les sous l'eau froide. Retirez la peau, coupez-les en deux, enlevez le noyau et détaillez les pêches en petits dés ou en fines lamelles.

Mettez le reste du beurre à chanter dans une poêle à revêtement antiadhésif. Faites-y dorer les pêches en les retournant délicatement. Versez la pâte d'un seul coup sur les pêches et secouez la poêle pour uniformiser la surface de l'omelette. Laissez prendre sur les bords puis ramenez vers le centre. Laissez cuire environ 7 min.

Posez une assiette de même taille que la poêle sur l'omelette et, d'un mouvement vif et précis, retournez le tout. Glissez l'omelette dans la poêle sur sa face non cuite et laissez cuire de nouveau 5 min.

Déposez-la dans un plat de service chaud et dégustez.

La mère Adrienne

Les Desserts

Soufflé chaud au Grand-Marnier

Comme chacun sait, un soufflé n'attend pas, ce sont les convives qui l'attendent ! Marthe et Fernande Allard servaient ce voluptueux soufflé aérien tout au long de l'année, non sans connaître, à chaque fois, l'angoisse de la bonne température du four de l'antique fourneau à charbon. Il fallait, bien sûr, le réserver en début de repas car il était uniquement préparé à la commande. À la sortie du four, prestement poudré d'un nuage de sucre glace, le soufflé était servi sans attendre.

À l'aide d'un pinceau, beurrez uniformément 6 ramequins individuels ou un grand moule à soufflé. Saupoudrez-les de sucre en poudre et renversez-les en les tapotant pour retirer l'excédent. Mettez les ramequins ou le moule au réfrigérateur.

Faites bouillir le lait dans une casserole. Cassez les œufs en séparant les blancs des jaunes.

Faites chauffer 200 g de beurre sur feu très doux et, dès qu'il est à moitié fondu, retirez-le prestement du feu. Donnez un mouvement de va-et-vient à la casserole pour que le reste fonde petit à petit.

Versez le beurre dans une grande jatte, tamisez la farine au-dessus et mélangez en versant peu à peu le lait chaud. À l'aide d'un fouet, incorporez vigoureusement les jaunes d'œufs avec le sucre et le Grand-Marnier.

Ajoutez 1 pincée de sel fin dans les blancs et montez-les en neige bien ferme. À l'aide d'une cuillère en bois, incorporez-en la moitié dans la préparation au Grand-Marnier, en mélangeant de bas en haut avec des mouvements larges et ronds. Puis incorporez le reste, en effectuant toujours les mêmes mouvements.

Répartissez la préparation dans les ramequins sans dépasser les deux tiers de la hauteur pour éviter tout débordement.

Glissez aussitôt dans le four préchauffé à 180 °C (th. 6) et laissez cuire environ 15 min. Pour un grand moule à soufflé, comptez environ de 25 à 30 min de cuisson.

Mettez le sucre glace dans une petite passoire. Dès la sortie du four, saupoudrez le dessus des soufflés de sucre glace tamisé et servez sans attendre.

Pour 6 personnes
6 œufs
50 cl de lait entier
220 g de beurre
260 g de sucre en poudre
140 g de farine
3 cuil. à soupe de Grand-Marnier
1 cuil. à soupe de sucre glace
1 pincée de sel fin

Préparation : 20 min
Cuisson : environ 20 min

Les mères Allard

Les Desserts

Charlotte au chocolat

Cette charlotte, pur délice, est très facile à réaliser. Il est préférable d'utiliser des biscuits à la cuiller commandés chez le boulanger ou le pâtissier, car ils sont plus moelleux que ceux du commerce. De même, mieux vaut hacher le chocolat au couteau en fins éclats, car il fondra beaucoup plus vite et n'aura pas le temps de trop chauffer. Marthe avait l'habitude d'accompagner cette charlotte d'une onctueuse crème anglaise à la vanille.

Pour 8 personnes
125 g de chocolat noir à cuire (55 % de cacao)
3 œufs
200 g de beurre
80 g de sucre en poudre
10 cl de rhum
environ 20 biscuits à la cuiller
1 pincée de sel fin

Préparation :
la veille, 30 min
Cuisson : environ 10 min

La veille, préparez la mousse au chocolat. À l'aide d'un couteau, hachez finement le chocolat en éclats, mettez ceux-ci dans une jatte, arrosez-les de 2 cuillerées à soupe d'eau tiède et saupoudrez-les de 3 cuillerées à soupe de sucre.

Posez la jatte dans un bain-marie sur feu doux et laissez fondre doucement le chocolat.

Cassez les œufs en séparant les blancs des jaunes d'œufs. Incorporez les jaunes au chocolat et, à l'aide d'un batteur électrique, fouettez jusqu'à ce que le mélange devienne lisse.

Retirez la jatte du bain-marie. Détaillez le beurre en petites noisettes et incorporez-le au fur et à mesure, sans cesser de fouetter au batteur électrique.

Ajoutez 1 pincée de sel fin dans les blancs et montez-les en neige bien ferme. Mélangez-en la moitié avec le chocolat en fouettant vivement pour obtenir une crème lisse, puis incorporez le reste et mélangez.

Versez 50 cl d'eau dans une casserole. Ajoutez le rhum et le reste du sucre, portez doucement à ébullition et laissez réduire de moitié. Laissez tiédir.

Tapissez le moule à charlotte de film alimentaire, en le faisant largement dépasser des bords pour démouler sans problème la charlotte. Taillez en biseau une des extrémités des biscuits à la cuiller. Trempez-les un par un dans le sirop au rhum et formez une étoile au fond du moule. Tapissez ensuite les parois de biscuits imbibés de sirop avant de verser la crème au chocolat dans le moule. Lissez la surface à l'aide d'une spatule et recouvrez le dessus de biscuits imbibés de sirop. Posez une assiette avec un poids et gardez la charlotte au réfrigérateur jusqu'au lendemain.

Le jour même, posez un plat à gâteau sur le moule et retournez-le. Démoulez la charlotte, retirez le film alimentaire, et servez avec une jatte de crème anglaise à la vanille.

Les mères Allard

Les Desserts

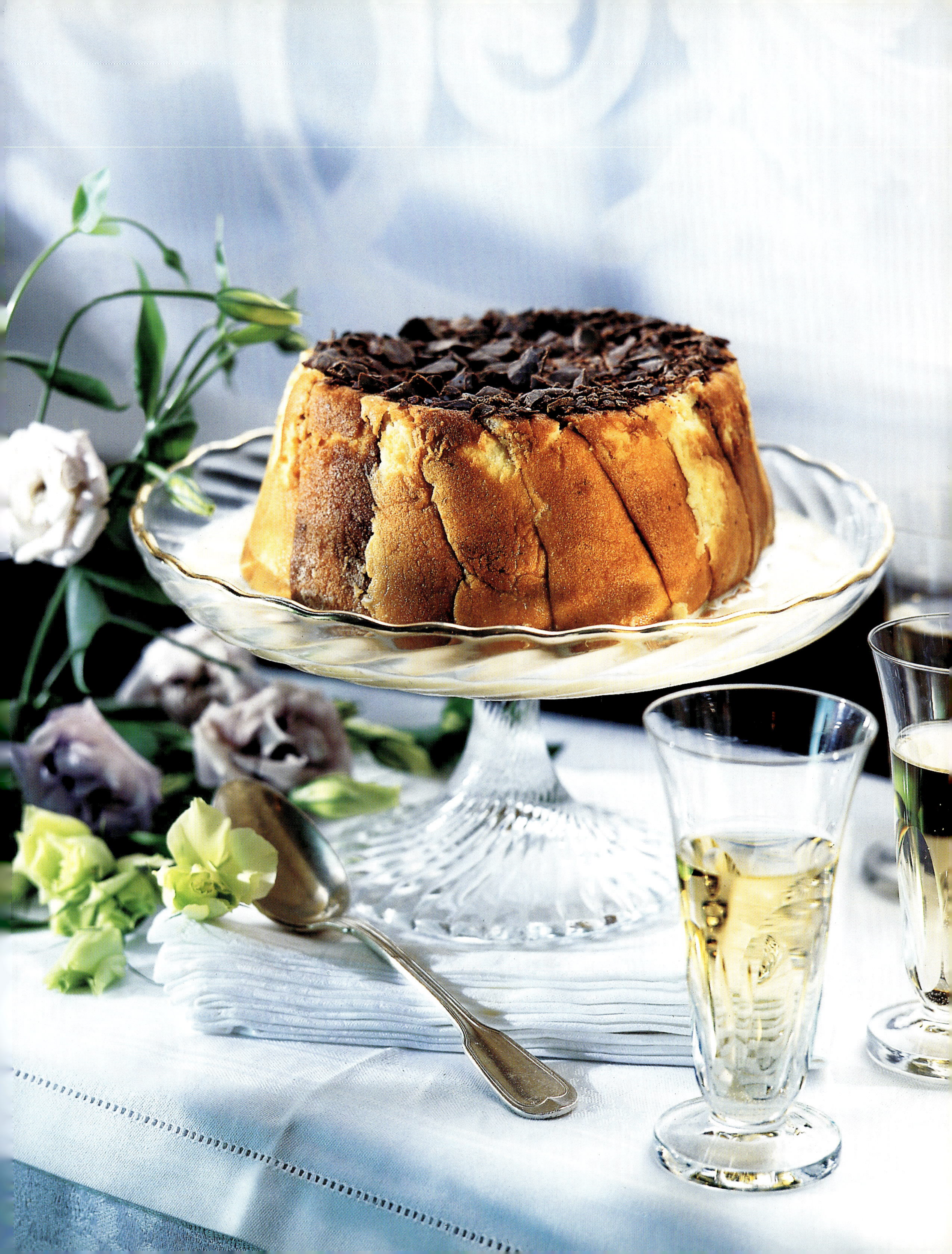

Tarte aux pommes

Marthe et Fernande Allard préparait cette tarte à l'automne et en hiver, à la saison des pommes de reinette et des reines de reinette. La couche de compote sur le fond de pâte donne une touche moelleuse qui contraste avec bonheur avec le croustillant de la tarte et des lamelles de pomme dorées.

Pour 6-8 personnes

La pâte demi-feuilletée :
- 500 g de farine
- 250 g de beurre
- 1 cuil. à soupe de saindoux
- 1/2 cuil. à café de sel fin

La garniture :
- 2-3 pommes de reinette
- 50 g de beurre

La compote :
- 1 kg de pommes de reinette
- le jus de 1/2 citron
- 125 g de sucre

Préparation :
- la veille, 15 min ;
- le jour même, 40 min
- **Cuisson :** environ 1 h
- **Réfrigération :** 12 h

La veille, laissez ramollir le morceau de beurre et le saindoux à température ambiante. Mettez la farine (sauf 1 poignée) dans une jatte. Parsemez-la de noisettes de beurre mou et de saindoux, saupoudrez de sel fin. Mélangez très rapidement. Arrosez de 10 cl d'eau, mélangez de nouveau puis, avec le plat de la main, appuyez deux fois sur la boule de pâte afin de l'homogénéiser. Ramassez la pâte en boule et saupoudrez-la du reste de farine. Gardez-la couverte d'un linge jusqu'au lendemain dans le réfrigérateur.

Le jour même, sortez la pâte du réfrigérateur. Étalez-la au rouleau sur le plan de travail fariné en un long rectangle. Repliez celui-ci en trois et tournez la pâte d'un quart de tour. Étalez-la de nouveau en un long rectangle puis repliez-la de la même façon en trois. Rassemblez le pâton formé en boule.

Beurrez le fond d'un moule à tarte. Étalez la pâte en un disque épais d'environ 3 mm puis posez-la dans le moule en retirant l'excédent sur les bords. Piquez le fond avec les dents d'une fourchette et mettez le moule garni de pâte au réfrigérateur.

Préparez la compote. Pelez les pommes, coupez-les en quatre et retirez les pépins. Arrosez les quartiers de quelques gouttes de jus de citron et coupez-les en lamelles. Mettez-les dans une casserole et arrosez-les d'environ 10 cl d'eau froide. Couvrez et laissez cuire 20 min sur feu doux en ajoutant, si cela est nécessaire, un peu d'eau. En fin de cuisson, saupoudrez de sucre. Mélangez jusqu'à ce que le sucre soit dissous dans la compote. Retirez la compote de la casserole et mettez-la dans une jatte afin qu'elle refroidisse complètement.

Épluchez les 2-3 pommes de la garniture. Coupez-les en quatre en retirant les pépins. Arrosez les quartiers de quelques gouttes de jus de citron et détaillez-les en fines lamelles.

À l'aide d'une spatule, étalez 1 cm de compote sur le fond de pâte demi-feuilletée. Recouvrez harmonieusement la compote d'une rosace de lamelles de pomme. Glissez la tarte à mi-hauteur dans le four préchauffé à 200 °C (th. 6-7) et laissez-la cuire environ 40 min : la pâte doit être croustillante et les pommes dorées. Recouvrez la tarte à mi-cuisson d'une feuille de papier d'aluminium si vous voyez que les pommes prennent trop de couleur.

À la sortie du four, démoulez la tarte et glissez-la sur une grille à pâtisserie. Dès qu'elle est tiède, dégustez.

Les mères Allard

Les Desserts

Île flottante aux pralines roses

Ce dessert délicat, que vous pouvez aussi réaliser dans des petits ramequins individuels, a été créé par Paulette Blanc avec les bons œufs frais de la Bresse et les pralines roses de Saint-Genix. Vous pouvez l'accompagner d'une brioche ou d'un gâteau chocolaté.

Beurrez un grand moule à soufflé ou à manqué, puis saupoudrez le fond et les parois d'une fine couche de sucre. Mettez les pralines dans un bol et concassez-les grossièrement au pilon.

Cassez les œufs en séparant les jaunes des blancs. Réservez les jaunes. Montez au batteur électrique les blancs avec 1 pincée de sel en neige ferme, puis saupoudrez-les de sucre. Continuez de fouetter pour bien incorporer le sucre. Ajoutez les pralines concassées et mélangez.

Versez les blancs en neige dans le moule. Posez celui-ci dans un bain-marie, glissez dans le four préchauffé à 150 °C (th. 5) et laissez cuire environ 20 min. Vérifiez la cuisson en posant deux doigts sur l'île flottante : le dessus ne doit pas coller. Laissez refroidir l'île flottante dans le moule avant de la démouler sur un plat de service.

Préparez la crème anglaise. Versez le lait dans une casserole avec la gousse de vanille fendue en deux et 100 g de sucre. Portez à ébullition sur feu doux. Ajoutez le sucre restant aux jaunes d'œufs réservés et aux 3 autres jaunes, et fouettez au batteur électrique jusqu'à ce que le mélange blanchisse. Versez doucement le lait bouillant dessus sans cesser de fouetter.

Versez cette crème dans une casserole propre, sur feu doux. Laissez-la cuire jusqu'au premier frémissement en remuant sans cesse à l'aide d'une cuillère en bois. Posez le fond de la casserole dans un bain d'eau froide afin de stopper net la cuisson de la crème. Continuez de mélanger 1 min. Passez la crème dans une passoire fine au-dessus d'une jatte et laissez-la tiédir. Gardez-la ensuite au réfrigérateur.

Au moment de servir, versez un peu de crème anglaise autour de l'île flottante et présentez le reste dans la jatte.

Vous pouvez accompagner ce dessert d'une génoise ou d'une brioche.

Pour 6 personnes
7 œufs
175 g de sucre en poudre
80 g de pralines roses
10 g de beurre
1 pincée de sel

La crème anglaise :
1 litre de lait entier
3 jaunes d'œufs
250 g de sucre en poudre
1 gousse de vanille

Préparation : 15 min
Cuisson : environ 20 min

La mère Blanc

Les Desserts

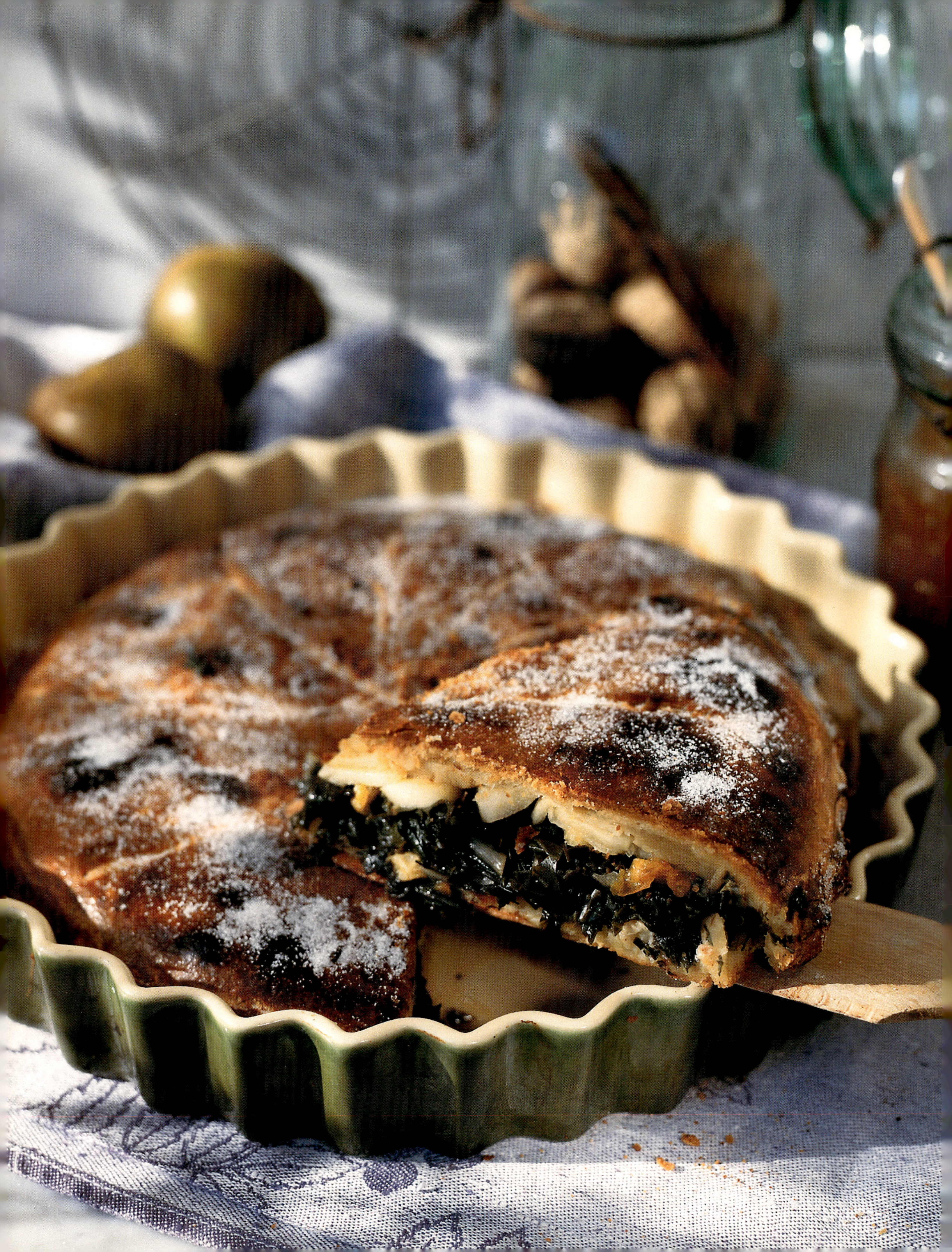

Tourte aux blettes

Ce dessert typiquement niçois se prépare avec le vert des blettes (ou bettes). La « petite blette de Nice », à petites feuilles plutôt vert clair, se trouve sur les marchés de la région tout au long de l'année mais n'est pas expédiée dans le reste de la France.

La veille, lavez les raisins secs et mettez-les à tremper dans une jatte d'eau tiède jusqu'au lendemain.

Le jour même, laissez ramollir le beurre à température ambiante. Lavez et séchez le citron, râpez-en le zeste. Hachez-le très finement si cela est nécessaire.

Versez la farine en fontaine sur une grande planche, saupoudrez-la de sel fin. Mettez au centre le beurre ramolli, le zeste du citron, les œufs, le sucre, le lait et le rhum. Mélangez bien puis saupoudrez la levure sur la pâte. Pétrissez en soulevant la pâte dans la paume de la main puis en l'aplatissant sur la planche : elle est prête lorsqu'elle est lisse et se détache des doigts. Couvrez-la d'un linge et laissez-la reposer 1 h à température ambiante.

Retirez le vert des blettes. Lavez ces feuilles puis plongez-les 1 minute dans de l'eau bouillante. Égouttez-les et rafraîchissez-les. Séchez-les dans un linge. Hachez-les finement.

Mélangez ce hachis dans une jatte avec les raisins égouttés, les pignons, la confiture d'abricots, le rhum (ou l'eau de fleur d'oranger).

Divisez la boule de pâte en deux. Badigeonnez d'huile une plaque à pâtisserie. Étalez le premier pâton sur le plan de travail fariné en un rectangle (ou si vous le désirez en un disque) et, à l'aide du rouleau à pâtisserie, déposez-le sur la plaque.

Garnissez ce rectangle de farce sur environ 1,5 cm d'épaisseur, sans aller jusqu'aux bords. Épluchez les pommes, découpez-les en fines lamelles et disposez celles-ci sur la farce.

Étalez le second pâton et appliquez-le sur la farce. Pincez les bords en façonnant un ourlet de pâte sur le pourtour.

Battez l'œuf dans un bol et badigeonnez-en la tourte. Entaillez régulièrement le dessus de la pâte.

Glissez la tourte dans le four préchauffé à 220 °C (th. 7-8) et laissez cuire environ 35 min en surveillant régulièrement.

À la sortie du four, saupoudrez généreusement la tourte de sucre en poudre. Déposez-la sur une grille à pâtisserie et laissez-la refroidir complètement. Gardez-la dans un endroit frais, elle se conservera plusieurs jours. Selon la mère Barale, cette tourte aux blettes est bien meilleure rassise.

Pour 1 tourte de 8 personnes

La pâte :
500 g de farine
200 g de beurre
100 g de sucre en poudre
2 œufs
6 cl de lait
1/2 verre à liqueur de rhum
1/2 citron non traité
1 paquet de levure chimique
5 g de sel fin
1 œuf pour la dorure
huile

La garniture :
1 kg de blettes
3 grosses pommes
100 g de raisins secs
100 g de confiture d'abricots
100 g de pignons de pin
6 cl de rhum (ou d'eau de fleur d'oranger)

Préparation : 40 min
Trempage : 24 h
Cuisson : environ 35 min
Repos : 1 h

La mère Barale

Les Desserts

Gâteau à l'orange

Cette recette, Elisa la tenait de sa maman Virginie, qui toujours souriante sous sa coiffe blanche secondait beaucoup sa fille. Une glace au caramel ou un soufflé glacé au Grand-Marnier souligne toute la délicatesse de ce gâteau.

Pour 6 personnes
2 oranges non traitées
2 œufs
150 g de beurre
150 g de sucre en poudre
1/2 paquet de levure chimique
115 g de farine
115 g de sucre glace
1 cuil. à soupe de kirsch
beurre et farine pour le moule

Préparation : 15 min
Cuisson : 30 min

Lavez les oranges et séchez-les. À l'aide d'un couteau zesteur, prélevez le zeste des 2 oranges en veillant à ne pas prendre la membrane blanche qui est amère. Hachez-le très finement.

Mettez le beurre à fondre dans une casserole sur feu très doux. Hors du feu, ajoutez-y le sucre en poudre et remuez jusqu'à ce que le mélange soit bien lisse. Pressez 1 orange et passez le jus dans une passoire fine au-dessus de ce mélange puis ajoutez 1 œuf. Mélangez, ajoutez l'autre œuf et remuez bien.

Tamisez la farine, mélangez-y la levure chimique et incorporez-la délicatement dans la pâte. Ajoutez le zeste haché (sauf 1 cuillerée à soupe pour la finition).

Beurrez et farinez un moule à manqué. Versez la pâte, glissez dans le four préchauffé à 210 °C (th. 7) et laissez cuire 10 min. Réduisez la température à 180 °C (th. 6) et laissez cuire encore 20 min.

Laissez tiédir le gâteau, puis démoulez-le sur une grille à pâtisserie posée sur une feuille de papier sulfurisé. Tamisez le sucre glace dans une jatte. Pressez 1/2 orange et passez le jus dans une passoire fine au-dessus de la jatte, ajoutez le kirsch, mélangez.

À l'aide d'une spatule à lame métallique, étalez le glaçage sur le dessus et les bords du gâteau refroidi. Parsemez de zeste d'orange haché. Laissez durcir le glaçage à température ambiante avant de glisser le gâteau sur un plat.

La mère Blanc

Les Desserts

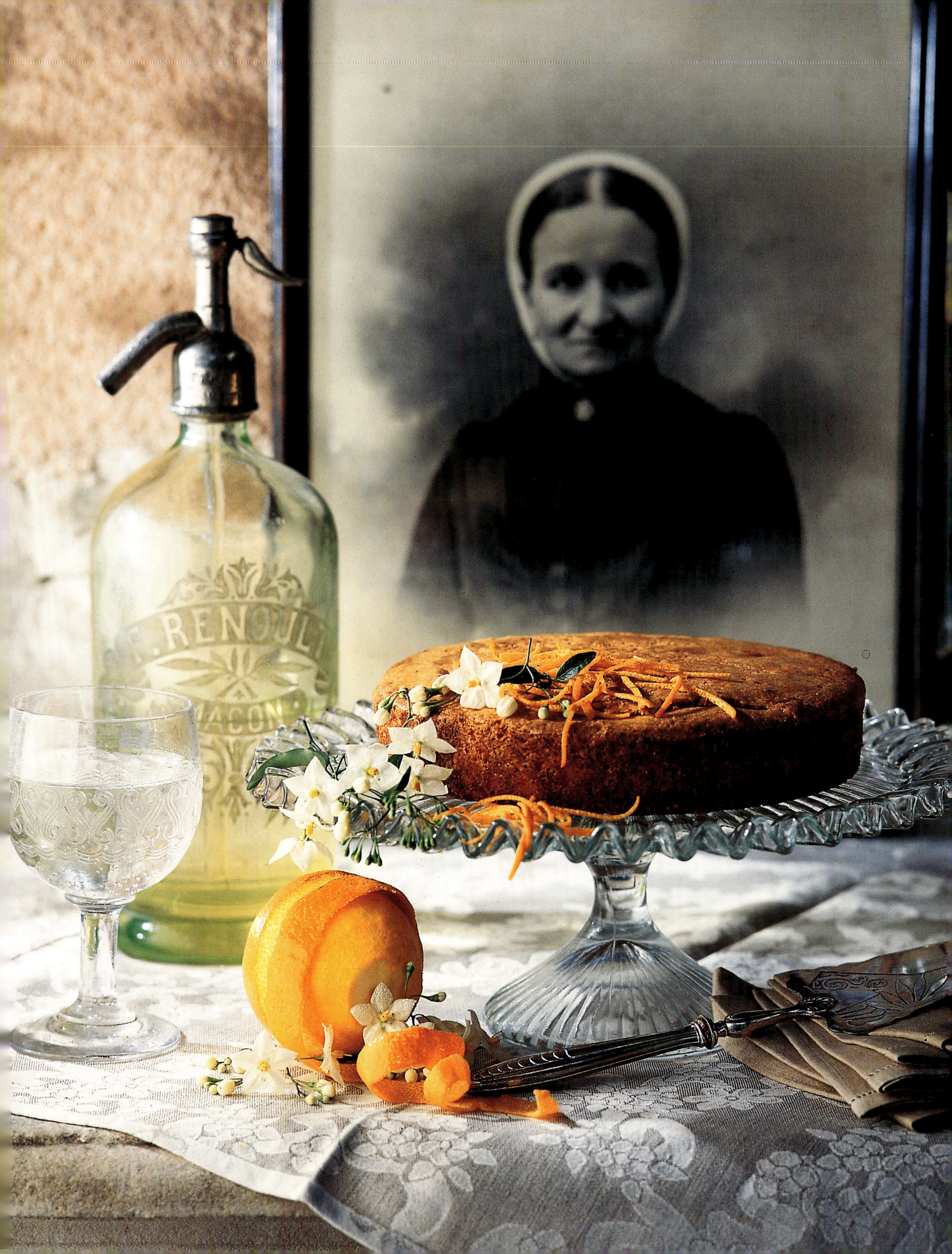

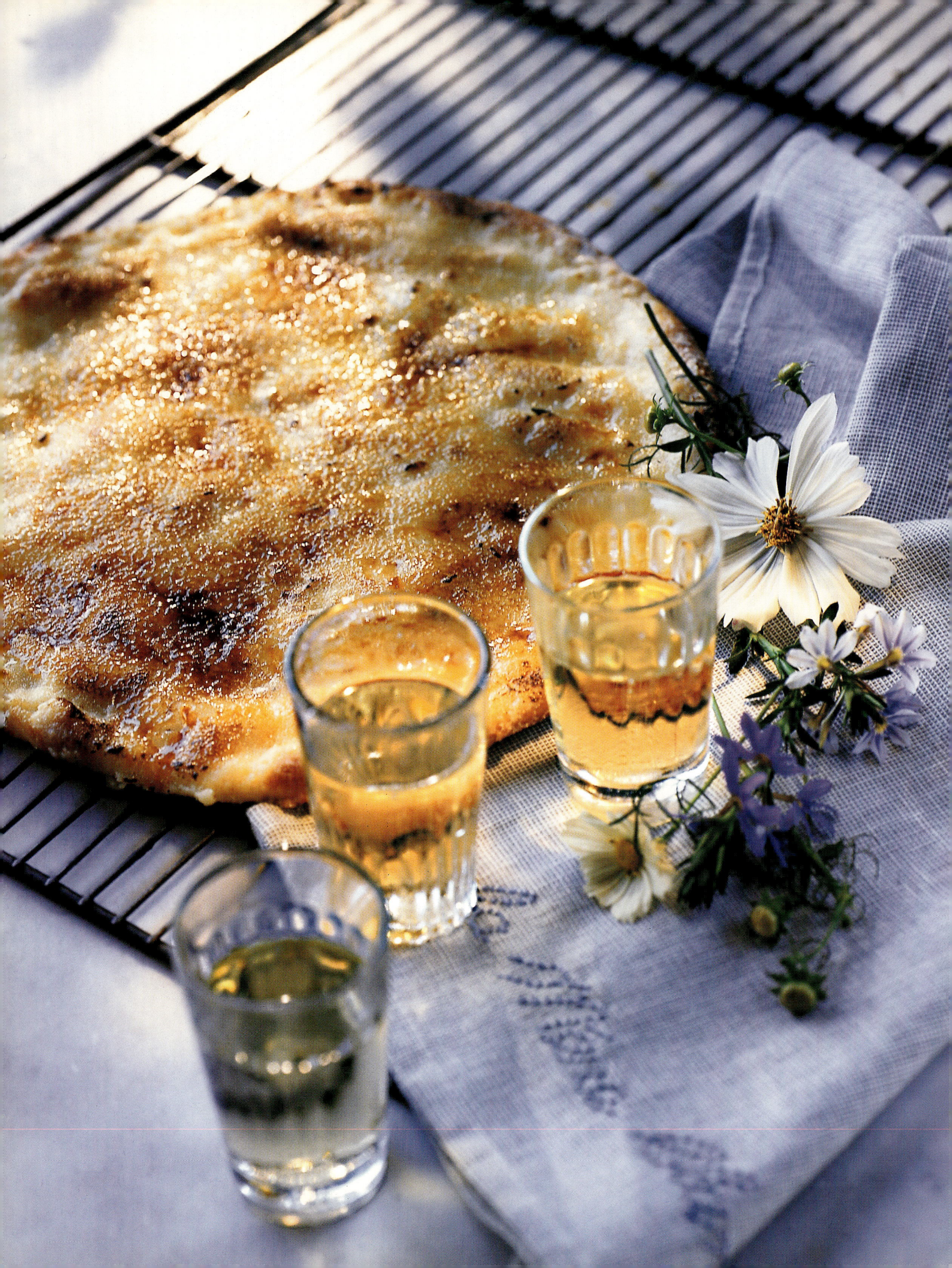

Galette au sucre

Georges Blanc est toujours resté fidèle à cette recette qu'il détient de son grand-père maternel, boulanger-pâtissier à Vonnas, la trouvant originale par l'utilisation de la crème fouettée en garniture de la pâte à brioche.

La veille, tamisez la farine dans une jatte, ajoutez le sel, le sucre, la levure émiettée, incorporez un par un les œufs et pétrissez d'une main jusqu'à ce que la pâte se détache des parois de la jatte.

Ajoutez le beurre coupé en morceaux et continuez de pétrir jusqu'à ce que la pâte se détache des parois. Gardez-la 45 min à température ambiante avant de la couvrir d'un linge de cuisine et de la mettre au réfrigérateur jusqu'au lendemain.

Le jour même, tapissez une plaque à pâtisserie d'une feuille de papier sulfurisé spécial cuisson. Posez la boule de pâte à brioche au centre et aplatissez-la de la paume de la main en un disque de 1/2 cm d'épaisseur. Couvrez-la d'un linge de cuisine et laissez-la lever environ 2 h à température ambiante et à l'abri des courants d'air.

Quand la pâte a doublé de volume, façonnez un rebord d'environ 1 cm de hauteur et piquez le centre de la pâte avec une fourchette. Battez légèrement l'œuf et badigeonnez-en le rebord à l'aide d'un pinceau, en veillant à ne pas faire de coulures sur la plaque du four : cela empêcherait la brioche de lever à la cuisson.

Mettez 3 min une jatte au congélateur, puis versez-y la crème fraîche liquide très froide et montez celle-ci en chantilly. À l'aide d'une spatule, étalez-la uniformément sur la pâte et saupoudrez de sucre. Glissez dans le four préchauffé à 240 °C (th. 8) et laissez cuire de 10 à 15 min. Vérifiez la cuisson en soulevant la pâte à l'aide d'une spatule : elle doit être légèrement blonde.

Déposez la galette sur une grille à pâtisserie et laissez-la tiédir avant de la servir.

Pour 4 personnes

La pâte à brioche (400 g) :
170 g de farine
2 œufs de calibre 65
80 g de beurre
20 g de sucre en poudre
7 g de levure de boulanger
1 pincée de sel

La garniture :
1 œuf
20 cl de crème fraîche liquide très froide
20 g de sucre en poudre

Préparation :
la veille, 20 min ;
le jour même, 20 min
Cuisson : environ 15 min
Repos : 2 h
Réfrigération : 12 h
Congélation : 3 min

La mère Blanc

Les Desserts

Glace aux pralines roses

Une spécialité de la mère Bourgeois. C'est Lassagne, chef de bouche du maréchal de France César de Choiseul, comte du Plessis-Praslin, qui eut l'idée de griller ensemble des amandes et du sucre. Cette douceur caramélisée, spécialité de Montargis, fut à la mode dès 1630. Les petites villes d'Aigueperse dans le Puy-de-Dôme et Vabres-l'Abbaye dans l'Aveyron en fabriquèrent aussi en les commercialisant dans des cornets.

Pour 1 litre de glace
12 jaunes d'œufs
50 cl de crème fraîche liquide
50 cl de lait cru entier
400 g de sucre en poudre
200 g de pralines roses

Préparation : 15 min
Cuisson : environ 20 min

À l'aide d'un pilon, réduisez les pralines en poudre. Versez la crème, le lait et les pralines en poudre dans une casserole et portez à ébullition sur feu doux.

Pendant ce temps, fouettez au batteur électrique les jaunes d'œufs avec le sucre en poudre jusqu'à ce que le mélange blanchisse. Versez le lait bouillant dessus en fouettant vivement.

Versez cette crème dans une casserole propre. Remplissez à moitié d'eau glacée un saladier et placez-le à côté de vous. Mettez la casserole sur feu doux et remuez à l'aide d'une cuillère en bois jusqu'à ce que la crème nappe le dos de la cuillère. Plongez sans attendre le fond de la casserole dans l'eau glacée afin de stopper net la cuisson. Remuez encore quelques minutes. Laissez refroidir complètement la crème avant de la mettre en sorbetière.

Vous pouvez conserver cette glace aux pralines roses dans votre congélateur, mais le mieux est de la servir sitôt qu'elle est prise en glace : à l'aide de deux cuillères, façonnez par personne 1 belle quenelle de glace toute fraîche, posez-la sur une assiette à dessert très froide et collez dessus 2 coques de meringue (p. 173).

La mère Bourgeois

Les Desserts

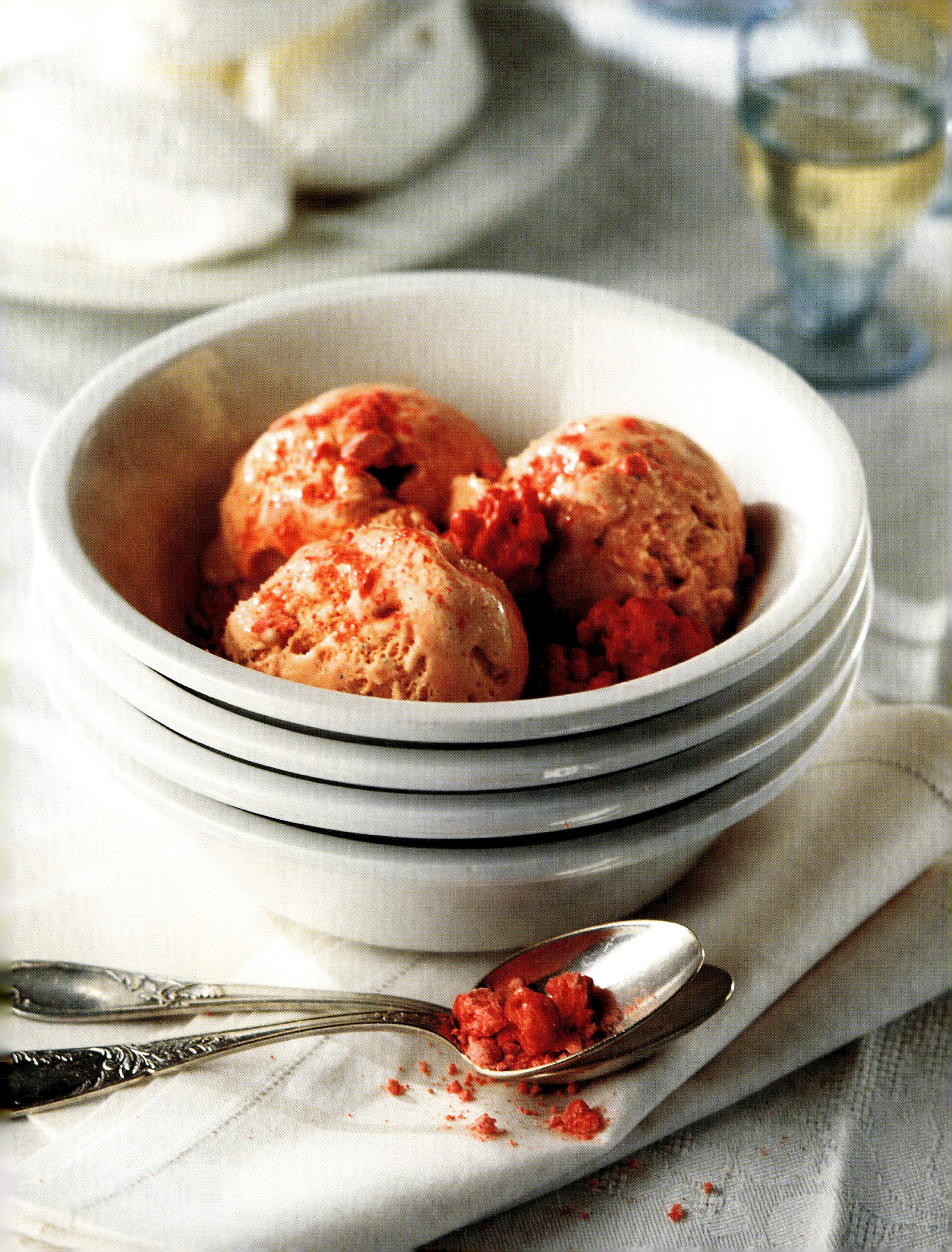

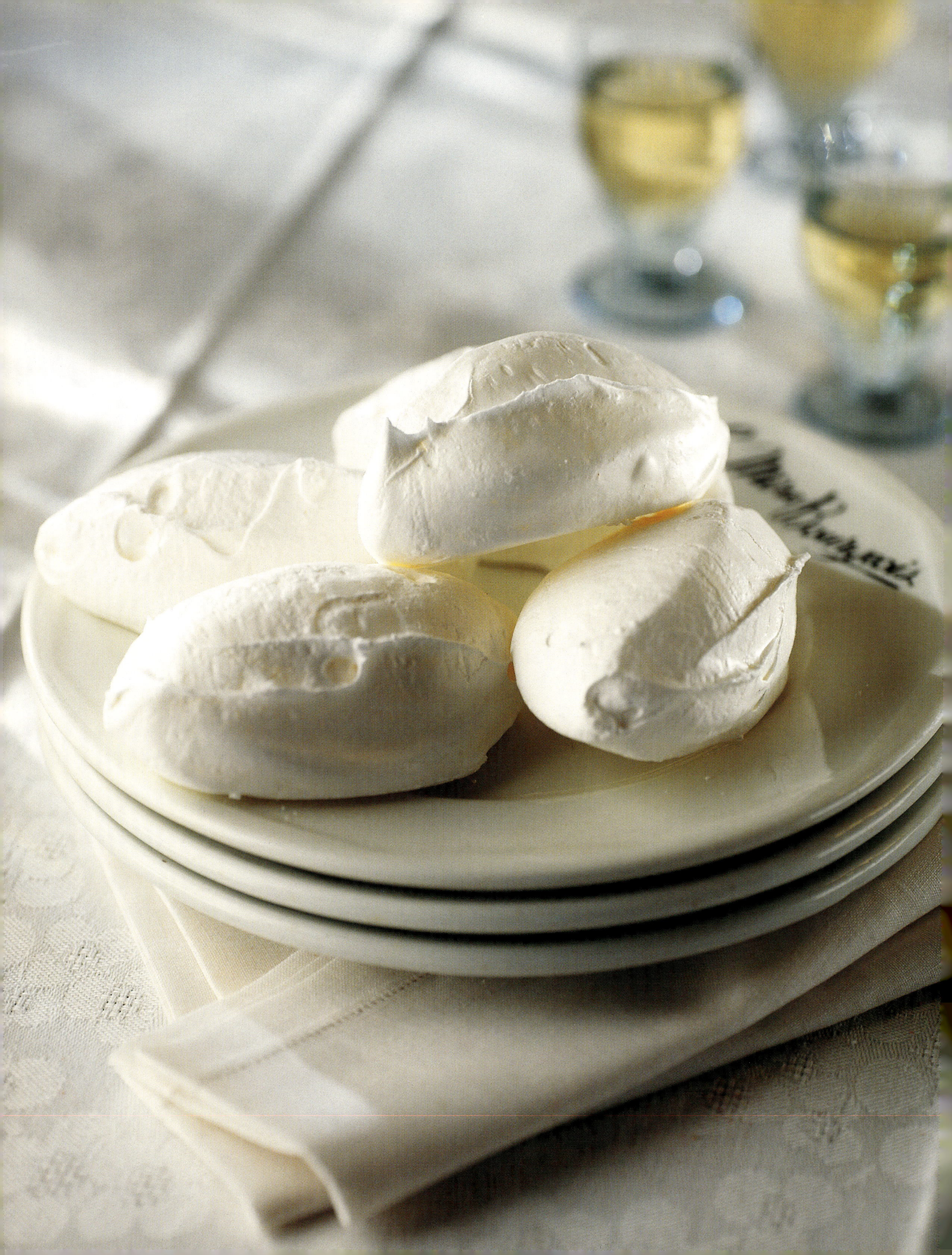

Meringue

La mère Bourgeois confectionnait des coques de meringue légères et aériennes avec les blancs d'œufs qu'elle n'utilisait pas pour préparer la glace aux pralines roses. Pour réussir parfaitement des meringues, il est préférable de garder les blancs d'œufs deux jours à température ambiante : ils vont ainsi se liquéfier et monter beaucoup plus facilement en neige.

Mettez les blancs d'œufs dans une grande jatte. Commencez à les fouetter au batteur électrique à vitesse moyenne. Dès qu'ils commencent à mousser, augmentez la vitesse. Quand ils ont doublé de volume, versez 250 g de sucre en pluie et continuez de fouetter jusqu'à ce qu'ils deviennent lisses et très brillants. À ce moment-là, versez en pluie le reste du sucre. Mélangez délicatement et assez rapidement à l'aide d'une spatule.

Tapissez une plaque à pâtisserie d'une feuille de papier sulfurisé spécial cuisson et déposez 1 goutte de blancs en neige à chaque coin.

À l'aide d'une cuillère à soupe, prélevez des petites coques et déposez-les sur le papier sans qu'elles se touchent ou procédez à l'aide d'une poche à douille cannelée.

Glissez la plaque dans le four préchauffé à 120 °C (th. 4) et laissez cuire 2 h. Réduisez la température à 80 °C (th. 2-3) et faites cuire au moins 6 h. Vous pouvez laisser les meringues sécher dans le four toute la nuit, four éteint et porte entrouverte.

À la sortie du four, rangez les meringues sur une grille à pâtisserie et laissez-les refroidir complètement. Elles se conservent plusieurs jours dans une boîte à biscuits en métal. Vous pouvez les garnir à votre guise de crème fouettée mélangée à des fraises des bois ou à un mélange de fruits rouges, ou les servir pour accompagner sorbets et glaces.

Pour environ 12 coques

250 g de blancs d'œufs

500 g de sucre en poudre

Préparation : 15 min

Cuisson : environ 8 h

La mère Bourgeois

Les Desserts

Choux à la crème

Garnis d'une crème pâtissière onctueuse, nappés d'un caramel blond roux craquant à souhait, les choux étaient chaque jour à l'honneur chez la mère Bourgeois. Il est préférable de les cuire au four dès que la pâte est prête afin d'éviter qu'ils ne se fendillent à la cuisson.

Pour environ 10 choux

La pâte :
- 7 œufs
- 200 g de beurre extrafin
- 300 g de farine
- 25 cl de lait
- 10 g de sucre
- 10 g de sel fin

La crème pâtissière :
- 6 jaunes d'œufs
- 50 cl de lait entier
- 1 gousse de vanille
- 150 g de sucre en poudre
- 40 g de farine
- 1 cuil. à soupe de kirsch ou de rhum
- 1 noisette de beurre

Le caramel :
- 100 g de sucre en poudre
- le jus de 1/2 citron

Préparation : 20 min
Cuisson : environ 40 min

Préparez la pâte. Versez le lait avec 25 cl d'eau dans une casserole. Ajoutez-y le beurre coupé en morceaux, le sel et le sucre et portez à ébullition sur feu doux.

Tamisez la farine dans une jatte. Retirez la casserole du feu et versez la farine d'un seul coup dans le liquide bouillant. Mélangez vivement à l'aide d'une cuillère en bois. Remettez sur feu doux et continuez de remuer jusqu'à ce que la pâte se détache des parois de la casserole.

Incorporez les œufs entiers un par un dans la pâte en fouettant vivement à chaque fois.

Tapissez une plaque à pâtisserie d'une feuille de papier sulfurisé spécial cuisson et maintenez les coins avec un minuscule morceau de pâte. Prélevez des cuillerées à soupe de pâte et déposez-les sur le papier, en les espaçant suffisamment car les choux vont gonfler à la cuisson. Vous pouvez également utiliser une poche à douille lisse.

Glissez la plaque dans le four préchauffé à 220 °C (th. 7-8) et laissez cuire 10 min. Réduisez la température à 200 °C (th. 6-7) et laissez cuire de nouveau 10 min en prenant soin de maintenir la porte du four entrouverte avec une cuillère, ce qui évitera aux choux de s'aplatir.

À la sortie du four, laissez-les refroidir sur une grille.

Préparez la crème pâtissière. Versez le lait dans une casserole, ajoutez la gousse de vanille fendue en deux en grattant les graines avec la pointe d'un couteau. Portez doucement à ébullition et retirez du feu.

Pendant ce temps, fouettez les jaunes d'œufs avec le sucre jusqu'à ce que le mélange blanchisse. Incorporez la farine et mélangez, puis versez le lait bouillant sans cesser de fouetter. Reversez la crème dans une casserole propre. Posez-la sur feu doux et mélangez jusqu'au premier bouillon. Retirez du feu et enlevez la gousse de vanille. Parfumez, si vous le désirez, la crème au kirsch ou au rhum. Passez 1 noisette de beurre à la surface et laissez refroidir complètement.

Mettez 100 g de sucre dans une casserole à fond épais, ajoutez 1 cuillerée à soupe d'eau et 2 gouttes de jus de citron. Faites cuire sur feu moyen et, dès que le caramel a pris une jolie teinte blond roux, retirez du feu.

En maintenant chaque chou par la base, trempez le dessus dans ce caramel. Posez les choux au fur et à mesure, côté caramélisé, sur une plaque à pâtisserie recouverte d'un papier sulfurisé spécial cuisson.

Pour les garnir, fendez légèrement les choux à la base et garnissez-les de crème à l'aide d'une poche à douille lisse. Dégustez-les le jour même.

Les Desserts

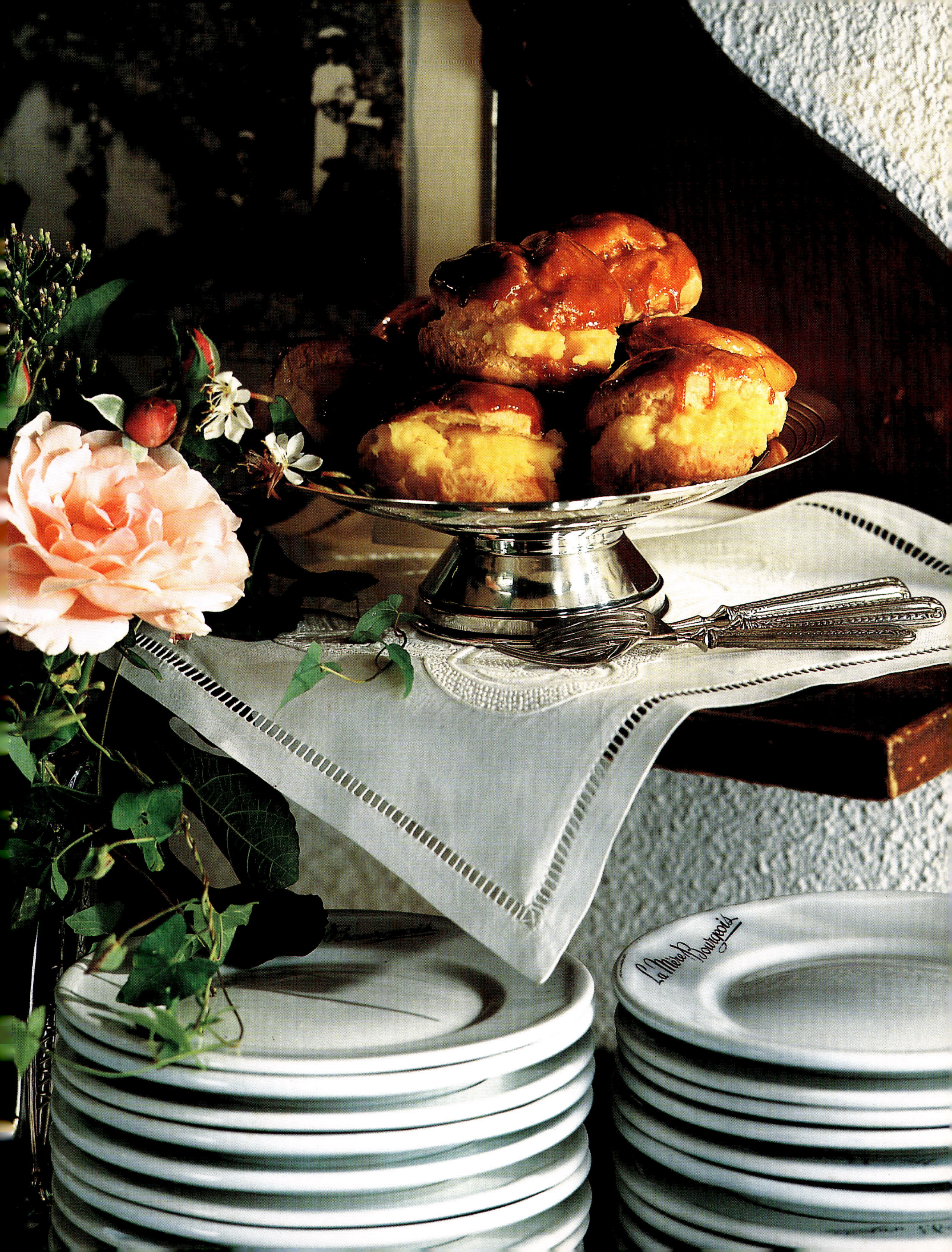
La Mère Bourgeois

Galette bressane

Cette galette sucrée, fondante, accompagnait invariablement la glace à la vanille recouverte de chocolat chaud. Eugénie Brazier la servait dans son restaurant à Lyon et au col de la Luère. Elle la réalisait déjà dans sa Bresse natale, avec, certes, beaucoup moins de beurre, puis chez les Milliat à Lyon, en 1914, où elle était « bonne à tout faire ».

Pour 2 galettes
de 6 personnes
500 g de farine
6 œufs
300 g de beurre extrafin
en pommade
1 tasse de lait
30 g de sucre semoule
10 g de levure fraîche
de boulanger
sel fin

La garniture :
100 g de beurre
200 g de sucre en poudre

Préparation :
la veille, 40 min ;
le jour même, 20 min
Cuisson : environ 30 min

La veille, faites tiédir très légèrement le lait. Émiettez-y la levure et diluez-la complètement.

Versez la farine en fontaine dans une jatte. Cassez les œufs au centre, saupoudrez les bords de sel fin et de sucre. Répartissez la levure et malaxez l'ensemble jusqu'à ce que la pâte soit homogène.

Incorporez à cette pâte le beurre coupé en morceaux et pétrissez-la au moins 15 min en la soulevant de bas en haut et en la claquant contre le fond de la jatte. Couvrez-la d'un linge et laissez-la doubler de volume 1 h au moins à température ambiante.

Pétrissez de nouveau la pâte 5 min, couvrez-la d'un linge et gardez-la au réfrigérateur jusqu'au lendemain.

Le jour même, pétrissez-la de nouveau avant de la diviser en deux pâtons. Étalez le premier en un disque de la taille du moule à tarte. Déposez la pâte dans le moule beurré. Couvrez d'un linge et laissez gonfler au moins 1 h, à température ambiante et à l'abri des courants d'air. Préparez une autre galette avec le second pâton. Disposez sur le fond de pâte une quinzaine de noisettes de beurre et saupoudrez généreusement de sucre. Faites de même pour la seconde galette.

Glissez les galettes dans le four préchauffé à 210 °C (th. 7) et laissez cuire environ 30 min. À la sortie du four, démoulez-les et posez-les sur une grille à pâtisserie.

Dégustez tiède ou froid, avec le café ou une glace à la vanille nappée de chocolat chaud.

La mère Brazier

Les Desserts

Sorbet à la carotte

C'était en mars 1979, et Gisèle Crouzier voulait préparer un sorbet rafraîchissant et original. Comme ce n'était pas la meilleure saison pour les fruits, elle mit au point la recette d'un surprenant et délicieux sorbet à base de carottes parfumées à la liqueur de mandarine impériale. Aujourd'hui encore, ce sorbet est servi au milieu du repas.

Pelez les carottes et coupez-les en morceaux. Mettez-les dans une casserole et couvrez-les d'eau froide. Laissez-les cuire environ 20 min.

Égouttez les carottes en récupérant leur jus de cuisson. Écrasez-les en purée au moulin à légumes.

Versez 50 cl de jus de cuisson des carottes dans une casserole, ajoutez-y le sucre et faites chauffer sur feu doux. Dès l'ébullition, laissez cuire 2 min puis retirez du feu.

Mélangez la purée de carottes au sirop de sucre, puis ajoutez les jus de citron et d'orange, la crème fraîche, la liqueur de mandarine. Mélangez bien et versez le tout dans une sorbetière. Faites prendre en sorbet selon le mode d'emploi de votre appareil.

Au moment de servir, prélevez 1 boule de sorbet par personne et déposez-la dans une coupelle. Arrosez très légèrement d'un trait de liqueur de mandarine impériale et accompagnez d'un petit gâteau sec.

Pour 50 cl de sorbet

1 kg de carottes
500 g de sucre
15 cl de jus d'orange
7 cl de jus de citron
4 cuil. à soupe de crème fraîche
10 cl de liqueur de mandarine impériale

Préparation : 10 min
Cuisson : environ 25 min

La mère Crouzier

Les Desserts

Feuilleté chaud aux pommes

Un des rares desserts que Paulette Castaing préparait. Elle prenait en effet plaisir à manipuler la pâte feuilletée et adorait les pommes de reinette. Celles-ci se conservaient plusieurs mois sans problème sur des clayettes, dans une des caves du domaine. Pour vous faciliter la tâche, vous pouvez commander chez le boulanger ou le pâtissier de la pâte feuilletée de belle qualité.

Pour 6 personnes
6 pommes de reinette
le jus de 1 citron
200 g de crème fraîche épaisse
80 g de beurre
20 g de sucre en poudre
1 jaune d'œuf
sucre glace

La pâte :
200 g de farine
200 g de beurre extrafin
5 g de sel fin

La crème pâtissière :
3 jaunes d'œufs
25 cl de lait entier
1/2 gousse de vanille
75 g de sucre en poudre
20 g de Maïzena
10 g de beurre

Préparation : 30 min
Repos : environ 3 h
Réfrigération : 30 min
Cuisson : environ 50 min

Disposez la farine tamisée en fontaine. Mettez au centre 10 cl d'eau et le sel. Pétrissez rapidement en une boule. Laissez reposer celle-ci 20 min au frais.

Mettez le morceau de beurre entre deux feuilles de film alimentaire. Tapez-le avec un rouleau afin de le rendre homogène tout en le gardant ferme. Étalez la pâte en carré sur le plan de travail fariné. Posez le beurre sur la première moitié, rabattez l'autre côté dessus. Tournez la pâte d'un quart de tour, étalez-la en un rectangle d'épaisseur régulière. Repliez-la en trois et laissez-la reposer 20 min au réfrigérateur. Reprenez la pâte, étalez-la en rectangle, repliez-la en trois, tournez-la d'un quart de tour. Mettez-la de nouveau 20 min au frais. Recommencez encore 3 fois le même processus — étaler la pâte, la replier en trois et lui donner un quart de tour, avec à chaque fois un temps de repos au réfrigérateur.

Pelez les pommes. Coupez-les en quartiers et retirez les pépins. Arrosez de jus de citron et mettez les quartiers de pomme dans un moule. Parsemez-les de noisettes de beurre et saupoudrez-les de sucre. Glissez dans le four préchauffé à 180 °C (th. 6) et laissez cuire 15 min. Laissez-les refroidir complètement.

Mettez le lait à bouillir dans une casserole avec la demi-gousse de vanille fendue en deux. Fouettez au batteur électrique les jaunes d'œufs avec le sucre jusqu'à ce que le mélange devienne presque blanc, ajoutez la Maïzena diluée dans un peu d'eau et mélangez rapidement. Versez le lait bouillant sur le mélange aux œufs en fouettant vivement. Reversez cette crème dans une casserole propre. Remuez sur feu doux à l'aide d'une cuillère en bois jusqu'au tout premier bouillon. Retirez du feu et enlevez la gousse de vanille. Passez un petit morceau de beurre à la surface de la crème pour éviter qu'elle ne « croûte ». Laissez-la refroidir.

Divisez la pâte feuilletée en deux pâtons. Étalez aussi finement que possible le premier en rectangle et égalisez les bords. Posez une feuille de papier sulfurisé spécial cuisson sur une plaque à pâtisserie. Enroulez la pâte sur le rouleau à pâtisserie puis déroulez-la sur le papier. Piquez-la avec une fourchette avant d'appliquer une fine couche de crème pâtissière sans aller jusqu'aux bords. Rangez dessus les quartiers de pomme refroidis.

Étalez le second pâton en un rectangle un peu plus grand que le premier et égalisez les bords. Enroulez-le sur le rouleau. À l'aide d'un pinceau trempé dans un peu d'eau, badigeonnez les bords de la pâte recouverte de pommes. Étalez dessus le second rectangle et soudez les bords en pressant légèrement du bout des doigts. Mettez la plaque avec le feuilleté 30 min au réfrigérateur.

De la pointe du couteau, tracez délicatement des croisillons sur le feuilleté. Fouettez légèrement le jaune d'œuf avec quelques gouttes d'eau et badigeonnez-en le dessus de la pâte en prenant soin de ne pas en faire couler sur les bords.

Glissez le feuilleté dans le four préchauffé à 220 °C (th. 7-8) et laissez cuire environ 20 min. 2 min avant la fin de la cuisson, saupoudrez de sucre glace tamisé. En fin de cuisson, le feuilleté doit être doré à souhait. Servez-le très chaud, accompagné de crème fraîche épaisse très froide, légèrement sucrée.

La mère Castaing

Les Desserts

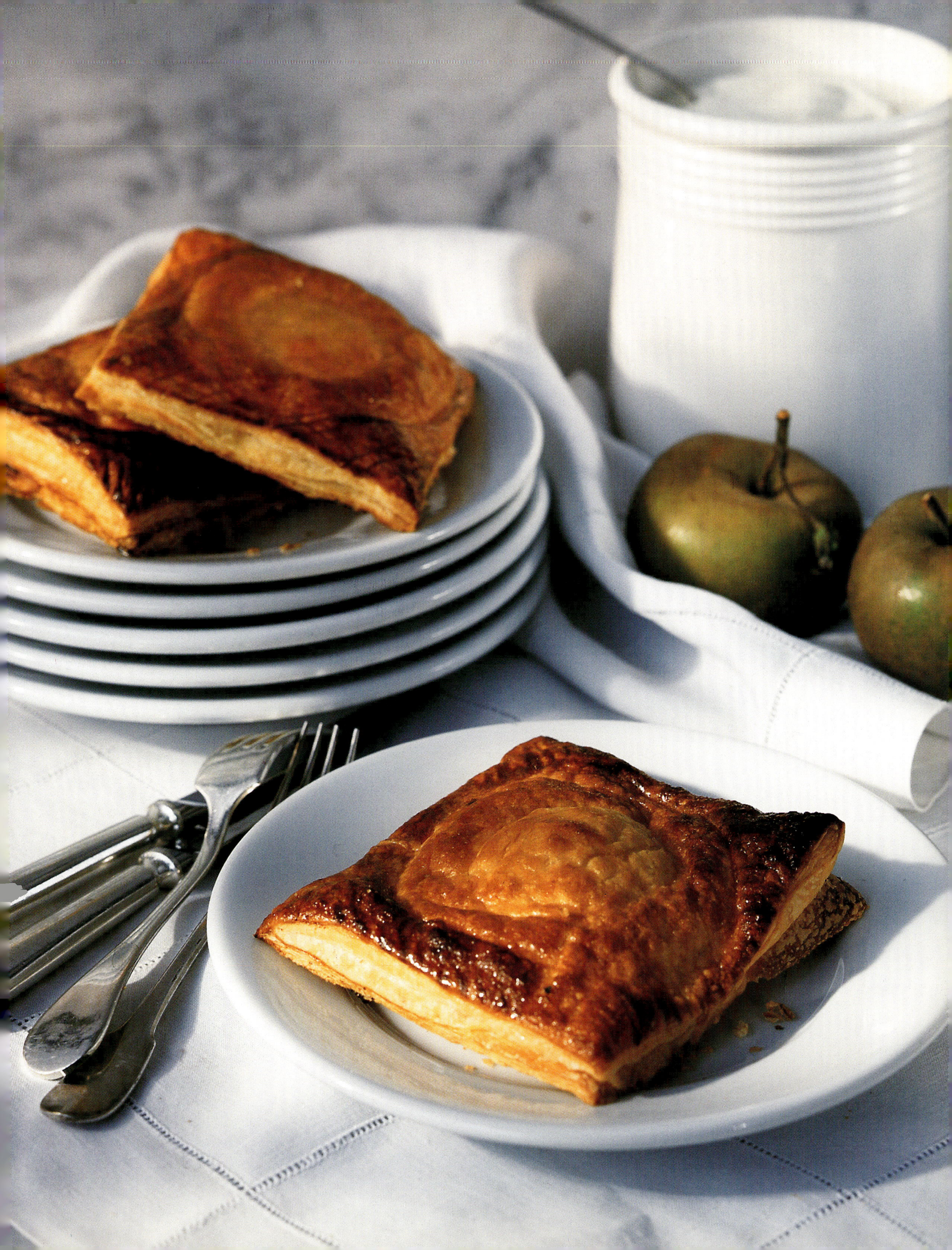

Tarte solognote

Ce n'est pas tout à fait une tarte Tatin car les demoiselles du même nom la cuisait dans une tourtière posée sur un potager (l'ancêtre du fourneau), avec les braises rougeoyantes répandues dessus et dessous la tourtière. Gisèle Crouzier garde le souvenir mémorable d'un dimanche où, pour répondre à la commande, elle dut cuire quarante-deux tartes solognotes individuelles. Un exploit !

Pour une tarte de 6 personnes

La pâte :
- 200 g de farine
- 125 g de beurre
- 1 œuf
- sel fin
- sucre en poudre
- un peu de lait

La garniture :
- 1 kg de pommes de reinette ou reines de reinette
- 125 g de beurre
- 125 g de sucre cristallisé

Préparation : 30 min
Repos : 1 h
Cuisson : environ 45 min

Préparez la pâte. Versez la farine dans une jatte. Creusez un puits au centre, ajoutez-y le beurre coupé en petits morceaux et l'œuf. Saupoudrez de sel fin et de sucre. Pétrissez rapidement l'ensemble en répandant quelques gouttes de lait. Ramassez la pâte en boule, enveloppez-la d'un linge et laissez-la reposer au moins 1 h au réfrigérateur.

Coupez 125 g de beurre en morceaux et disposez ceux-ci dans un moule en cuivre à bords hauts. Versez dessus le sucre cristallisé sur 1 cm d'épaisseur.

Pelez et évidez les pommes. Détaillez chacune en 4 gros quartiers. Disposez-les perpendiculairement sur le sucre en laissant un petit espace entre chacun.

Posez le moule sur feu très doux. Couvrez et laissez mijoter environ 35 min : les pommes doivent devenir translucides et être bien enrobées de beurre et de sucre fondu. À ce moment-là, augmentez le feu sous le moule et laissez prendre aux pommes une belle couleur de caramel roux.

Étalez finement la pâte sur le plan de travail fariné et posez-la sur les pommes. Retirez l'excédent de pâte qui déborde. Glissez le moule dans le four préchauffé à 220 °C (th. 7-8) et laissez cuire jusqu'à ce que la pâte soit dorée.

À la sortie du four, retournez la tarte sur une grille à pâtisserie. Servez-la tiède, sans l'accompagner de crème fraîche.

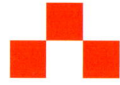

La mère Crouzier

Les Desserts

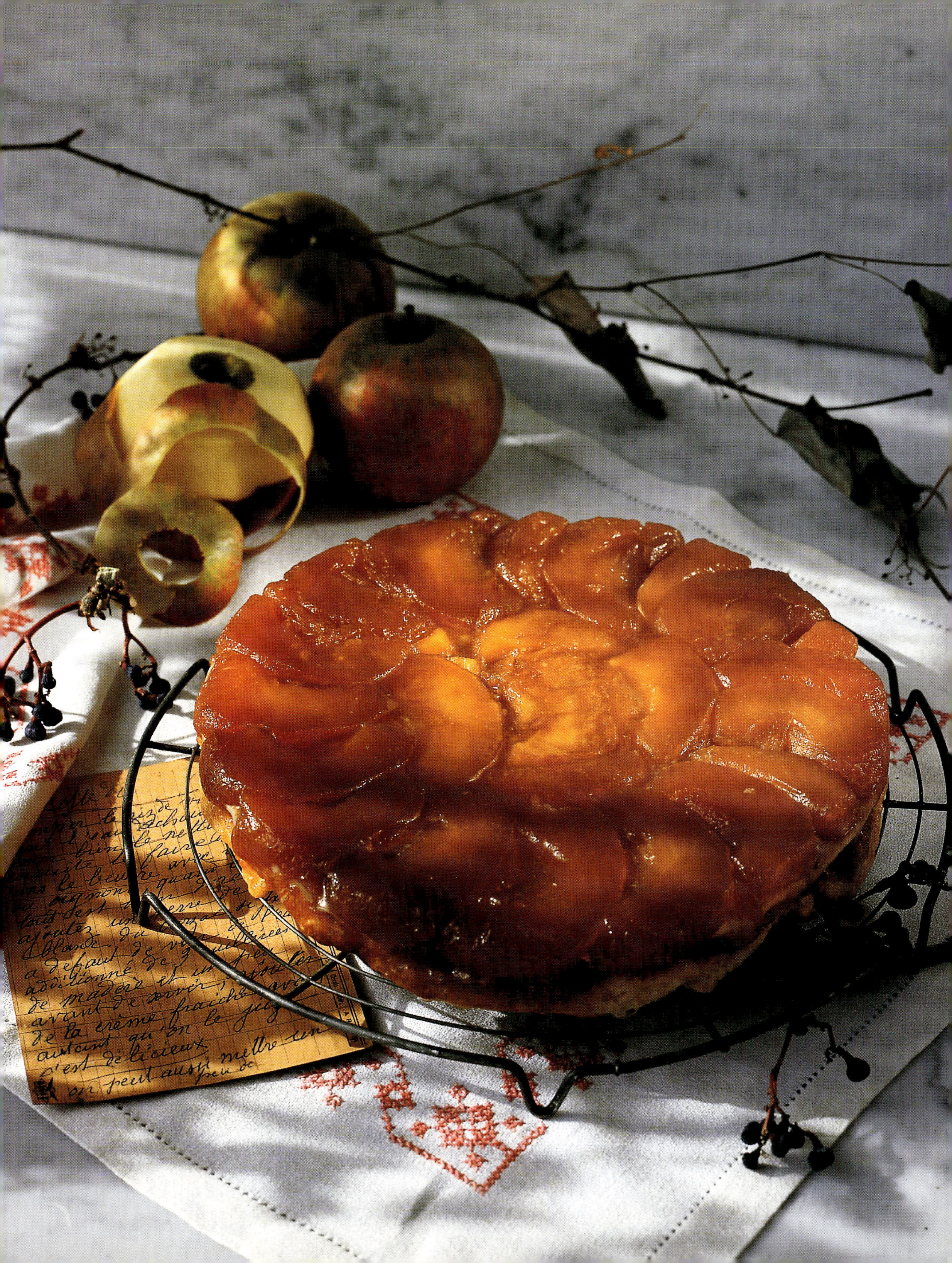
c'est délicieux
on peut aussi mettre un peu de

Poires à la confiture de vin rouge

Un dessert qui se sert froid et que Gisèle Crouzier aimait particulièrement car elle le préparait avec des poires savoureuses à la chair fondante, telles les louise-bonne, conférence ou williams. Elle accompagnait quelquefois ces poires nappées de confiture de vin d'une onctueuse crème anglaise à la vanille.

Pour 6 personnes
6 poires williams
200 g de sucre en poudre
50 cl de vin rouge
1 clou de girofle
1 pincée de cannelle en poudre
poivre du moulin

Préparation : 10 min
Cuisson : environ 30 min

Versez le vin rouge et 25 cl d'eau dans une casserole. Ajoutez-y le sucre, la cannelle, le clou de girofle, donnez quelques tours de moulin à poivre. Portez doucement à ébullition et réduisez le feu.

Pelez les poires en gardant la queue. Plongez-les dans le vin et faites-les cuire environ 20 min sur feu doux.

Retirez-les délicatement à l'aide d'une écumoire et placez-les dans un compotier.

Remettez la casserole sur feu moyen et faites réduire le jus de cuisson jusqu'à ce qu'il nappe le dos d'une cuillère. Nappez-en les poires et laissez refroidir avant de servir.

La mère Crouzier

Les Desserts

Biscuit à l'orange

Sa carte « dessert » n'était pas étendue, mais Léa y a toujours inscrit ce biscuit, ainsi que de nombreuses salades de fruits — ceux qu'elle se procurait au marché du quai Saint-Antoine — et un délicieux sorbet au citron mousseux. Il est préférable d'attendre une ou deux journées, la génoise sera alors plus facile à trancher.

48 h à l'avance, mettez les oranges entières dans une casserole remplie d'eau froide. Portez à ébullition puis égouttez les fruits et rafraîchissez-les sous l'eau froide. Mettez les oranges dans une bassine d'eau fraîche. Gardez-les dans l'eau 24 h en changeant l'eau à deux reprises.

La veille, égouttez les oranges et séchez-les dans un linge. Sur une planche munie d'une gorge, coupez-les en deux et émincez-les finement en récupérant le jus. Versez les lamelles dans une casserole avec le jus et le sucre. Faites-les confire sur feu doux environ 35 min en remuant. Vérifiez la cuisson. Retirez du feu et laissez refroidir.

Préparez la crème pâtissière. Versez le lait dans une casserole. Ajoutez-y la gousse de vanille fendue en deux et portez à ébullition sur feu doux.

Pendant ce temps, fouettez vivement au batteur électrique les œufs entiers avec les jaunes et le sucre jusqu'à ce que le mélange mousse et blanchisse. Incorporez la farine en remuant rapidement à l'aide d'une cuillère en bois. Versez le lait bouillant tout en fouettant et reversez cette crème dans une casserole propre. Mettez sur feu doux et mélangez jusqu'à ce que la crème épaississe. Passez un petit morceau de beurre à la surface afin d'éviter que la crème ne « croûte ». Laissez-la refroidir et parfumez-la au Grand-Marnier.

Incorporez les oranges confites dans la crème. Détaillez la génoise en 3 disques. Posez le premier sur une grille à pâtisserie. Recouvrez-le avec la moitié de la crème aux oranges. Posez dessus le deuxième disque, recouvrez-le du reste de crème. Placez dessus le dernier disque.

Cassez le chocolat en petits morceaux. Mettez ceux-ci dans une casserole au bain-marie avec le café fort. Dès que le chocolat est fondu, versez-le de façon uniforme sur le gâteau. À l'aide d'une spatule, étalez-le régulièrement sur le dessus et les bords. Laissez refroidir et glissez le gâteau sur un plat de service. Gardez-le dans une pièce fraîche 12 h avant de le servir.

Pour 6-8 personnes

1 génoise (à commander chez le boulanger)
4 oranges maltaises non traitées
200 g de sucre
100 g de chocolat noir
1 petite tasse de café fort

La crème pâtissière :

50 cl de lait entier
2 œufs + 2 jaunes
100 g de sucre
40 g de farine
1 gousse de vanille
1 petit verre de Grand-Marnier
10 g de beurre

Préparation :
la veille, 20 min
Macération : 24 h
Cuisson : environ 40 min
Repos : 12 h

La mère Léa

Les Desserts

Beignets de camembert

La mère Poulard et les fermières de la région normande faisaient des beignets au camembert : les pannetots. Elles les enrobaient d'une pâte à frire au cidre. Brillat-Savarin qui définissait le camembert comme « le premier des entremets » se serait, sans aucun doute, régalé !

Pour 4 personnes
1 camembert normand affiné
200 g de farine
25 cl de cidre fermier
10 g de levure de boulanger
sel, poivre du moulin

La garniture :
1 batavia ou 1 scarole
1 échalote
1/2 botte de ciboulette
huile pour friture

La sauce vinaigrette :
3 cuil. à soupe d'huile d'arachide
1 cuil. à soupe de vinaigre de vin rouge
sel fin, poivre du moulin

Préparation : 15 min
Cuisson : environ 4 min

Diluez du bout des doigts la levure de boulanger émiettée dans un peu d'eau tiède. Tamisez la farine au-dessus d'une jatte. Creusez un puits au centre, versez-y le cidre et la levure. En partant du centre de la jatte, mélangez peu à peu la farine et le cidre à l'aide d'une cuillère en bois. Salez et poivrez la pâte.

Effeuillez la salade, lavez-la et égouttez-la. Pelez et détaillez l'échalote en fines rondelles. Préparez la vinaigrette dans un saladier. Mélangez-y la salade, la ciboulette ciselée et les rondelles d'échalote.

Découpez le camembert en 12 parts égales. Mettez l'huile pour friture à chauffer sur feu moyen. Enrobez chaque part de camembert dans la pâte et plongez les beignets, trois par trois, dans le bain d'huile : pour vérifier que celui-ci est à bonne température, faites-y glisser une goutte de pâte ; si elle remonte en bouillonnant au bout de quelques secondes, la température est parfaite.

Dès que les beignets sont dorés, égouttez-les et séchez-les dans un linge. Maintenez-les au chaud dans le four entrouvert. Servez-les bien chauds avec la salade.

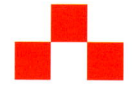

La mère Poulard

Les Desserts

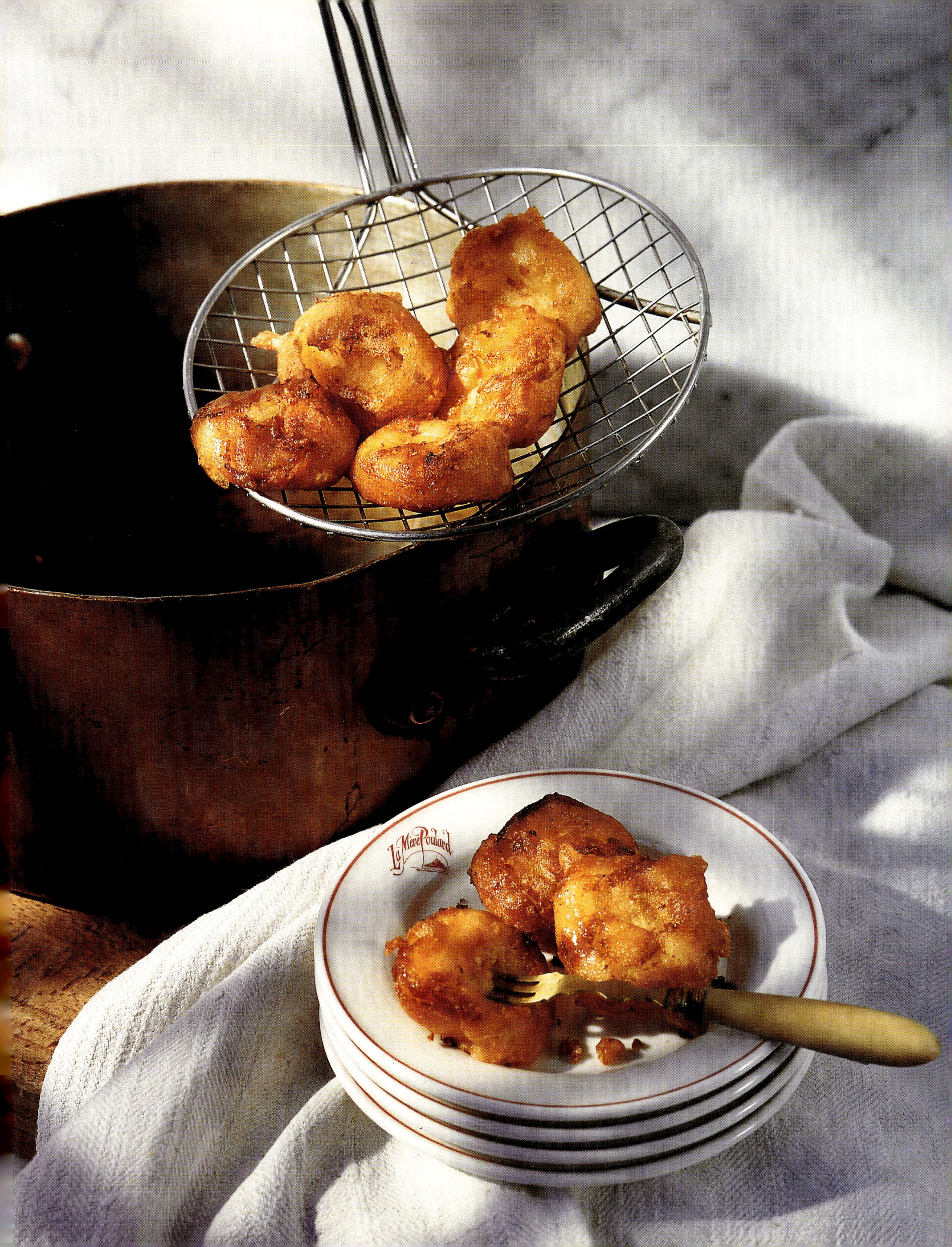
La Mère Poulard

Tarte normande meringuée à la rhubarbe

Dès le mois de juin, les tiges de rhubarbe sont délicieusement citronnées et acidulées ; celles de septembre ont une saveur plus douce. La mère Poulard cuisait à part les tiges de rhubarbe et conservait le jus qu'elles rendaient pour le servir dans une coupelle avec les parts de tarte. Vous pouvez atténuer l'acidité quelquefois un peu forte des tiges en les faisant tremper, une fois épluchées, quelques heures dans de l'eau fraîche.

Pour 6 personnes
1 kg de tiges de rhubarbe
100 g de sucre

La pâte sucrée :
125 g de farine
1 œuf
50 g de beurre doux
10 g de beurre demi-sel
60 g de sucre en poudre
1 pincée de sel

La frangipane :
3 œufs
50 cl de crème fraîche liquide
50 g de beurre
80 g de sucre
25 g d'amandes en poudre

Préparation : 25 min
Repos : 2 h
Cuisson : environ 45 min

Tamisez la farine dans une jatte. Mélangez-y le sucre et la pincée de sel, parsemez de noisettes de beurre, cassez l'œuf et pétrissez rapidement. Ramassez la pâte en boule, couvrez-la d'un linge et laissez-la reposer au moins 2 h au réfrigérateur.

Épluchez soigneusement les tiges de rhubarbe et coupez-les en petits tronçons. Mettez-les dans une casserole sur feu doux, ajoutez un peu d'eau et 80 g de sucre. Laissez compoter environ 15 min en mélangeant de temps en temps. Égouttez la rhubarbe en récupérant le jus dans une jatte.

Préparez la frangipane. Faites fondre le beurre sur feu très doux, retirez-le aussitôt. Fouettez vivement les œufs avec le sucre jusqu'à ce que le mélange blanchisse, incorporez la poudre d'amandes, la crème fraîche, mélangez bien puis ajoutez le beurre fondu.

Étalez la pâte sur le plan de travail fariné. Beurrez un moule à tarte, déposez-y la pâte et retirez l'excédent. Piquez le fond à la fourchette, puis recouvrez-le de compote de rhubarbe. Versez délicatement la crème frangipane dessus. Glissez la tarte dans le four préchauffé à 180 °C (th. 6) et laissez cuire 25 min.

À la sortie du four, démoulez la tarte sur une grille à pâtisserie. Saupoudrez-la de sucre en poudre. Servez-la encore tiède avec la jatte de jus.

Les Desserts

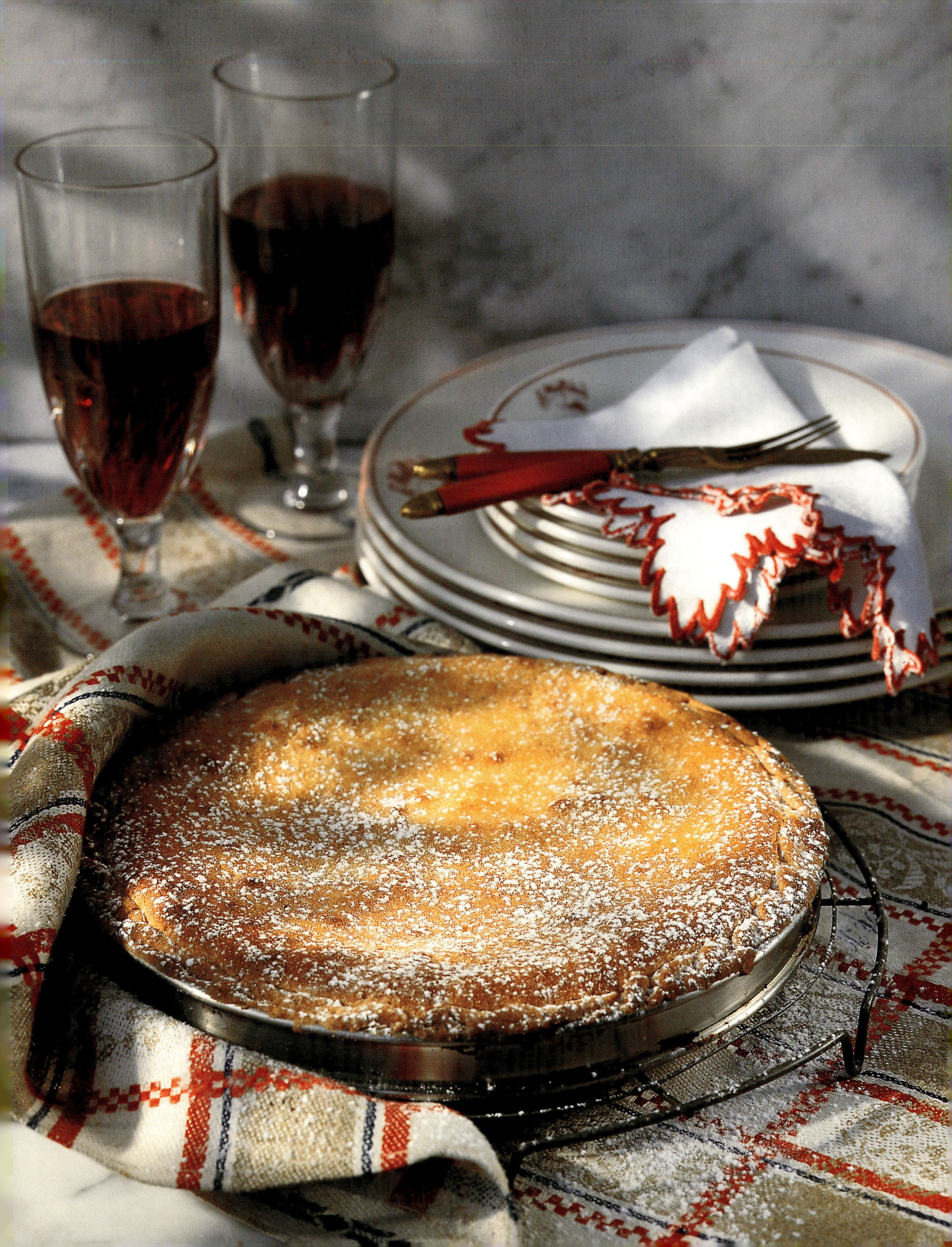

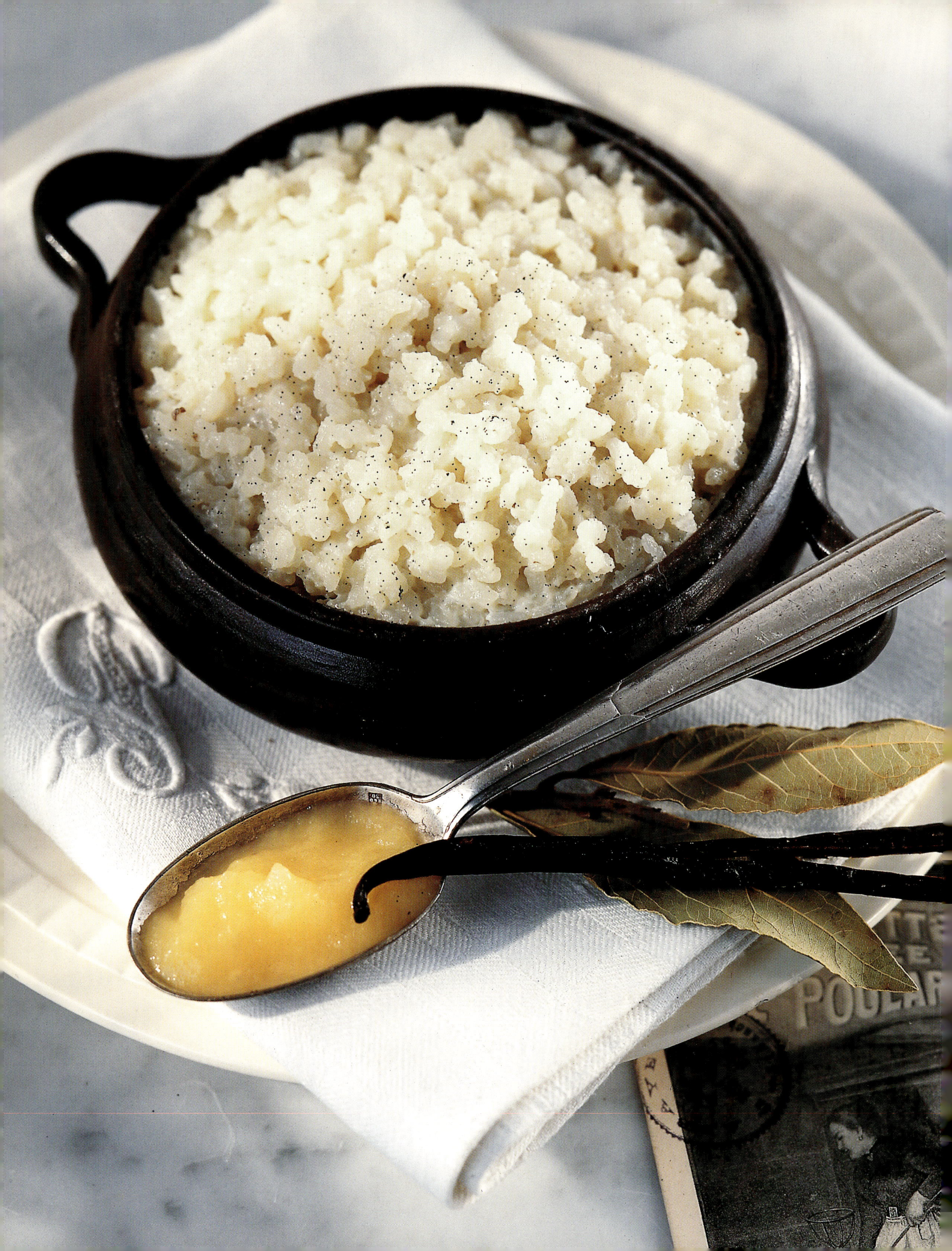

Riz au lait aux pommes

Chaque jour, Annette Poulard faisait ce riz au lait. Elle le servait tiède dans des coupelles individuelles en terre cuite et, à part, elle offrait une marmelade de pommes. Pour cette recette, utilisez un riz à grain rond, plus riche en amidon, et qui s'agglutine après la cuisson.

Rincez le riz à l'eau froide, égouttez-le. Portez à ébullition 2 litres d'eau. Versez-y le riz et laissez cuire 5 min. Égouttez-le.

Versez le lait dans une casserole à fond épais, ajoutez 110 g de sucre, le laurier et la gousse de vanille fendue en deux. Portez doucement à ébullition. Ajoutez le riz, mélangez et laissez cuire environ 30 min sur feu doux, en surveillant : arrêtez la cuisson avant que le riz n'ait absorbé tout le lait.

Pendant ce temps, pelez les pommes, coupez-les en quatre et retirez les pépins. Coupez les quartiers en dés d'environ 1 cm et arrosez-les de jus de citron. Mettez-les dans une casserole avec le beurre, 1 cuillerée à soupe d'eau, saupoudrez du reste de sucre. Laissez cuire environ 10 min sur feu doux, en remuant de temps en temps.

Retirez le laurier et la gousse de vanille. Grattez les graines de la pointe d'un couteau, mélangez-les dans le riz. Servez le riz tiède accompagné de la marmelade de pommes.

Pour 4 personnes
4 pommes belle de Boskoop
le jus de 1/2 citron
150 g de riz rond
150 g de sucre en poudre
1 litre de lait entier cru
20 g de beurre
1 gousse de vanille
1 petite feuille de laurier

Préparation : 15 min
Cuisson : environ 45 min

La mère Poulard

Les Desserts

Table des recettes par Mères

La Mère Adrienne
- Salade de champignons de Paris aux moules — 40
- Rillettes de lapin façon Adrienne — 42
- Rognon de veau « à la perle » — 72
- Palette de porc rôtie à la purée de haricots rouges — 73
- Bœuf aux carottes — 74
- Pot-au-feu campagnard — 77
- Tomates farcies — 78
- Tendrons de veau au citron — 81
- Gâteau de neige à la crème anglaise — 156
- Omelette aux pêches — 158

Les Mères Allard
- Coquilles Saint-Jacques au beurre blanc — 43
- Jambon persillé — 44
- Coq au vin rouge — 82
- Pintade aux lentilles — 83
- Navarin d'agneau aux pommes de terre — 84
- Canard aux olives — 86
- Veau à la berrichonne — 88
- Gratin de pommes de terre — 89
- Soufflé chaud au Grand-Marnier — 159
- Charlotte au chocolat — 160
- Tarte aux pommes — 162

La Mère Barale
- Salade niçoise — 47
- Pissaladière — 48
- Omelette aux artichauts — 90
- Omelette aux blettes — 92
- Daube à la niçoise — 93
- Côtelettes d'agneau panées à la niçoise — 94
- Tourte aux blettes — 165

La Mère Blanc
- Pâté de foies blonds — 50
- Mousse de foies de volaille truffée — 51
- Terrine campagnarde — 53
- Côtelettes d'agneau farcies — 95
- Quenelle de brochet financière — 96
- Écrevisses à la nage au pouilly-fuissé — 98
- Escargots de Bourgogne au beurre d'herbes — 100
- Cuisses de grenouille sautées aux fines herbes — 101
- Tripes gratinées au vin blanc et aux aromates — 102
- Braisé de tête de veau aux petits légumes — 103
- Poulet de Bresse à la crème — 104
- Crêpes de Vonnas — 107
- Pain de laitue — 108
- Gâteaux de foies blonds — 109
- Coq au vin blanc — 110
- Colvert façon mère Blanc — 111
- Côte de veau à l'oseille — 112
- Dinde de Bresse farcie aux marrons — 114
- Civet de lièvre — 115
- Île flottante aux pralines roses — 163
- Gâteau à l'orange — 166
- Galette au sucre — 169

La Mère Bourgeois
- Pâté chaud de la mère Bourgeois — 54
- Tomates au maigre — 57
- Loup braisé au chablis — 116
- Haricots verts au beurre mousse — 118
- Glace aux pralines roses — 170
- Meringue — 173
- Choux à la crème — 174

La Mère Brazier
- Gratinée lyonnaise — 58
- Terrine maison — 60
- Langouste Belle-Aurore — 61
- Fonds d'artichaut au foie gras — 62
- Quenelles au gratin — 119
- Volaille demi-deuil — 121
- Galette bressane — 176

La Mère Castaing
- Soupe du Rhône — 122
- Médaillon de ris de veau aux asperges — 123
- Sandre « côtes du Rhône » — 124
- « Pintadons » au poivre vert — 127
- Feuilleté chaud aux pommes — 178

La Mère Crouzier
- Canard sauvage surprise — 128
- Lièvre à la royale — 129
- Tourtière de perdreaux aux scorsonères — 130
- Terrine de brochet capucine — 132
- Cassolette d'escargots — 134
- Mique royale aux rognons de veau et aux morilles — 135
- Lapin Albicocco — 136

La Mère Léa
- Salade aux pissenlits sauvages — 65
- Maquereaux glacés au vin blanc — 67
- Tablier de sapeur — 138
- Cervelle de canuts — 139
- Poulet au vinaigre — 140
- Gratin de cardons à la moelle — 141
- Gratin de macaronis — 143
- Gigot à l'ananas — 144
- Civet de canard — 146
- Biscuit à l'orange — 183

La Mère Poulard
- Soupe de moules et de coques de la Baie — 69
- Salade de cristes-marines au bar et saumon marinés — 70
- Quiche normande au lard et à l'andouille — 147
- Luté de Saint-Jacques aux poireaux — 148
- Turbotin au beurre blanc — 149
- Civet de homard à la bretonne — 150
- Gigotin d'agneau de pré-salé en croûte — 152
- Noix de veau au livarot — 155
- Beignets de camembert — 184
- Tarte normande meringuée à la rhubarbe — 186
- Riz au lait aux pommes — 189

Sorbet à la carotte — 177
Tarte solognote — 180
Poires à la confiture de vin rouge — 182

Table des matières

- **Avant-propos** — 4
- **Sommaire** — 5
- **Il était une fois les mères cuisinières** — 7
- **Les Mères lyonnaises** — 9
  - La Mère Fillioux — 10
  - La Mère Brazier — 11
  - La Mère Bourgeois — 14
  - La Mère Léa — 16
  - La Mère Castaing — 17
- **Autres Mères en France** — 19
  - La Mère Poulard — 19
  - La Mère Blanc — 21
  - Les Mères Allard — 25
  - La Mère Crouzier — 29
  - La Mère Adrienne — 30
- La Mère Barale — 35
- **À table avec les mères** — 39
- **Entrées** — 40
  - Salade de champignons de Paris aux moules — 40
  - Rillettes de lapin façon Adrienne — 42
  - Coquilles Saint-Jacques au beurre blanc — 43
  - Jambon persillé — 44
  - Salade niçoise — 47
  - Pissaladière — 48
  - Pâté de foies blonds — 50
  - Mousse de foies de volaille truffée — 51
  - Terrine campagnarde — 53
  - Pâté chaud de la mère Bourgeois — 54
  - Tomates au maigre — 57
  - Gratinée lyonnaise — 58
  - Terrine maison — 60
  - Langouste Belle-Aurore — 61
  - Fonds d'artichaut au foie gras — 62
  - Salade aux pissenlits sauvages — 65
  - Maquereaux glacés au vin blanc — 67
  - Soupe de moules et de coques de la Baie — 69
  - Salade de cristes-marines au bar et saumon marinés — 70
- **Plats** — 72
  - Rognon de veau " à la perle " — 72
  - Palette de porc rôtie à la purée de haricots rouges — 73
  - Bœuf aux carottes — 74
  - Pot-au-feu campagnard — 77
  - Tomates farcies — 78
  - Tendrons de veau au citron — 81
  - Coq au vin rouge — 82
  - Pintade aux lentilles — 83
  - Navarin d'agneau aux pommes de terre — 84
  - Canard aux olives — 86
  - Veau à la berrichonne — 88
  - Gratin de pommes de terre — 89
  - Omelette aux artichauts — 90
  - Omelette aux blettes — 92
  - Daube à la niçoise — 93
  - Côtelettes d'agneau panées à la niçoise — 94
  - Côtelettes d'agneau farcies — 95
  - Quenelle de brochet financière — 96
  - Écrevisses à la nage au pouilly-fuissé — 98

Escargots de Bourgogne au beurre d'herbes	100	Quenelles au gratin	119	Gratin de macaronis	143	Tarte aux pommes	162
Cuisses de grenouille sautées aux fines herbes	101	Volaille demi-deuil	121	Gigot à l'ananas	144	Île flottante aux pralines roses	163
		Soupe du Rhône	122	Civet de canard	146		
Tripes gratinées au vin blanc et aux aromates	102	Médaillon de ris de veau aux asperges	123	Quiche normande au lard et à l'andouille	147	Tourte aux blettes	165
Braisé de tête de veau aux petits légumes	103	Sandre « côtes du Rhône »	124	Luté de Saint-Jacques aux poireaux	148	Gâteau à l'orange	166
		« Pintadons » au poivre vert	127			Galette au sucre	169
Poulet de Bresse à la crème	104	Canard sauvage surprise	128	Turbotin au beurre blanc	149	Glace aux pralines roses	170
Crêpes de Vonnas	107	Lièvre à la royale	129	Civet de homard à la bretonne	150	Meringue	173
Pain de laitue	108	Tourtière de perdreaux aux scorsonères	130	Gigotin d'agneau de pré-salé en croûte	152	Choux à la crème	174
Gâteaux de foies blonds	109					Galette bressane	176
Coq au vin blanc	110	Terrine de brochet capucine	132	Noix de veau au livarot	155	Sorbet à la carotte	177
Colvert façon mère Blanc	111	Cassolette d'escargots	134	**Desserts**	**156**	Feuilleté chaud aux pommes	178
Côte de veau à l'oseille	112	Mique royale aux rognons de veau et aux morilles	135	Gâteau de neige à la crème anglaise	156	Tarte solognote	180
Dinde de Bresse farcie aux marrons	114	Lapin Albicocco	136	Omelette aux pêches	158	Poires à la confiture de vin rouge	182
Civet de lièvre	115	Tablier de sapeur	138	Soufflé chaud au Grand-Marnier	159	Biscuit à l'orange	183
Loup braisé au chablis	116	Cervelle de canuts	139			Beignets de camembert	184
Haricots verts au beurre mousse	118	Poulet au vinaigre	140	Charlotte au chocolat	160	Tarte normande meringuée à la rhubarbe	186
		Gratin de cardons à la moelle	141			Riz au lait aux pommes	189

Index alphabétique des recettes

B
Beignets de camembert 184
Biscuit à l'orange 183
Bœuf aux carottes 74
Braisé de tête de veau aux petits légumes 103

C
Canard aux olives 86
Canard sauvage surprise 128
Cassolette d'escargots 134
Cervelle de canuts 139
Charlotte au chocolat 160
Choux à la crème 174
Civet de canard 146
Civet de homard à la bretonne 150
Civet de lièvre 115
Colvert façon mère Blanc 111
Coq au vin blanc 110
Coq au vin rouge 82
Coquilles Saint-Jacques au beurre blanc 43
Côte de veau à l'oseille 112
Côtelettes d'agneau farcies 95
Côtelettes d'agneau panées à la niçoise 94
Crêpes de Vonnas 107
Cuisses de grenouille sautées aux fines herbes 101

D
Daube à la niçoise 93
Dinde de Bresse farcie aux marrons 114

E
Écrevisses à la nage au pouilly-fuissé 98
Escargots de Bourgogne au beurre d'herbes 100

F
Feuilleté chaud aux pommes 178
Fonds d'artichaut au foie gras 62

G
Galette au sucre 169
Galette bressane 176
Gâteau à l'orange 166
Gâteau de neige à la crème anglaise 156
Gâteaux de foies blonds 109
Gigot à l'ananas 144
Gigotin d'agneau de pré-salé en croûte 152
Glace aux pralines roses 170
Gratin de cardons à la moelle 141
Gratin de macaronis 143
Gratin de pommes de terre 89
Gratinée lyonnaise 58

H-I-J
Haricots verts au beurre mousse 118
Île flottante aux pralines roses 163
Jambon persillé 44

L
Langouste Belle-Aurore 61
Lapin Albicocco 136
Lièvre à la royale 129
Loup braisé au chablis 116
Luté de Saint-Jacques aux poireaux 148

M
Maquereaux glacés au vin blanc 67
Médaillon de ris de veau aux asperges 123
Meringue 173
Mique royale aux rognons de veau et aux morilles 135
Mousse de foies de volaille truffée 51

N
Navarin d'agneau aux pommes de terre 84
Noix de veau au livarot 155

O
Omelette aux artichauts 90
Omelette aux blettes 92
Omelette aux pêches 158

P
Pain de laitue 108
Palette de porc rôtie à la purée de haricots rouges 73
Pâté chaud de la mère Bourgeois 54
Pâté de foies blonds 50
Pintade aux lentilles 83
« Pintadons » au poivre vert 127
Pissaladière 48
Poires à la confiture de vin rouge 182
Pot-au-feu campagnard 77
Poulet au vinaigre 140
Poulet de Bresse à la crème 104

Q
Quenelle de brochet financière 96
Quenelles au gratin 119
Quiche normande au lard et à l'andouille 147

R
Rillettes de lapin façon Adrienne 42
Riz au lait aux pommes 189
Rognon de veau « à la perle » 72

S
Salade aux pissenlits sauvages 65
Salade de champignons de Paris aux moules 40
Salade de cristes-marines au bar et saumon marinés 70
Salade niçoise 47
Sandre « côtes du Rhône » 124
Sorbet à la carotte 177
Soufflé chaud au Grand-Marnier 159
Soupe de moules et de coques de la Baie 69
Soupe du Rhône 122

T
Tablier de sapeur 138
Tarte aux pommes 162
Tarte normande meringuée à la rhubarbe 186
Tarte solognote 180
Tendrons de veau au citron 81
Terrine campagnarde 53
Terrine de brochet capucine 132
Terrine maison 60
Tomates au maigre 57
Tomates farcies 78
Tourte aux blettes 165
Tourtière de perdreaux aux scorsonères 130
Tripes gratinées au vin blanc et aux aromates 102
Turbotin au beurre blanc 149

V
Veau à la berrichonne 88
Volaille demi-deuil 121

Remerciements

Un immense merci :
tout particulièrement à Georges Blanc, passionné par l'héritage et la transmission des recettes de ces dix mères exceptionnelles qui ont marqué l'histoire de la cuisine française ;
à toute son équipe de Vonnas pour son chaleureux accueil ;
à Philippe Lamboley pour sa confiance ;
à Florence Lécuyer pour sa vive sensibilité et son grand professionnalisme ;
aux quatre grands chefs cuisiniers de Lyon : Pierre Orsi (et son père), Christian Bourillot, Jean-Paul Lacombe et Roger Roucou (actuellement à la retraite) qui m'ont éclairée sur l'histoire des mères lyonnaises ;
à ma chère amie Anne-Marie Zorelle pour son soutien et son aide précieuse dans la recherche des documents ;
à Gérard Besson, chef parisien, qui m'a présenté Adrienne " la Vieille " ;
à Adrienne, qui n'a pas compté son temps pour me confier, en toute simplicité, sa belle histoire ;
à Claude Layrac, actuel propriétaire du restaurant Allard ;
à Jean Montagard, cuisinier et écrivain sans qui je n'aurai pu rencontrer la Mère Barale à Nice ;
à Catarina-Elena Barale, la fantaisiste Mère Barale ;
à Gilbert Lombard, ancien propriétaire du restaurant la Mère Bourgeois qui, avec beaucoup d'émotion, m'a fait rêver sur ce lieu mythique ;
à Hervé Rodriguez, l'actuel propriétaire du restaurant de la Mère Bourgeois qui réalise avec brio le fameux pâté chaud ;
à Jacotte Brazier, la pétillante petite-fille de la Mère Brazier ;
aux familles Human-Donet, actuelles propriétaires de Beau-Rivage à Condrieu, qui m'ont invitée à découvrir l'univers de la Mère Castaing ;
à Paulette Castaing dont la discrète élégance n'a d'égale que son généreux talent ;
à Michel-Pierre Goacolou, actuel propriétaire de l'hostellerie de La Croix Blanche ;
à Gisèle Crouzier qui m'a reçue plusieurs fois chez elle avec beaucoup de gentillesse et m'a ouvert ses cahiers de recettes ;
à Philippe Rabatel, actuel propriétaire du restaurant Chez Léa, qui m'a si bien parlé de l'originale Léa ;
à Éric Vannier, montois et actuel propriétaire de l'hostellerie de la Mère Poulard, passionné par l'histoire contée par sa grand-mère sur son amie d'alors, Annette Poulard ;
à Michel Bruneau, cuisinier et écrivain ;
à Marie-France Michalon, styliste, Jean-François Rivière, photographe, Marc Walter, directeur artistique, qui ont su créer avec tout leur talent l'atmosphère de l'époque des Mères ;
et bien sûr à mes parents, Jean et Madeleine Jobard si chers à mon cœur.

Coco Jobard

Marie-France Michalon et Jean-François Rivière remercient les boutiques suivantes pour leur charmante collaboration :
À la mine d'argent, Antheor, Au fond de l'allée, Au puceron chineur, Apilco, Bernard Carant, Caraco, Cuisinophilie, Éric Dubois, Fuchsia, Geneviève et Marie-Dominique Jauzon, Geneviève Lethu, Le Bon Marché, Le Creuset, Mis en demeure, Palais royal, ainsi que Jacques Rey, antiquaire à Vonnas.

L'éditeur remercie Marine Barbier et Christine Martin pour leur aide précieuse.

Crédits photographiques

Toutes les illustrations sont de Jean-François Rivière, mis à part les documents anciens et les portraits des mères suivants : p.11, Bac communication - p.16, Joël Michaud - p.17, Roger Bel - p.30, François Roboth - p.35, Raphaël Gatti.

Responsable éditoriale : Florence Lecuyer
Création graphique : Marc Walter - Chine
Réalisation : Florence Cailly - Chine
Secrétariat d'édition : Sylvie Gauthier

Impression et reliure MAME Imprimeurs à Tours
Dépôt légal : août 2002

N° d'impression : 02062207
23.36.6380.04/2
ISBN 201.23.6380.6

© 2000, HACHETTE LIVRE (Hachette Pratique)